日本文明

LA CIVILISATION JAPONAISE

◉Vadime Elisseeff ヴァディム・エリセーエフ
Danielle Elisseeff ダニエル・エリセーエフ……著
◉桐村泰次 訳

論創社

凡例

一、本書は、フランスのアルトー社から出版されたレイモン・ブロック監修による《大文明 Les Grandes Civilisations》シリーズのなかの Danielle et Vadime Elisseeff "LA CIVILISATION JAPONAISE" 1974の邦訳である。

一、本文のなかで引用されている日本の古典作品や日本人思想家の文章は、原典の文を示すようにしたが、漢文や古文でそのままでは読解が難しい場合は、読み下しに直したり、取意して示したものもある。とくに万葉集のなかの歌は万葉仮名のままではなく、仮名交じり文になったものを載せた。

一、原著では、フランス人をはじめ、欧米人読者を念頭においた語句や人物の解説が巻末に載せられているが、本訳書では、一般的日本人読者にとってどうしても必要と思われるものについては、〔訳注〕を文中に挿入させていただいた。また年代は、原著では西暦になっているが、とくに明治以後については和暦を付記した。

一、なお、中国の呼称として、隋・唐・宋等の王朝名とは別に中国全体を指して「シナ」と表記したが、これは英語で使われる「チャイナ」、フランスの「シーヌ」と同義で他意はない。

日本文明　【目次】

第四部　言葉

日本文明

序

この《大文明シリーズ》のなかで極東が登場するのは、『日本文明』がはじめてである。日本は現代世界のなかでますます重要性を増しているが、その割りに、あまりよく知られておらず、理解もされていない。本書でも覗《うかが》われるように、日本の人々に常に深い影響を与えてきたシナの文明については、次のテーマになるであろう。〔訳注・この『日本文明』の原著が一九七四年に刊行されたあと、一九七九年には、同じ執筆者によって『古典時代のシナ文明 La Civilisation de la Chine clasique』が刊行されている。〕

日本文明を明らかにすることは、とりわけ骨の折れる仕事であり、この仕事を引き受けてくれたヴァディムおよびダニエル・エリセーエフには感謝しなければならない。日本はわたしたち西欧の人間にとって、自分たちの分析および思考の体系では扱いきれないものをもっている。そのため、日本人における原因と結果の論理的関係を探求することは、西洋的精神にとっては大きな賭けであり、真実を歪める危険性がある。とはいえ、どんなに遠く隔たっており私たちの感じ方とは違っていても、人々の心と民衆のなかに入っていく以外に歴史研究の方法はありえない。

たしかに、日本はこの惑星のなかでもわれわれとは反対側にあるが、何人かの勇敢な人々だけが瞥見《べっけん》できる未知の世界ではもはやない。現在では、数えきれないほどの交流が行われ、こちらからも、向こうからも、多くの人々が行き交っているし、亜熱帯から北極圏近くまで弧を描きながら延びているその列島の姿は、わたしたちにも馴染み深くなってきている。幾つかの大都市圏は欧米の都市と変わらず、はるかな異国に来たという戸惑いは吹き飛ぶし、そうした都市圏を離れると、山々と森が日本画に描かれているような優雅な輪郭線と瑞々《みずみず》しい色調をもって広がっており、その風景のすばらしさはわたしたちを虜にせずにはおかない。無数の伝説と祭儀を生み出した自然と人間の結合の神秘が迫ってきて、日本の人々の日常生活のさまざまな局面を説き明かしてくれる。

本書の著者たちは、複雑な現実を記述するために、年代順という制約に逆らって独自のプランを立てた。日本文明の歴史を概説した第一部は、先史時代から近代まで、物事が生起した順に辿っているが、そのあとの、人々の生活や技術、言葉の表現法などについて分析している章では、現在から出発し、一千年の進展の流れを過去へと遡行していく。これは、既知のものから未知のものへ向かう学問的探求の進め方に従った手法で、この場合、現在性の強い光を次々と屈折させていくことによって、過去の文明の主要部分を物陰から引き出すことができる利点をもっている。

また、この著者たちは、テキストの膨大な情報を目に見える具象的な方法で読者に提供しようと考え、自分たちで集めた写真資料はもとより、地図、年表、日本の文字を添えた解説的索引を巻末に付けた。とくに考古学的に発掘されたものは歴史家にとって重要な判断の手がかりであり、興味深いが半ば伝説的な日本、朝鮮、シナの物語のなかから真実を見つけ出すことは、こうした証拠物件なくしては不可能だからである。

一九七三年五月、パリのプティ・パレで一九五〇年から一九七二年までに発掘された考古学的出土品の展示会が行われたが、これを主催したのが他ならぬヴァディム・エリセーエフで、彼は、一九五八年以来、日本美術の初めての大展示会を行ってきた。この少し前、日本では、それまで正確な把握が難しかった原史時代の過去についての疑問を晴らすさまざまな陶器が出土していたが、それでも、難問はまだまだ残っているのが実情である。とくに考古学的調査において判断の手がかりになる層序的構造が地震活動による思いがけない隆起や長年の人間による耕作によって、しばしば覆されてきているからである。

それでも、近年、急速に縄文時代や弥生時代の原初の耕作の様相が明らかになっているし、歴史の進展のなかで大陸から次々もたらされたものが、日本において創造のインスピレーションとなりモデルとなり文明の発展に寄与してきた詳細も明確になってきている。日本の物質的・精神的生活、その文化的開花は、大陸からの諸技術や信仰の浸透、一言でいえばシナからの光なくしては考えられない。その端的な例が文字の借用で、日本語とシナ語は多音節言語と単音節言語という違いがあるにもかかわらず、日本人たちは、そうした問題を見事にクリアして採り入れた。

このいまはやりの言葉でいう「日本の奇跡 le miracle japonais」は、海の彼方からやってきたものを、溶解させることなく国民的伝統と固有の宝のなかに受け入れ、吸収するやり方を考えついた日本人の並外れた同化能力の賜物である。エリセーエフは、本書で、その希有な作業がどのように行われたかを理解させてくれる。

本書はまた、一人一人が生きていくために欠かせない家族生活の温かみを、日本人がいかに大切にしてきたかという点も説明してくれる。そうした父権的家族は、近年では少なくなっているものの、近代化の風化作用がそれほど進んでいない田舎では目にすることができるし、そうした地方では、結婚も宗教的儀礼によってその重要性を保証されている。とくに子供は家族という細胞にとって目的であるとともに要石にもなっている。

西欧諸国と同様、日本でも、度重なる執拗な内戦は、民衆に深刻な災厄をもたらしたが、天皇は日本の国を創った神々の子孫であり、太陽を先祖とする君主として、つねに日本民族の一体性を支える保護者であった。人類史上には、太陽を中心とし、それを象徴とする幾つかの王朝はほかにもあるが、日本の天皇ほど、民衆のなかに高い信頼と尊崇を維持している例はどこにもない。

日本の歴史においては、この天皇の法的・神的権威と並んで、摂関家や将軍、大名といった現実的権力者が国を治めてきた。しかし、天皇の存在は、つねに穢れを除き、四季の流れにリズムを刻み、人間と世界の生命から危険や侵害を遠ざけて、流れを浄化し正常化する不可欠の源泉でありつづけてきた。

このカリスマ的君主の優位性は、ほかの国では滅多に保障されない宗教的自由主義をもたらした。その結果、日本は世界の宗教の坩堝《るつぼ》として、一種の宗教混淆の場でありつづけている。事実、日本では、太古以来の地方的信仰と並んで人生知を中心とする儒教倫理と、神秘主義と哲学の間を揺れ動く仏教、創設者も教典もなく、自然の神秘を前にしての不変の畏敬心として定義づけられる神道が、互いに争うこともなく共存し合っている。聖なるものの遍在、穢れへの不断の恐れ、浄めへの心遣いといったものが、このおおらかな寛容な態度を特徴づけていて、互いに体系的に破壊しあうことがないよう、仕向けているのである。

宗教建築にせよ軍事施設にせよ都市的建造物にせよ、日本のモニュメントの多くは木造で、火災や地震によって損傷を被ったが、そのたびに再建・修復されて保存されてきた。これは、この過去への尊重心という伝統的精神のおかげである。他方で、日本の庭園は、伝統的住居の不可欠の一部として、こんにちもなお、自然の生命そのものを凝縮したような景観を保持している。

日本では芸術は、ほかのどこよりも簡素であるが、それぞれの家のなかで欠かせない装飾となっている。それらは、壊れやすい焼物であったり、優しい風景を描いたデリケートな画であることもある。そして、たしかに、日本における芸術と文学の歴史は、浮沈の激しい多様な時代を包含している。外国からの影響で技法も変化し、宗教のもたらしたものによってテーマも移り変わった。本書では、それらの成功と挫折が、同情をもって、しかし、媚びを抜きにして詳細に分析されている。本書を読み終え閉じたとき、一本の筆で、墨と何色かを使っただけの最も簡潔な方法でありながら、それでいて確かな腕で表現することのできる画家がそこにいるかのような印象を受けるのはけっして偶然ではない。この著者たちは、かつてフランスの最も偉大な芸術家たちを感動させた繊細な傑作を、軽快で繊細、正確な筆さばきによって、わたしたちの眼前に蘇らせてくれたのである。

レイモン・ブロック

序文

同じ《大文明シリーズ》のなかでも、この著作には、ほかの一般のそれとは異なる困難が幾つかある。まず第一は、固有名詞や地理的呼称が世界的にあまり知られていないため、とりわけヨーロッパ人にとっては、それらを時間的・空間的関連のなかで思い起こすのが難しいことである。聖徳太子や源頼朝といった重要人物も、それぞれの同時代人であるマホメット（ムハンマッド）やフィリップ・オーギュストのようには知られていない。また、大和《やまと》だの九州のような地名も、ブルターニュやプロヴァンスと同じようなわけにはいかない。

次に、さまざまな概念自体、わが国〔訳注・もちろん、ここで言っているのはフランス〕の学習プログラムのなかでは、それに関連する基礎的知識が滅多に扱われないため、漠然としており、理解されていないことが多い。たとえば「禅」のように行き過ぎた解釈がつきまとっている例があるかと思うと、天皇を指すのにフランス語で「empereur」、「イエ」には「famille」、武士には「guerriers」といった言葉を使っても、意味しているものは、フランスでのそれらとは全く異なっている。

日本の武士たちは仏教の教えや儒教倫理を身につけた教養人であり、十三世紀から十九世紀にいたるまで権力を保持した武士階級は、西欧の戦士階級と違って傑出した教養人であり、とくに十九世紀には、市民的活動組織においても教育や商業でも、西欧で「勝ち誇るブルジョワジー」が担った歴史的機能を果たし、なかには、政治や経済に関して本まで著した学者も少なくない。

日本の文明は、あらゆるほかの文明とは明確に異なる世界のなかに位置づけられる。ヨーロッパ、インド、イスラムの諸文明は、共通する言葉と論理、宗教あるいは哲学の基盤の上に成り立っているため、これら相互の間では対話が可能であるし、西方文明というもののなかにまとめて語ることができる。それに対し、シナと日本、一般的に漢字世界の文明は、それらとは根底的に異なる基準と価値体系に属している。わたしたちヨーロッパの人間は、自分たちのそれとは別の世界を指すのに「オリエント」という言葉を使うが、それを一層正当に確定しているのが「Extrême Orient」すなわち極東なのである。このメコン川より先に広がるオリエントは、おおざっぱに西方の多様性に対置して単一的に捉えられがちであるが、この極東自体、広大で、そこでは、独自の思想と人々が対峙し合っている。

結局、文明は一つのグループから別のグループへと、原因と結果の延々と続く環で繋がっているが、それらは、同じようには出来ておらず、事実の進展は、必ずしも、わたしたち西洋人の精神にとって、わたしたちの歴史が慣れさせてくれるような一枚の絵にはならない。同じく森といっても、オリエントの竹林とガリアの樫の木の森とは同じではないのである。歴史家であると否とを問わず、わたしたちは、事実をそのまま見るよりも、ある一つの世界のなかでしか有効性をもたない分析システムを適用することによって、独自のイメージをもって見ているのである。したがって、ヨーロッパの歴史科の教師が自分の概念的枠組みをシナや日本の現象に押しつけようとしても、所詮はムダではないだろうか？　主要部分は明らかになっても全体は相変わらず不明である。

すでに出ている多くの著作を見てわたしたちが考えたことは、歴史的研究の面ではなく日常的知識のレベルで日本人たちが自分たちについて知って欲しいと望んでいる図像を集めたものが、西欧では決定的に欠如しているということであった。このゆえに、わたしたちは、初等から最高学府まで日本の教科書に出ている事項を説明の選択の基盤にした。本書は、この観点から組み立てられたのであり、ごく簡単に歴史を記述した部分とテーマ的に論述した部分と、さまざまな事項について述べた部分とから成っている。歴史記述の章では、こんにちの日本でもほかの国でも通じる歴史理論のレベルにとどめながら、平均的日本人の文化的・精神的テーマを扱う。その反対に、主要テーマの説明では、わたしたち自身の視点と主観的解釈に大きい比重を置いた。そして、第三部では、日本文明に関する最も重要な諸事実を客観的に提示するにとどめた。

わたしたちの主たる関心は、この極東の一つの世界を、これまでその歴史的発展について何も知らないできた人々にいかに近しいものにするかであった。ところで、西方世界で日本に対する関心が生まれたのは、この国が新しい飛躍のために、日清戦争ついで日露戦争、さらに二つの世界大戦によって伝統的な構造を覆して西欧化し始めたときであった。とくに第二次大戦が終わってからの四半世紀、新聞、週刊誌、月刊誌が提供してくれる情報によって、「日本の奇跡」と呼ばれる経済的繁栄、都市の発展、建築と芸術・文学といった作品、技術的・科学的進歩は、いまやすっかり西欧人にも馴染みとなっている。したがって、わたしたちとしては、こうしたすでに知っていることから未知のものへと辿るほうがよいと思われた。

これは、いかにも向こう見ずなプランであったが魅力的で、わたしたちはこのシリーズの編集者に推奨した。しかしながら、歴史を扱う段では、放棄せざるをえなかった。この手法は、時間的整合性の点で一種の曲芸を必要としたし、あまり知られていない領域に足を踏み入れる危険性があったからである。

しかし、各テーマを扱った章では、いまあることから始めて、先行するものへと遡る手法を採用した。わたしたちは、テキストを読解しやすくするためと時代策定の論争に囚われないために、日本の文明の展開を四つの段階に分け、各段階を三つの時代に区分した。

第一段階は先史時代で、ここでは、シナと朝鮮半島を経由してのシベリアから東南アジアにいたる大陸との交流が明らかとなる。旧石器時代のあと、縄文時代の新石器文化、弥生時代の銅器文化、古墳時代（三－六世紀）の鉄器文明へと続く。

第二段階は律令期で、飛鳥時代（六－八世紀）から始まる。この時期は、シナの国家機構、文字、行政組織が導入され、さらに、道教、儒教、仏教の宗教的・哲学的影響が見られるようになる。奈良時代（八世紀）には、こうして輸入された文化が花開き、平安時代（九－十二世紀）へと引き継がれる。平安京は、それから十九世紀半ばまで一千年間、日本文化の都となる。

第三段階は封建期で、鎌倉将軍の軍事政権（十三－十四世紀）の樹立と禅仏教の流行から始まる。これは、室町幕府（十五－十六世紀）を経て、江戸時代（十七－十九世紀）によって完成する。

第四段階は産業時代で、明治政府（一八六八－一九一二）をもって始まり、全面的に西欧的価値を基盤とし、大正時代（一九一二－一九二六）、そして昭和へと引き継がれる。

この年代的推移を踏まえると、さまざまな出来事のつながりがおそらく、より一層、捉えやすくなるであろう。

ここで、本書の刊行にあたってご協力をいただいた方々に感謝を述べたい。マダム・アンヌ・オルジョレには図版・写真の準備をしていただいたし、マダム・クレール・アルワンは、テキストを念入りにチェックしてくださった。最後に、わたしたちはこの著作を、フランスとアメリカで日本学のために貢献し、その著述によってだけでなく豊かな人脈を育んだ功績を称えて日本政府から国際交流基金賞を授与された父セルゲイ・エリセーエフ（1889-1975）に献げたい。

ヴァディム・エリセーエフ

第一部　歴史的座標軸

第一章　神話伝説時代

日本は、ギリシアと同じく、神話伝説の過去のなかから姿を現す。時間の奥底からやってきたその伝説は、騒がしく幻想的な人物たちに満ち、年月を経ても鎮まることなく噴煙を上げ続ける火山の中腹や森は、真珠色の霧に覆われ、海は泡立っている。

たしかにこんにちでは、信仰も迷信も、かつてもっていたような呪縛的な力を失っているが、古代の神秘の何かをいまも保持しており、東京のまんなかでも、夜になると闇のなかで、ぼんやり灯りをつけて運勢や未来を教えてくれる占い師が数え切れないほどいる。あらゆる神が前兆を送ってくれているし、それを解釈できる人がいる。たとえば、一年の初めとか一日の始まりに、そのあとに起きることの予兆が現れる。ときには、その人自身にそれが現れていることもある。それを読み解くのに使われるのが卜《ぼく》占《せん》で、古代のシナや日本では獣の骨片や貝殻を火で焼き、罅《ひび》の入り方を見て、解釈したのである。こんにちでも、寺や神社には、お告げを記した「御神籤《みくじ》」が売られている。個人の運命は、その人の名前にも現れているとされ、姓名判断がいまも盛んに行われる。こうした昔からのやり方だけでなく、外国から入ってきた、たとえばトランプによる占いも、広く行われている。

災いを祓《はら》うためとか豊作を招くために、「まじない」が用いられる。数字も魔術的な力をもっているとされ、「八」は、その形から末広がりを意味する。しかし、全般的には、シナにおけるのと同様、奇数が縁起がよいとされ、なかでも「七」と「九」がとくに好まれる。夢は、あらゆる文明におけるのと同じく、前兆としての意味をもっており、予期しないことを夜中に枕元で教えてくれる「枕神《まくらがみ》」がいる。狐や蛇のような幾つかの動物は超自然的な力をもっているとされた。それらは、ある神の使いであったり、神自身の化身と言われた。そのほか、猫や鼬《いたち》は、人間を不吉がらせる力をもっていた。

最後に、天体の動きと暦も、特別の注意を要する対象で、シナで長い年月をかけて練り上げられた宇宙論的・占星術的・数学的理論とつきあわせることによって、さまざまな予兆が引き出された。黄道十二宮を表す十二の動物（十二支）は惑星の位置や水・火・木・土・金の五元素と組み合わせて年・日・時刻を指示するのに用いられ、また、そこから生じる類縁性の複雑な配列によって、結婚問題でも、「星回り」とか「相性」の良し悪しが判断され、結婚式や葬式の日取りも左右される。

たくさんの伝説や宗教が、計り知れない自然の神秘に対して答えを出そうと試みる。恵みの雨、泉や井戸の水など、それぞれが川や海、風、雷のように、霊をもっていると考えられた。その反対に、星は神話伝説ではあまり語られないし、伝説はあっても、ごく短いものしかない。おそらく日の出とともに起き、日没とともに眠ったこの農耕民族は、西方の古代社会の羊飼いたちのようには、夜の星座の詩想に耽《ふけ》る暇がなかったのであろう。唯一、シナで生まれた牛飼いと織り姫の伝説が、美しくも悲しい愛の物語として日本でも語り継がれている。——牛飼いの星（牽牛星）は、天の川（Voie lactée）に隔てられて年に一度、七月七日にしか織り姫の星と逢うことができない。この七月七日だけは、世界中の楓《かえで》の葉あるいはカササギが集まって天上の橋を架け、二人は逢うことができるというのである。その反対に、農民社会は、多産への願望を想起させるものに満ちている。公式の神道からは邪道とされているが、男根崇拝は各地の田園に残っている。

公式神道の基盤を成しているのが神々と天皇制の系列を語る伝承である。八世紀に成立した『古事記』と『日本書紀』は、これらの物語を集成し、整理したものとされる。しかし、実際には、この二書が一つの繋がりを形成したのは、江戸時代、水戸学の影響のもと、古代の日本文化を再生し、過去の天皇たちの忘れられた姿を復元しようとする愛国的な流れのなかで行われたことである。したがって、超自然が自然のものとして現れていく歴史物語の形をとったこの二書は、極東の民族学の現在の研究に照らすと、公的権力の時代に整えられ、新しい意味を付与されたのである。

この神話の中心的テーマは、神々による日本の国土創成である。幾つかの異なるヴァージョンがあるが、日本の国土は天御中主神《あめのみなかぬしのみこと》によってカオスのなかから創成されたという。こうした一人の神を立てる考え方は、シナで道教により六朝時代（三―六世紀）に採用された、世界の創設者として一神を立てる古い信仰を想起させる。帝権についてのシナ的観念とこれらの哲学的基盤が女帝推古（七世紀）以後、若い日本の国の歴史的・政治的進展を支えることとなったのであろう。

日本の島々が神々の介在によって原初のカオスから生まれたとするこのような神話は、シナの哲学にもその淵源が見出される。たとえば道教思想を強く刻み込んだ宇宙論は、漢の時代の疑似科学書『淮南子《えなんじ》 Houai nan tseu』に見られるし、これは、無数の文明にあっても、とくに東南アジアの文明において、とりわけ頻繁に見られる。このカオスのなかで、軽いものは浮かび、重いものが沈んで天と地が形成されたのだが、大地はまだ、形のない泥のようであった。「国稚《わか》く浮ける脂の如くしてクラゲのように漂っているとき」、突如、三柱の神（ミナカヌシ、タカミムスビ、カムムスビ）が生まれた。その後、夥《おびただ》しい数の神々が生まれ、世界を満たしていくが、その多くは泥と土、水の観念を示している。これは、すでに二千年来、稲作が生きる源になってきたこの国では、驚くに値しないことである。

天と地、土と水という二元素とは別に、男と女、男性原理と女性原理が現れ、この結合と均衡があらゆる創造物の誕生をもたらすとされる。日本の哲学と感性は、シナと同じく、《陰》と《陽》の二元論を基本とし、その輪廻的見方のうえに打ち立てられている。男神の伊弉諾尊《いざなぎのみこと》と女神の伊弉冉尊《いざなみのみこと》も、こうした宇宙論的イマジネーションと対《つい》概念が結合して生み出された。彼らは、神々から不安定な国土を固めよという要請とともに矛を贈られ、「天の浮き橋に立って、その矛をもって泥を掻き回し引き揚げると、矛の先から滴った泥によって島が出来た」。この島に降り立った二人によって「大八洲《おおやしま》」をはじめとして万物が生み出される。しかし、最後に火の神を生んだときイザナミは大やけどを負って死ぬ。黄泉の国へ彼女を探しに行ったイザナギは、禁じられていたにもかかわらず、ギリシア神話のオルフェウスと同じく、好奇心と焦りの気持ちに負けて、腐った妻の身体を目にして逃げ出し、鬼女たちに追いかけられ、這々《ほうほう》の体でこの世に戻る。〔訳注・オルフェウスはホメロス以前の最大の詩人にして音楽家とされ、オルフェウス教の創始者とされるが、異説もある謎に満ちた人物。〕

この妊娠と死のドラマは、大和朝廷の波乱に富んだ誕生を象徴したもので政治的意味があると言う人もいるが、この伝説も、日本独自のものではなく、南洋の島々や東南アジアにも同様の神話があり、それを踏まえると、この意味がより一層理解しやすくなる。泥が滴って島が生まれたという伝承は、ポリネシアにも見られる。

とくに、この最初のカップル自身、自分たちから生まれた者が決して完璧とは考えていないことに注意する必要がある。生まれた子供たちが完璧でないのを見て、二人は天に昇って神と相談する。すると、神は占ったうえで、主導権を女神がとったことがよくない原因だと教える。言われたとおりにすると、はじめて満足のゆく子を産むことができた、という。女が優先権を握ると失敗するというこの考え方も、ボルネオの幾つかの部族の伝承に見られるところである。

二人の間に生まれた天照大神《あまてらすおおみかみ》は、太陽の人格化であり、天皇一族の祖先神を表している。彼女の輝きは、彼女が洞穴に姿を隠したために世界が闇になり、悪霊がのさばって害を及ぼした事件によって、ますます貴重さを増した。彼女が岩屋に隠れたのは、乱暴な弟・素戔嗚尊《すさのおのみこと》の行動に我慢がならなくなったためであった。しかし、このため悪事が続いたことで、神々は集まって、彼女を岩屋から引き出すため、計略を練る。岩穴の前に榊を植えて、枝に宝石、白い布、鏡を下げ、雄鳥を連れてきて啼かせた。そして岩戸の傍に力持ちの男神を配置し、神々が集うなかで天鈿女命《あまのうずめのみこと》という陽気な女神が賑やかに踊りながら、衣を次第に脱いでいき、ついにはほとんど全裸になったので、神々はひときわ笑いざわめいた。その笑い声に好奇心をそそられたアマテラスが岩戸を少し開けて覗いたところ、鏡に自分の光が反射して驚く。そこを待ち構えていた力自慢の男神が岩戸を開けてアマテラスの手を取り、引き出した。彼女が引き出されたあと、しめ縄が張られて、ふたたび籠もることができないようにしたので、世界には光が蘇り、太陽の甘美な輝きで満たされ、悪霊たちは闇の世界に追い返されたのであった。

このように、アマテラスは創世の神々の筆頭ではないが、太陽として、万物に恩恵を与え栄えさせるエネルギーであり、闇と死の不吉な力を排除する光明である。アマテラスの出現は、宗教とその儀式の誕生をもたらし、以後、宗教とそのセレモニーである祭祀を行うことが人間と神々の交流を再現する源となる。アマノウズメの踊りがアマテラスの気持ちを惹きつけたように、神と人の仲介を務め、神々の心をこちらに向けさせるのが《シャーマン chamans》の役目である。

アジア大陸北部、南シナ、東南アジアなどと同じく日本でも、シャーマンは存在した。母系制が多い農耕社会では、おそらく霊媒師は女性であることが普通だったのであろう。シナの記録〔訳注・『魏志倭人伝』〕によると、三世紀の日本には女王、卑弥呼《ひみこ》が君臨する国があったとされる。その実像は今も謎に包まれているが、おそらく実在した人物である。彼女が、人間の身体と神の霊を結合していたというのは、宗教と政治の間の一体性を象徴していたと考えられる。

太陽が際立っているので、ときとしてイザナギとイザナミが月も生んだことは忘れられがちである。事実、日本では月にまつわる伝承は、それほど発展しなかった。この自然を愛する民族にとって、月は何よりも芸術の対象で、人々は、夜を重ねるごとに変化する月を観賞し、とくに夏の炎暑が去り、爽やかな風が吹くなか、「月見」の宴を催して穏やかな自然の優しさを愛でた。しかし、有名な『竹取物語』では、月はある種のあやしい別世界でもある。

「春のはじめごろから、かぐや姫は月を眺めて物思いに耽ることが多くなった。あまり月をみつめるのはよくないと周りから戒められたけれども、人目を忍んでは、そっと涙を流すのであった。」

（シフェール『月と神話と祭儀』）

太陽の女神、アマテラスを掻き乱す唯一の存在が、乱暴者の弟、スサノオである。彼は、姉のアンチ・テーゼというより、秩序ある社会のなかに波乱を起こす邪魔者の旋風である。アマテラスとスサノオの伝説の歴史的基盤は比較的明確で、両者の対峙は、大和《やまと》と出雲《いずも》で同じように発展した国が支配権をめぐって起こした争いの神話的投影であると考えられる。

アマテラス伝説のなかで、世界に光が蘇ったことを喜んで行われる祭りは、日本の儀式的祭事の起源とともに民族的感性の形を説明してくれる。

この宇宙的サイクルを表したものとは別に、建国の英雄たちをめぐるすばらしい物語もある。この二つのタイプの物語は対峙し合うわけではなく相補うもので、アマテラスとスサノオの物語が示しているように、その象徴的意味は、世界の創成にも日本国家の創成にも同じようにあてはまる。アマテラスは天に君臨する太陽の女神であるが、大なり小なり気むずかしい何人かの神々と役割を分かちあいながら、地上の王国を征服する。そこに現れるのが、実際に支配権に関わる《使者》のテーマである。アマテラスは何度か失敗したあと、孫の瓊瓊杵尊《ににぎのみこと》を地上に送る。このニニギノミコトは五人のお供と三柱の神、それに三種の神器を授けられて日本の征服に向かった。日本の初代の天皇、神武はニニギの息子の彦火《ひこほ》火出見尊《ほでみのみこと》が海神の娘である豊玉姫との間に儲けた鸕鷀草葺不合尊《うがやふきあえずのみこと》の子である。

第二章　日本文明の誕生と開花

日本では、人間の起源は天地開闢《かいびゃく》神話の全体のなかに含まれているが、それが組み立てられたのは、何世紀もの潜伏ののちの十七世紀のことである。さらに、日本の地中に埋もれた考古学的痕跡が掘り出され、少しずつ物的証拠の声が聞き取られるようになるのは明治の欧化以後、とくに、第二次世界大戦が終わり、産業都市の需要に応えるために大地が切り裂かれるようになってからで、日本における文明の発展を跡づけることは、いまも困難な作業である。

現代にいたるまで、日本は大地の果ての国であり、文明の各要素がここに到達したのは、さまざまな歴史的状況によってで、シナやシベリア、インド、東南アジアといった中心部から離れているため、かなり遅れてであった。したがって、日本の進展は、大陸のそれとは常にずれており、この日本では、さまざまな文明が年代学的順序を無視して混じり合っている。鉄器が現れるのは新石器時代の中頃であり、稲作を主とする原初の農業は青銅器時代に突如、姿を現す。

次々ともたらされたものは、順に重なり合うのではなく、ごっちゃに入り混じり、無数の過去のものが生き残り、継続していく。中央の都では洗練された文明が仕上げられていたとき、北日本ではまだ、人々は深い森や山々に守られて新石器時代のままの生活をしていた。原因は地形や地理だけの問題ではなく、この貧しい地方の人々は、その経済観念から、なんらかの役に立つものはできるだけ大事に使い続けようとしたからである。十七世紀になっても、農民たちが使っていた農具は、前二世紀に使われていたそれと、そんなに変わっていなかった。そのうえ、日本列島は、制度が多様化するにはあまりにも狭かった。生者と死者を隔てる地層はあまりにも薄くて両者は混じり合っており、歴史家にとって年代確定の標柱にできる無傷の遺跡を提供してくれるような決定的に放棄された土地は、ほとんど存在しなかった。

日本はまわりを海に囲まれて、誇り高い孤立を何世紀も守り、ときどき、それを破って外国と刺激的だが暫定的な接触をもった島国というイメージで見られがちであるが、これは実際とは合っていない。アウストラロピテクスがアフリカで生きていた遥かな昔、日本の国土はまだユーラシア大陸と繋がっていて、カムチャツカからマレー半島まで地続きになっており、その先にある現在のインドネシアのスンダ列島は太平洋に突き出した巨大な先端を成していた。

この大陸の前面部分が大きく変貌するのは、地質時代第四紀〔訳注・六〇万年前から始まった〕の大規模な造山活動による。地溝が形成され、オホーツク海、日本海、シナ海が生まれ、それらは年月を経るごとに深くなり、更新世中期と同末期との境目ごろ（西方ではアシュール文化期）には、日本は大陸とは南北の端で、細い地峡によって辛うじて繋がっているのみとなり、約一万年前の完新世には島国になっていた。

日本がいまも活発な多くの火山に覆われ、恒常的な地震国であることは改めて言うまでもない。そのような条件のなかで営々として農地を造成してきた努力には感動的なものがある。そうした努力の跡は、一九四九年に発掘された岩宿《いわじゅく》（群馬県）遺跡の層理研究によって明らかにされている。灰の層と硬い火山岩層のさらに下から旧石器末期あるいは、ときには同前期のそれと類型学的に似た石器が発見されているのである。

年月を経るなかで、新しい発見により、《先土器時代》という原初日本の長い人間史に欠如していた標柱がもたらされ、ヨーロッパの先史時代のいずれかと同定できるようになった。とはいえ、この先土器時代については、まだよく分からないことが多く、年代学的にも明確になっていない。というのは、考古学的土壌がそれほど深くないため人間の手や自然の変動によってたえず覆されてきたからである。考古学者たちの判定自体、個人的性向や抱いている歴史観、国民的自負心によって過度に古く遡らせたり、過度に若く見積もったりされがちで、この問題はいまも難しさを残している。

岩宿と同じタイプの遺跡の発見は、この列島を生み出した荒々しい火山活動のために、人間の共同体がしばしば呑み込まれたことを想像させる。大陸から離れた結果、大陸の人々との人間的近縁性を樹立させてくれる絆は断絶した。この大地のつながりの断絶は、臍《へそ》の緒が切れるのにひどく似ている。

日本列島に人々が住み着いたのは、少し前まで考えられてきたように、極東の先史共同体における航海の発展と結びついたものではなく、おそらく、非常に古いある時代、ユーラシアの人々の全般的移動があり、それに促されて長い道のりを辿って、この太平洋沿岸地域にやってきたと考えられる。日本で人類の一連の完全な連続的進展があったことは、遺された骨の断片によって証明されている。明石原人《あかしげんじん》はピテカントロプスであったし、葛生人《くずう》（栃木県）と牛川人《うしかわ》（愛知県）はネアンデルタール人、浜北人《はまきた》と三ケ日人《みっかび》（静岡県）はすでにホモ・サピエンスであった。つまり、日本では、旧石器時代から、明石人やその兄弟とともに、シナやシベリア中心部の遠縁の文明が存在していたのである。

しかし、大陸周縁のこの狭い土地に根を下ろした原日本社会は、もう一つ別の、海の共同体にも属していた。サハリンからスンダ列島にいたるユーラシア大陸沿岸のこの島々は、前二〇〇〇年紀初めには、インドシナからアムール地方に達する「太平洋の地中海」というべきものを形成していたと考えられる。

この長く伸びた、比較的閉じられた海の岸辺では、狩猟漁撈《ぎょろう》民族の文明と独自の生活様式が発展していた。こうして、日本では、《縄文時代》と呼ばれる時代が現出し、それが、この地域の進展の最初の標柱となっている。

縄文文化

縄文文化の存在が明らかになったのは、十九世紀末、アメリカ人のモース〔訳注・東京大学の招きで来日し生物学を講じていた〕が日本で初めて《貝塚》を発見したことによる。貝塚は、採集狩猟時代の人々が主食にしていた貝の殻など、いわゆる生活ゴミを捨てたのが堆積したもので、集落に近い、地面が低くなっているところを埋める形で堆積していた。しかし、たとえば加曽利（千葉県）のそれのように、何百年も経るうちにうずたかく堆積して、逆に集落を馬蹄形に取り巻く丘のようになっているものもある。ゴミは土に同化し、それを基礎に新しい集落が設けられたものもあり、この場合は、貝殻の層の上に住居の土台が築かれている。したがって貝塚は、発掘するにも解釈するにも細心の注意を要するが、現在の日本人の遠い先祖の生活を知るうえでの汲めども尽きない情報源になっている。

日本列島は、食用になる獲物に恵まれていた。猪、鹿、アナグマ、狐、猿、鳥などが、貝類や魚といった海の幸に特別なごちそうを添えていた。釣り鉤で釣ったり、銛で突いたり、網で捕らえる海の漁の獲物としては、ヘダイ、マグロ、スズキ、ボラ、サバ、イルカ、鯨、アザラシなどがある。

緯度にもよるが、極東では、氷河の進出と後退が複雑で、それによって熱い地方の動物が増えたり、寒帯の動物が増えたりした。人々は、狩りや漁の獲物が最も多い地を選んで住み着いたが、そうした場所は日本にはたくさんあった。とりわけ縄文遺跡は穏やかな入り江の奥で、背後に木々の茂る丘や山が迫っている浜辺に多い。そうした立地条件から昔の海岸線を探すと、貝塚の場所を比較的かんたんに特定することができるほどである。住居は、四角や円形の縦穴が掘られた半地下式で、屋根は支柱の上に粗朶《そだ》で葺《ふ》かれ、炉の煙を逃がす穴が開けられていた。

　その社会では、当初、死者は胎児のように身体を丸めるだけで、ゴミ捨て場に捨てられていた。時代の経過とともに、甕や壺に納めて埋葬されるようになり、そうした甕や壺は、技術の進歩につれて、より立派なものになっていった。このように遺体が大切にされるようになったことは、宗教的感情の誕生を示しているが、それをさらに物語る痕跡として、土偶や、多産を表す女性器や男性器の形を象徴した石、エスキモー（イヌイット）の雪眼鏡に似た裂け目の入った球状の目をした像、また、彫刻を施した人骨などがある。

　縄文時代の狩猟漁撈の人々の半放浪的な生活の痕跡は、こんにちでは分からなくなっているとしても、縄目の文様装飾を施した土器の存在によって、日本では青銅器時代より以前であったことが確定できる。一九六〇年から一九六四年にかけて発掘された福井遺跡（長崎県）には、後期旧石器から、陶器によって特徴づけられる新石器へゆっくり移行していったことが完全な層理的堆積に現

火焔型の装飾を施した縄文土器（新潟県長岡市の馬高遺跡出土）

れている。〔訳注・長崎県吉井町福井の遺跡は、旧石器時代から縄文、弥生にまでいたる複合遺跡である。〕

その最初の段階を特徴づけているのは、円錐形の底をもつ甕と目の粗い布である。その後、年月の流れのなかで土器に表れた装飾の質と形や容量の変化によって、縄文時代は五期に分けられる。〔訳注・縄文時代は次の六期にも区別される。草創（前一万年から前七千年）、早期（前七千年から前四千年）、前期（前四千年から前三千年）、中期（前三千年から前二千年）、後期（前二千年から前一千年）、晩期（前一千年以後）。〕

それにしたがって、甕の形も円形になり、腹部に装飾が施され、首が広くなって、そこにバロック的な曲線をもって隆起した、現代人から見ても、楽しげな様相を示すまでになる。その後、用途によって多様な形を採るようになると同時に、シンプルなものに戻る。さらに時代がくだると、おそらく陰陽思想を反映したシナの青銅器をモデルに、幾何学的だが過剰な装飾を施した新しいタイプの土器が現れる。最近の発見によって、縄文時代の終わり、すなわち前千年紀の中頃の日本には、乾いた土地での初歩的な農業が少しずつ広がっていたが、農耕は共同体の相対的定住化に伴って生まれた副産物の域を出なかったことが判明している。

弥生文化

農耕民としての歴史が本格化するのは前三世紀ごろからで、その遺跡が最初に発見された東京の本郷弥生町にちなんで弥生時代と呼ばれる。この文化は、農業と轆轤《ろくろ》の使用、金属についての知識によって特徴づけられる。これらは、外国からの流入によるもので、事実、日本の原初の文明は、大陸に淵源をもっており、先史時代の日本は大陸の文明の周縁的存在であった。しかも、先史時代には、国家というものはまだ存在せず、広漠と広がった世界で、最も革命的な変革も、それがどこで生まれたかなどと意識されることもないまま模倣によって普及したのであって、シベリア的要素や北シナ的要素、南シナ的要素、東南アジア的要素が釣り合いをとりながら融合し合っていったのである。日本と太平洋の島々の諸文明のあいだにも、まだ明らかになっていないさまざまな関わり合いが存在していたであろう。

その反対に、西暦紀元前の何百年かの間に、さまざまな人間集団のあいだの社会的・経済的成熟度の違いが一つの変動を引き起こした。それはシナでは「戦国時代」（前四七五—前二二一年）という形で現れた。〔訳注・シナの戦国時代の始まりをいつとするかについては、前四三五年説、前四〇三年説があるが、前四七五年とする原著の説が何に基づいているかは不明。〕

乱立する国々の間で人々の激しい動きが生じ、その衝撃波は遠方にまで広がり、やがて騎馬民族の波が豊かなシナの諸王国を揺さぶった。秦の始皇帝は、この蛮族の襲撃に対応するために有名な万里の長城を築いた。この長城は、すでにそれぞれの王国が自国防衛のために築いていたのを連結し強化したもので、このため、騎馬民族は長城の外側に沿って東方へ足を延ばし、朝鮮半島に侵入した。その結果、人々の移動が生じて、幾つかの家族は、より静かで安定した生活を求めて日本に到着した。

大陸から日本へのルートは幾つかあったが、最も容易なのは朝鮮半島から対馬・壱岐の島々を経由して北九州にいたるそれで、天気のよい日には、島から島へ、向こう岸を遠望することができたし、これが最も多く利用されたことが確認されている。最終地の唐津湾（佐賀県）は、外海から守られた魅力的な浜があり、平地は肥沃で、とりわけ稲作に向いており、風を防ぐ壁のように山々によって囲まれていた。この山を越えると現在の福岡まで広がる平野に出られる一方で、隣接する海岸全体が船の発着に適

銅鐸（ギメ美術館蔵）

した湾で縁取られ、物流面から農業の発展を約束していた。

やがて、シナ帝国の技術的・芸術的豊かさを示すさまざまな物品（鼎《かなえ》、槍先、鉾《ほこ》、鏡、朝鮮の短刀、貨幣など）が、このルートを使って運ばれた。それらは、この時代の日本ではまったく未知のものというわけではおそらくなかったが、それまでの日本はそれらの果実を受け入れるのに充分な成熟度に達していなかったのである。

弥生文化を特徴づけているのは陶器であるが、その製作を担った人々の功績は、まさしく大陸渡来の品々から、途中の段階を飛ばして直ちに銅石器時代 chalcolitique〔訳注・新石器時代から青銅器時代への過渡期〕の要素を抽出することができたことにある。事実、日本の豊かな土壌の上で、新石器時代盛期の突然の開花を青銅にもたらすことになる技術が加わり、青銅器を手本に、きわめて純粋な線をもつ陶器が作られた。金属の道具の滑らかな表面や鋭利な刃を再現するなかで、石の裁断や彫刻技法、研磨法も改良が行われ、こうした優れた石の道具は、木を切るうえで力を発揮したし、たとえば奈良県の唐古《からこ》や静岡県の登呂《とろ》では、きわめて多様な道具や、杉・柏・楠で作られた道具類が見つかっている。

このころから、集落は自然の台地に造られ、低地には水田が開かれて複雑な水路網が巡らされる。そこには、人間的連帯によって仕上げられた社会システムの組織化が見られるし、そこから生じた全般的繁栄から、職人仕事の最初の専門化が進展した。日本は、こうして、金属加工をはじめとする種々の技能において、極東アジアでもその名を知られる伝統を確立していくのである。

シナから伝来した青銅器は、当初は超自然的な力を宿しているとして崇拝され、死者の守りとして墓に副葬されたが、やがて、大量に輸入されるようになり、すでにありふれているものは融解されて冶金《やきん》用に転用されていった。こんにちでも、北九州から伊勢湾にいたるまで、広範囲にわたって、たくさんの槍先が見つかっているし、現在の広島から駿河湾にいたるまで、多くの銅鐸が出土している。銅鐸は青銅の鐘であるが《舌《ぜつ》》はなく、まだ謎に包まれているが、かつて周代のシナで儀式で用いられたのだろうと言われている。瀬戸内海の沿岸では、槍、矛槍、銅鐸がとくに多く出土しているが、これは、日本が歴史時代に入るころの何百年か、北九州と大和という発展著しい二つの地域がこの瀬戸内海地域で繋がっていたことによると考えられる。

倭の時代

弥生時代末期には、日本でも幾つかの新しい権力が出現していたことがシナの文献に見られる。三世紀、シナの魏の王国から派遣され東方のこれらの島に上陸した使者たちが見た国は、一風変わっていたが、すでに統治の仕組みができている国であった。『三国志』の「東夷伝」は、日本人すなわち倭人の国の紹介に何ページかを割いており、このテキストは、先史時代の日本についての最古で最も完璧な記述になっている。

「倭の地は温暖で、冬も夏も生野菜を食べる。みなはだし。屋室があり、父母兄弟はねたり休んだりする場所を異にする。朱をからだに塗るが、中国で粉を用いるようなものだ。飲食には高坏をもちい、手で食べる。人が死ぬと、棺はあるが、そとばこはなく、土を封じて塚をつくる。死ぬと、十日間、喪に服し、その間、喪主は肉を食べるのをやめるが、他の人は歌い、踊り、酒を飲む。埋葬が終わると、一家をあげて身体を洗う。

「もし誰かが海を渡ってシナへ行こうという場合は、その旅の間、土地に残った一人の男が髪を櫛《くし》けずらず、虱《しらみ》がわいても取らず、衣服は垢で汚れるにまかせ、肉を口にせず、女を近づけず、喪に服しているようにする。人々は彼を魔術師と呼ぶ。もし旅人が無事に到着すれば、魔術師は奴隷と財物を受け取る。もし病気になったり不幸に遇ったりした場合は、魔術師は殺される。——この国には真珠や青玉が産出される。山には辰砂《しんしゃ》があり、楠、橡《とち》、木瓜《ぼけ》などの木が生えている。種々の竹も茂り、猿や雉《きじ》などの動物が生息している。」〔訳注・わかりやすいように現代語に直されたものを示した。〕

ここに記されていることは、考古学的調査によっても裏づけられているが、この書に記されている彼らが辿った道筋と日数を検証することは不可能である。弥生文化の二つの中心（北九州と畿内）のいずれも、さらに一般的にいえば瀬戸内海のいずれの地も、倭人伝の「邪馬台国《やまたいこく》」〔訳注・邪馬壱《やまい》という説もある〕となる可能性をもっている。そのため、倭人伝の旅程の記述をめぐっては、さまざまな学説が立てられ、論争が繰り返されている。

それはともあれ、確かなことが一つある。農業生産が豊かになるにつれて、人々の身分差が大きくなっていったことである。そのことは、弥生時代の墓に表れており、身分の高い人の墓が大きな石を組んで造られた室に甕棺を納め、まわりに濠を巡らしているのに対し、人々のそれは、小さな塚に過ぎない。大規模な墓には武器や宝石、鏡などが副葬されているが、一般の人々の墓は、それなりにきちんと造られていても、高価な副葬品は納められていない。

古墳時代

メカニズムは明確には分かっていないが、鉄器時代さなかの四世紀初め、弥生文明が突如現れる。馬を飼って乗りこなし、完全に鉄でつくった武具をまとった戦士たちが支配者となるのである。彼らは、大和の揺籃の地から打って出て海岸づたいに勢力を広げ、朝鮮に居留地を設けるまでになる。

この時代、シナは漢王朝が崩壊（二〇八年）し、三国鼎立《ていりつ》から「五胡十六国」の蛮族王朝乱立の世となる。この動乱は、六世紀末、隋による統一実現まで続く。この三国鼎立期、北シナの魏王朝が朝鮮半島に食指を伸ばしたため、それを逃れて日本に移住してくる人々が出始める。こうして朝鮮半島からの移住者たちによってさまざまな技倆と知識が日本列島にもたらされ、日本人たちも、ますます貪欲にそれを習得し力をつけていく。三六九年には、逆に朝鮮半島に上陸した日本人たちが任那《みまな》の国を樹立。この小国は五六二年に消滅するまで、大陸における日本の属国として、物質的・技術的・知的・人的に歴史的日本の誕生に資する重要な役割を演じることとなる。

鉄器時代に入ったころの日本については、よくは分かっていないが、当時の痕跡を留めているのが《古墳》であることは確かである。古墳は平地のなかにポツンと孤立して築かれたものや、幾つか集まっているケースや、さまざまであるが、その二つのこぶをもつ丘は、近代にいたるまで、田園の地平線に印象深いリズムを与えてきた。

これらの墓には、シナや朝鮮半島の墳墓の影響が明白で、まわりに濠を巡らした高台の上では宗教的儀式が行われたようである。上空から見ると、前方部分が方形、後方が丸くなり全体で錠前の穴の形を

仁徳天皇陵とされている大仙陵古墳（大阪府堺市）

していることから《前方後円墳》と呼ばれている。大阪平野に造られた応神天皇陵（三世紀）や仁徳天皇陵（四世紀）は、水を湛えた濠を巡らし、墳墓の縦の長さは四〇〇メートルに達する。

その後、鉄器文化が東日本へ広がるにつれて、規模はそれほど大きくはないが、数多くの墳墓が各地に造られていった。歴史書によると、六四六年、孝徳天皇（645-654）は、墓の大きさと副葬品について制限を課す勅令を下している。この天皇の意思は必ずしも厳格に守られたとは言い難いが、次第に大きな墳墓は造られなくなっていき、それと同時に、七世紀には仏教の火葬のやり方が普及していった。

日本国家樹立の原動力となった古代の戦士の容貌は、こんにちでは《埴輪》の様式化されたシルエットによってしか分からない。もともと埴輪は墳墓の塚の麓の土を支えるために並べられた粘土製の単純な円筒だったが、次第に身近な動物や家、船、人々などの姿を象ったものになっていき、歴史の曙の時代の日本の人々の容貌や服装、生活のありさまを蘇らせてくれる。

大和時代

大和朝廷は、五世紀には、多くの氏《うじ》〔訳注・父系の先祖を同じくする集団〕と部《べ》〔訳注・居住地や職業を同じくする集団〕を吸収し、貴族の称号を分配するのと引き換えに同盟関係を結ぶことによって、その優位を保持していた。そうした貴族の称号は、果たす機能を表すものであったが、やがて、階層的価値をもつようになっていった。たとえば《臣《おみ》》や《連《むらじ》》といった称号は、天皇に結びついた氏族の長と、天皇家という太陽の女神の子孫たち、そして、それ以外の神々の末裔である氏族の長が占め世襲されたが、やがて、行政機構を組織化するために、「大臣《おおおみ》」「大連《おおむらじ》」がそれぞれ一名任命された。六世紀以後、「大臣」の称号を得たのは蘇我氏であり、「大連」の称号は、軍事を担当した物部氏と大伴氏が獲得した。こうして天皇のもとで発足した集権国家は、当初から二元体制を採ったのであって、この二つが互いに調整しあうなかで、ときとして天皇の家系の一族が犠牲になることはあったが、明白に天皇の正統性に逆らうことは決してしなかった。

大和朝廷の政治的飛躍は、多分、その大きな部分を文字の出現に負っている。シナの文字は、おそらく剣や鏡に刻まれることによってゆっくり浸透したが、身近に利用されるようになったのは、動物の骨や亀の甲を使った占いが一般化するのに伴ってであった。日本の国が歴史時代に入ったのは、伝説によると、シナと朝鮮の学者たちが天皇に儒教倫理と一緒に文字を教えたことによるが、考古学的資料によると、それに加えて、誕生まもない大和朝廷が朝鮮半島にも足場をもつことによって、すでに長い歴史的過去をもつ文明に接触したことが、その大きな要因であったと見られる。

しかしながら、日本に文化の開花をもたらすうえで最も重要な働きをしたのは、大陸から日本列島に移住し、さまざまな技能や知識を伝えた《帰化人》たちで、なかには、日本のために貢献した功績によって貴族に列せられた人も少なくない。彼らは、大陸の先進技術と知識を伝えただけでなく、書物と自分の生き様を手本として精神的にも重要な働きを示した。仏教も、そのような文脈のなかで伝来したもので、そこには外国からの強い影響力が関与していた。このことは、日本が千年以上にわたる歴史の流れのなかで幾多の浮沈に遭遇しながら、今も仏教の教えが活力を湛えている稀な国の一つであることを考えるとき、きわめて重要である。

伝承によると、仏教が日本に渡来したのは六世紀半ばの五三八ないし五五二年のことである。朝鮮半島の百済（Paektche）の聖明王（Syông-myông）が隣国・新羅の脅威に対抗するために日本と同盟を結ぼうと、大和の欽明天皇のもとへ、金銅の仏像（銅に金メッキしたもので、朝鮮人たちはすでにメッキ技術を修得していた）とさまざまな経典をもたらしたのであった。

たしかに、この新しい信仰は、貴族たちから全面的に好意をもって受け入れられたわけではなかった。それどころか、貴族たちの多くは、仏教伝来を自分たちの繁栄を支えてきた古来の神道の神々に無礼にも投げつけられた挑戦であり冒瀆であると感じ反発を示したほどであった。しかし、蘇我氏など幾つかの氏族は、逆に、大陸文化の力の源をそこに見て、逆らう氏族たちの稚拙な信仰を普遍的な仏教の信仰によって圧倒し克服できるのではないかと期待した。経済的にも家系的にも力にさほどの優劣のない氏族を単位にして形成された国家にあっては、氏族の長たちそれぞれが、仏教の受容をめぐって取る態度によって自分の氏族の優位を決定づけられると計算した可能性がある。

こうして蘇我《そが》氏と物部《もののべ》氏・中臣《なかとみ》氏の間で戦いが始まった。物部氏も中臣氏も軍事と宮廷の宗教に関わる長であったから、彼らを敵にまわすと容易ならざる事態を招くことは明白であった。しかし、天皇は、知的にも物質的にも先進的な外国に門戸を開く政策を進める蘇我氏を支持した。この事件は、長い間単純なレトリックによって歪められてきたが、そこに現れているのは、伝統を守ろうとする人々と革新を支持する人々との衝突である。

たしかに、古い物語を信じるなら、欽明天皇が仏教崇拝を推進したので神道の神々が怒り、災厄をもたらしたなどという絵画的な出来事もないわけではなかった。それから十年ほど経って別の仏像がもたらされたときも、同じような災厄が起きて、排仏派の物部氏と中臣氏が決起し、件の仏像を奪って難波の宮の濠に捨て、仏教寺院を焼き払うべしとの勅命を勝ち取ったという。その結果、両派の対立は情け容赦のない戦いに発展し、五八七年の戦いで蘇我氏が勝利をおさめたものの、なおも蘇我氏への抵抗を示した崇峻天皇（在位587-592）が暗殺されるなど、仏教の受容をめぐる抗争は五十年続く。ようやく決着がつくのが、女性天皇推古（在位592-628）と、彼女を摂政として補佐した聖徳太子（摂政在位592-622）によってである。聖徳太子は、国家として仏教の受容を打ち出す一方、最初の組織化された統治を日本に導入し、大和の国の君主を「天皇」と呼び、国を「日出づる国」という意味で「日本」を呼称するにいたる。

事実、もはや後ろを振り向いているときではなかった。朝鮮半島では任那が五六二年に新羅に攻められて滅び、この海外の地で仏教と儒教思想の洗礼を受けた日本人たちが引き揚げてきたため改革派が力を増した。蘇我氏は力の代弁者であるとともに未来を代表する勢力であった。聖徳太子は、みずから仏教経典を研究すると同時に、シナの政治思想を学んで政策に具体化していった。五九四年には仏教を国家の宗教として位置づけるとともに、シナ文化を採り入れつつも日本独自の建築技法によって四天王寺と法隆寺を建造している。

こうして、精神的基盤の確立と相呼応して仁・義・礼・智・信の儒教倫理を骨格とする国家の秩序が打ち立てられる。以後、国家秩序を支配するのは儒教倫理となり、その要に位置するのが天皇となる。官吏も、儒教が教える《徳》を基盤に階級づけられ、冠の色によって表された。紫は君主の徳、青は仁、

聖徳太子像と伝えられる「唐本御影」（御物）

赤は礼、黄は信、白は義、黒は智で、六〇三年には、そのそれぞれが大小に分けられて、いわゆる「冠位十二階」となる。ただし、奇妙なことに、これらの順位はシナのそれと異なり、礼と信が上位に置かれ、義と智は下位になっている。

翌六〇四年には、日本国家の宗教的・政治的マニフェストとして「十七条憲法」が制定される。その第一条「和をもって貴しとなす」は、すべての人が私的抗争を捨てて国家建設のために協力するよう求めたものである。第二条「篤く三宝を敬うべし」は、仏教を国家の精神的基盤とするとの宣言である。第三条では、君を天、臣を地とし、国家に必要な秩序を明確にしている。そのあとの各条は、さまざまな公的機構の組織のありようを明確にしたもので、事実、この十七条憲法は、哲学的に研究してみると、多様なシナの文献（詩経、春秋、論語、司馬遷の史記、文選など）が教えていることが反映されており、儒家・法家・道家さらには墨子などの道徳的要素が包含されているのが観察される。さらに、この同じ年、百済からやってきた一人の専門家（訳注・百済僧の観勒《かんろく》）の作業のおかげで、新しい暦が定められた。

このように見事に組織化された一つの国家を、かくも迅速にスタートさせるには、こうした新しいやり方に熟達しているとともに、規範となる道徳によって深く人格形成された、かなりの数の人間の存在が必要だったであろう。聖徳太子は、六〇七年、小野妹子を使節として隋の煬帝のもとへ送った。小野妹子は日本で大きな変革が進行していることを知らしめることはできたが、最初の訪問では慎重な応対をうけただけで、あまり大きな収穫を持ち帰るにはいたらなかった。翌六〇八年の訪問は、留学生の受け入れを承認させるなど、多くの成果を得た。この合意は、六一八年に隋に代わった唐王朝にも引き継がれ、約三十年間、実際に行われた。

しかしながら、体系的にシナ文明を摂り入れようとするこの政策は、すべての日本人が賛同し協調したわけではなかった。六一四年には、犬上御田鍬《いぬがみのみたすき》が激しくシナ化政策に反対している。〔訳注・犬上自身、六一四年には隋に、六三〇年には王朝が改まった唐に派遣されている。〕また、聖徳太子を支えてきた蘇我氏自身、太子の存在が自分たちの権力欲を満たすうえで障碍になっていることに焦りを感じていた。その反対に、シナから帰ってきた人々は、日本を権威主義的で中央集権的な国家へと強化することしか考えなかった。こうして、六二二年に聖徳太子が没するや、それまでなんとか抑えられてきたこれらの相拮抗するエネルギーが制御を失って再び内戦が勃発する。

とはいえ、日本は、一世紀足らずのその第一段階で、隣接するシナと朝鮮から吸収して一つの知的・芸術的文化を開花させただけでなく、シナや朝鮮を通してインド、ペルシア、エジプト、さらにはガンダーラを通してギリシアといった遥か遠い国々の豊かな文化を受容したのであった。

蘇我氏一族は、聖徳太子が亡くなると、急速に野望を剝き出しにし、聖徳太子一族を自殺に追い込み、天皇の座をさえ脅かしかねない危険な存在になっていった。すでに蘇我氏は、大きさでも豪華さでも天皇の御陵を凌ぐ墓を造営していた。奈良平野に築かれた「石舞台」と呼ばれる巨大な石の建造物は、蘇我馬子の墓であると言われている。

大化の改新

しかしながら、天皇を中心にすべきであるという人々はますます増えていき、朝鮮から移住してきた人々に加えて、中国・朝鮮に渡航し学んで帰ってきた学者たちの存在がこれに決定的重みをもたせた。唐の強力な国家に触れ、驚嘆して帰国した高向玄理《たかむくのくろまろ》や南淵請安《みなぶちのしょうあん》は、蘇我氏の横暴をなんとしても終わらせなければならないと決意した。六四五年、中大兄皇子と中臣鎌足を中心にクーデターが決行され、蘇我氏は血の海のなかに沈み、女帝皇極（在位642-645）は退位を余儀なくされた。〔訳注・のちに斉明天皇として重祚。〕

こうして、権力を掌握した人々は、聖徳太子の思想を引き継いで、強力な国家建設のために、つぎつぎと長期的展望に立った施策を打ち出した。これらは総称して「大化の改新」と呼ばれているが、それがめざしたのは行政システム全体の革新であり、六七二年に皇位継承をめぐって起きた《壬申の乱》〔訳注・天智天皇の逝去後、長子の大友皇子に対し大海人皇子が起こした乱で、後者が天武天皇として即位した〕による中断にもかかわらず、改革は、七世紀末にいたるまで継続された。

大化の改新は、シナを手本に、国を形成する人間と土地をすべて国家に属せしめるものであった。日本の国土全体が、都を中心とする特別地域である「畿内」〔大和・摂津・河内・山背《やましろ》と遅れて和泉の五か国〕とそれ以外に分けられ、全国は「国」〔六十四か国〕に分けられ、その下に「郡」「郷」の単位が設けられた。軍事的防衛体制も整備された。これは、東国がまだ朝廷に服従しない「蛮地」であった時代には重大な問題であり、不穏な動きがあった場合、情報伝達と兵力移送のための宿駅から宿駅へ繋ぐ仕組みが定められた。次には、村を幾つか集め、土地を幾何学的に区切ることによって、平等に分配する《班田収授》の制度が徹底された。〔訳注・土地はすべて国有で、男子は六歳で田二段、女はその三分の二を与えられる仕組み。六年ごとに改められ、死者の分は返納されることになっていた。〕そのために、養うべき住民の正確な掌握と社会的階級づけが必要であった。

たしかに、このようなラディカルな改革は、様々な抵抗に遭う危険性があったし、事実、種々の術策によって歪められた。原則として土地はすべて国有化され、地方の豪族や古くからの地主は官吏に任命され、下層の人々は、そうした有力者に労働力を提供する代わりに給料を支給された。こうして、理論上は庶民も生活を保障されたが、その一方で、身分の高い人々は資格を変えるだけで既成の力と身分はそのままだったので、結局、この政策は行き詰まらざるをえなかった。しかも、これには外国での情勢変化が影響した。

六六一年、シナの唐朝は朝鮮半島に勢力を拡大するために軍勢を派遣、日本は友好国であった百済王国を支援するために艦隊を派遣したが、六六三年、白村江の戦いで大敗を喫した。大化の諸改革が次々と公布され施行されたのは、このような不運な文脈のなかにおいてであった。中大兄皇子は天智天皇（在位668-671）になるや、有名な《近江令》（668）を「書部《かきべ》」と呼ばれる書記グループに起草させることによって日本の国体の整備を始めた。それと同時に、最初の大々的な国勢調査を実施させ、以後も三十年ごとに行わせることにした。

この中央集権化政策は、壬申の乱のあと皇位を継承した天武天皇（在位673-686）によっても引き継がれ、強力に進められた。まず天武が着手したのは、自分たちが国家建設の主役であると思い違いして傲慢に走った書記グループを消滅させることであった。ついで六八四年には旧来の氏姓制度を改めて

「八色《やくさ》の姓《かばね》」〔訳注、真人、朝臣《あそむ》、宿禰《すくね》、忌寸《いみき》、道師《みちのし》、臣・連、稲置《いなぎ》〕を定めた。これによって、皇族から分かれて辺境の地に根を下ろした家門が天皇家との血縁による貴族集団を形成していくこととなる。

六八九年には、天武亡きあと女帝となった持統（在位686-697）が新しい律令（その都の名を採って「飛鳥の浄御原律令」と呼ばれる）を公布。その後も、日本の法的基盤を確立した大宝律令（701）をはじめとする重要な法令が出されていった。

しかし、日本の政治の本質的要素は、すでに白鳳時代（645-710）の終わりには確立されていた。中央政府の頂点に位置するのが天皇と太政官で、後者は、太政大臣を頭とし、右大臣と左大臣、その補佐役として大納言、少納言がいる。朝廷と畿内を形成する近接地域から先にある国々は、七つの地方（七道）に分けられ、それがさらに郡、村に分けられる。村は平均して五〇家族で構成された。

とはいえ、人々の法的・社会的条件は画一的ではなかった。国の社会的構造は、少数の貴族集団と大多数の農民によって成っており、その農民も、自由人としての資格をもつ「公民」と、一般の「良民」に分けられ、その下には、もともと奴隷（奴）であった「賤民」がいた。「賤民」は、さらに五つのカテゴリーに分けられ、その三つを国家に仕える「陵戸《りょうこ》」〔天皇の墓守〕、「官戸《かんこ》」〔天皇の領地の米作りに携わる〕、「公奴婢《くぬび》」〔その他の雑用に従事した〕が占めている。残りの二つは解放奴隷の「家人《けにん》」と私的奴隷である「私奴婢《しぬび》」である。

律令では、年長者の扱いが改善されるが、それが儒教の道徳観を反映しているのかどうかは不明である。税は現物か労役によって支払われた。〔訳注・現金によるものを租、現物によるのを調、労役によるのを庸といった。〕労役の主なものとしては、水田の潅漑システムの保全があった。

土地の配分は、唐王朝のもとで行われたやり方に倣い、養うべき人間の数と年齢を考慮して六年ごとに修正された。家族ごとに九つの区画に区切った長方形の土地が支給されたが、九区画のうち一区画は家族の真正の財産として子供に相続することが許され、万が一の場合は、売ることもできた。しかし、それ以外は国家のもので、それを与えられていた個人が死んだり転出したときは返還された。加えて、ある一家が質の悪い土地を永久にあてがわれることがないよう配分の変更が行われた。

このシステムは、国家の力が安泰で厳格に統制され、勝手な賃貸しなど行われないことを前提にしており、日本で実施された期間は、シナの場合に較べて、それほど長くはなかったが、本州では意外に広く行われていたことが考古学的調査によって明らかにされている。水田の泥土のおかげで木の杭などが腐蝕しないで保存されているためで、泥がつぎつぎ堆積してきているものの、かつての水田の跡があまり消えることなく観察できるからである。

奈良時代

聖徳太子の死後百年経った八世紀初めごろのこの若い国では、遅れている東国では、鉄器時代と変わらず戦士たちの塚が築かれていたが、すでに朝廷の支配下に入っていた地域では、すでに朝廷による中央集権的支配体制が確立されていた。この勝利を具象化しているのが奈良の平城京である。

当時は、天皇の代が替わるたびに、亡くなった先代の思い出にまとわれていない場所に新しい宮殿を建設するのが慣習であった。しかし、女帝の元明《げんめい》天皇（在位707-715）によって七一〇年に奈良平野に築かれた平城京は、シナの長安をモデルにした恒久的な都としての意味をもっていた。これは、一辺がほぼ四キロの正方形をしており、北側に大内裏《だいだいり》が置かれ、その南に何本もの道路が直角に交差する碁盤目状の市街が広がり、国家の栄華を誇示するかのように寺院と貴族たちの邸が軒を並べて豪華さを競い合った。その美しさは、こんにちでも、この平野の風景にリズムを与えており、建築の洗練ぶりは私たちを驚かせる。鉄器時代あるいは青銅器時代さながらの生活をしていた当時の大部分の日本人は、さぞ驚嘆したにちがいない。

国じゅうが中央権力のもとに組織化され、人々の生活共同体の内部だけでなく近隣の共同体や上部機構と緊密に連結された結果、農業技術も改善され、収穫量も増えた。農耕生活においては、ある種の共同生活が必然的であるが、とくに極東に見られる水田による稲作は、みんなが全体的規律に従って努力することが求められる。潅漑用水路網も、充分広域的に組織されてこそ生産量の増加をもたらすし、土を耕すための道具も鉄を使用することによって作業効率が向上するが、鉄の道具を手に入れるためには広範囲の交易網が必要であった。東大寺の資産目録においても、寺領地の農民たちに支給するための金属具の記述が増えている。

道具の改良によって主食の米の生産量が増えただけでなく、さまざまな副食用の作物も豊富になった。それだけでなく、食用以外のたとえば桑の栽培によってシナから伝えられた蚕の飼育が盛んになり、身分の高い人々の間では、深い輝きを放つ絹の衣が着用されるようになっていった。宮廷や大寺院は、織物や金銀細工、漆器などさまざまな分野で高度な技術をもつ熟練工を招いて、産業の振興を図った。

初期の時代の日本社会の発展を妨げる要因の一つであった金属不足も、奈良時代に入り、とくに七世紀の天智天皇の治世以後、鉱山の発見と発掘が行われたことによって解消する。対馬の銀、武蔵や陸奥の銅などの開発がなかったならば、奈良の都を彩った豪華な品々は作られなかったであろう。七〇八年には、武蔵の銅を使って日本ではじめての貨幣が鋳造されている。〔訳注・七〇八年二月十一日に武蔵の国から銅が献上され、八月に銅銭の和同開珎《かいちん》が発行されている。ただし、近年では、それより早く西暦六八三年に富本銭《ふほんせん》が造られていたとされる。〕

七一一年には富に関して一種のヒエラルキーが立てられ〔訳注・『蓄銭叙位令』といい、一定額以上の銭を貯え、政府に上納すると位を与えるというもので、七一一年に定められた〕、それが銭の流通を促進する一因となった。しかし、日本国内で産出する量では足りないので、朝廷は、唐から銅銭〔訳注・厘銭と呼ばれる円形方孔の銅貨〕を輸入し、それを使うことを定めている。

いずれにせよ、この制度の基盤である、土地の国有化と均等配分のやり方は、人間的弱点や性癖を考慮しておらず、貴族の家門同士の争いや寺院の格式をめざす競争が熾烈さを増すなかで、農民たちからは想定外の苦境に陥る者が続出した。耕作農民の多くは自分の土地に執着して手放すまいとする一方で、寺院や大貴族の庇護のもとでのより安泰な生活を求めて、そうした庇護と引き換えに、自分の分け前の土地を進んで寺院や貴族に譲る者、また、より静謐な生活を求め、土地を捨てて出家して僧や尼になる人が続出した。

しかし、全体的には人口が次第に増加していったから、政府は、それに対応するために新しい土地を開墾したり新しい収入源をつくり出す必要があった。これは、それなりに成功したが、こうして新しく開墾された土地に「土地は国家に属する」という班田収授法を当てはめることは諦めざるをえなくなる。

こうして土地の私有財産化を認めたことが、未来に重大な結果を生じさせる動向の突破口を開けることになった。寺院や上流貴族たちは、都周辺の狭い土地では満足できなくなり、ずっと遠く離れた辺境に領地を手に入れ、その主人になっていった。事実、七四三年には、新しい開墾地は開墾した人の私有地であり、子孫に譲ることができると認めた《墾田永年私財法》が成立。これら開拓によって得られた

正倉院

新しい私有地は「荘園」と呼ばれ、そこでは、主人たちは、倉庫と事務所を構えて、思うままに農作業を指揮し農園を経営して富を蓄えていった。

このようにして、人口増加と有力者たちによる土地の寡占化のため、シナを模倣して社会的公平をめざして百年前に国家が採用したシステムは崩壊し、中央集権的税制は機能停止に陥る。同じ原因が同じ結果を招いたのであって、大陸でも日本列島でも、この土地の幾何学的分割策はこれ以上は維持されなかった。天平文化が花開いているさなかの八世紀半ばから、地方分散的力の動きが再び強まり、聖徳太子の出現以前や彼の死後と同じレベルに逆戻りする。

朝廷では、反目し合っていた名門貴族たちはほとんどが中臣氏の支配下に組み込まれて藤原姓を名乗る。その力は、日本文明の最も独自のものの開花と相呼応していた。奈良の町では、六宗の仏教寺院が、それぞれの精神的・思想的影響力を競って張り合った。光仁天皇（在位770-781）は、そうした六宗の精神的・世俗的利害の綱の引き合いのなかで、そのシナ風の豪華で宏壮な宮殿にもかかわらず、もはや、この地を統治の中心にすることはできないと判断し、奈良の都を去ることを決意する。

天皇が去ったあとの奈良には、シルク・ロードを運ばれてきた世界の宝物や、全国に国分寺を創建した聖武天皇がその生涯に集めた宝（その多くは七五二年の大仏開眼供養のときに使用されたものであった）が遺されたが、それらは東大寺の傍らの「正倉院」と呼ばれる蔵の中に保存された。そうした品々は、現物との接触という貴重な経験を提供し、新しい思想を触発しつづけてきたし、人間の英知と努力によって生み出された文化の産物は無傷で慎重に保存されなければならないことを忘れなかった国の、世界へ向けた最も記念されるべき開口部となっている。

平安時代

仏教の僧侶でありながら一国の最高権力を狙った道鏡（七七二年没）と藤原氏の抗争が証明しているように、奈良は、渦巻くエネルギーの過剰な重圧の下で爆発する恐れを秘めていた。天皇と仏陀がこれ以上同居を続けることはもはや不可能であった。

宮廷と政治の中枢を新しい地に移し、強大化した宗教によって左右されないようにすべきであるという藤原百川《ふじわらのももかわ》の進言を容れて遷都を決意したのは光仁天皇であったが、それを実行に移したのは桓武天皇（在位781-806）であった。しかし、日本の歴史の新しい時代を創始するためとはいえ、都をゼロから築き直すことは、時代を逆行させることでもあり、そうたやすいことではなかった。現実に大寺院が政治において果たしてきた役割と彼らが築いた力に対抗して天皇の確固たる地位を築くことは、いわばクーデターを起こすに等しかった。

しかも、新しく都を建設するには膨大な費用がかかったし、その財政的負担は王朝にとってきわめて辛いものになる危険性があった。そのうえ、場所の選定にあたっては、シナの方位学の法則に適った土地を見つける必要があった。当初（七八四年）見つかったのが山背の国の長岡で、藤原種継（737-785）が桓武天皇により《造長岡京使》に任命され工事が始められたが、種継が暗殺されたため、この場所は暴力的な死という不吉な出来事によって穢れたとされ、しかも、皇太子夫妻が悪病の犠牲になるなど凶事が重なったことから、完成を待たずに放棄された。

結局、そこから、それほど離れていない今の京都の地が候補として浮上し、桓武天皇自身も「自然の要害を成している」と絶賛したことから《平安京》として建設され、ここが、一八六九年にいたるまで千年の長きにわたって日本の首都となる。その地形は東と北・西の三方を山に囲まれ、南は瀬戸内海へ向かってゆるやかに下っていく平野に開けていて、孤立した盆地である奈良よりも首都としての適性に恵まれていた。

七九四年、宮廷は新しく線引きされた町に移る。奈良と同じく碁盤目状に道路が交差しているが、仏教・神道を問わず宗教的な建物はすべて周縁部に押しやられ、奈良の六宗とは関わりのない、神秘的自然に親しむ仏教が都市の外で発展していく。その一方で、奈良に残った六つの宗派は、世間の動揺が伝わる道とは離れて、ひたすら過去を模倣した生活をゆっくりと営みつづけることとなる。

有力者たちの抵抗は相変わらず頻繁に起き、それを克服するための権力集中の努力がふたたび活発化する。八一〇年、天皇の勅令や機密文書を集めて保管する役所として《蔵人所《くろうどどころ》》が設置され、その役人たちは、天皇の権威と太政官の監督のもと広範な権限を行使した。八二〇年には、法律に合致した行政を地方にも徹底するため、《検非違使《けびいし》》〔訳注・現在の警察と裁判官に相当〕と《勘解由使《かげゆし》》〔訳注・会計監査官に相当〕が各地に派遣された。

結局、平安期に新しく設けられた役所の仕事は、天皇の存在が光を届かせる範囲を押し広げることであった。七世紀中頃まで塚型墳墓の東進に表れていたこの中央文化の拡大の動きは、九世紀中頃、陸奥の北にまで地方役人の息子たちによって天皇の軍隊が編成されたことをもって達成されたといえる。

こうして、辺境の地に送られて、そこに駐屯した兵士たちは、剣とともに鍬を振るって農地の開墾にも励む屯田兵（soldats-laboureurs）であった。彼らには、一年のうち少なくとも六十日、国家のために奉仕することが義務づけられたが、彼らの多くは、自分で新しく開墾した土地に根を下ろし、「武家」として家門を立て、しかもその存在は、時代を経るにつれてますます重要性を増していく。彼らの主な任務は「蝦夷《えみし》」と呼ばれる北方の蛮族を服従させることであった。蝦夷とは、大和を中心とした文明圏にまだ組み込まれず、焼物や装飾文様に大陸の先住民の影響が見られる先史時代の伝統を遺していた人々を言った。

桓武天皇は、こうした辺境の征服戦を再開し、七九七年には四万から成る大軍を編成し、坂上田村麻呂を指揮官として送った。このとき田村麻呂に与えられた「征夷大将軍」の呼称が、十三世紀以後も、「武家の棟梁」として鎌倉幕府・室町幕府・江戸幕府に君臨する権力者たちに受け継がれていくこととなる。とはいえ、田村麻呂によって始められた本来的意味での征夷大将軍としての戦いは、嵯峨天皇の治世（811）、文室綿麻呂《ふんやのわたまろ》により東北地方全体が平定されることによって終わる。

こうして、北海道を除く日本全域の政治的統一が達成される一方で、これまで大宝律令に付け加えられた「令外官《りょうげのかん》」〔訳注・参議、中宮職、修理職、按察使、勘解由使、検非違使、蔵人所、造寺使、近衛府、衛門府、征夷大将軍など〕は、形の上ではシナ風に中央集権化された国家の面影を維持していたが、実質的には全く変化していった。時代はもはや、重苦しい統治システムの維持には向いていなかった。拡大していく国の活力あふれる現実は、本来大陸的巨大国家に求められた厳格さとは両立できなかった。洗練された都と、騒々しい開発途上の辺境地域とは別世界の観があった。開発があまり進んでいない地域や、ようやく人の手が入るようになったばかりの谷間の地では、新しく開墾された稲作地（職分田《しきぶんでん》）のおかげで自立的な荘園が優勢になっていった。

すでに充分に複雑になっていた土地制度が、平安期にはさらに複雑化し、中央集権体制そのものが崩壊するにいたる。家族単位と個人ごとに分けられていた稲田（口分田《くぶんでん》）に種々の職分田が加わって、これが三世代まで継続所有を認められ、やがては、私有財産化して子孫末代に受け継がれるようになる。

さらに、これらの土地は、天皇の親族や貴族の所有地である「位田《いでん》」や勲功のある人に与えられた「賜田《しでん》」などと同じ税制上の扱いを受けた。そのほかにも、「雑色田《ぞうしきでん》」「墾田《こんでん》」など、中央権力が及ばない土地が増え、支配体制を弱体化させていった。こうして、平安時代の初めごろはまだ天皇家や高位の貴族の個人所有以外の私有地はそれほど多くなかったのが、神社や寺院の所有地、また、宗教的庇護のもとに身を寄せる信徒たちによって寄進された土地などが増えていく。最大の脅威は、役人たちへの報酬のために与えられ私有地化していったものである。

このことは、国家の税収見通しにとってはよくなかったが、生産量自体は増えたから、人口は次第に増加していった。十世紀から十一世紀にかけ、農業技術はかなり進歩した。土壌を肥沃にするため、焼き畑や腐植土を加えることが行われた。しかし、この時代の芸術作品から想像される貴族たちの栄華にもかかわらず、当時の人々の生活は、身分の高低を問わず、きわめて質素で、食事は日に二度で、仏教的タブーから獣肉は口にしないのが普通であった。魚に関しては宗教的掟はなく、むしろ、盛んに消費されたが、日常的に食されたのは、野菜と汁物、米の粥、ときに昆虫類である。

領地の実質的主人（まだ国家に従属している土地の場合は領主、開墾地の場合は名主《みょうしゅ》）は、年貢を集め、耕作に必要な金属の道具を所有していたので、その権限は強かった。彼の命令のもと、十人ほどの男たちが農作業を監視した。しかし農民たちは、土地の割り当てが遅れて農作業の時期を逸したり、気候不順のため不作に陥り飢饉に苦しめられることも少なくなかった。

十世紀以後は、これらのローカルな経済単位も自給自足できるだけの広さになると、まだ残っていた国家とのつながりを断ち切るにいたる。これ以後、領主たちは自分で集めた税を自分で処分し、朝廷へは、自分で判断した分しか納めなくなる。

藤原時代

こうした土地制度の緩みと脱税の仕組みのおかげで実現されたのが、藤原道長（966-1027）をもって頂点に達する藤原氏の栄華である。藤原氏は、八六六年に設置された摂政、八八七（？）年に設置された関白という立場のおかげで権力を強化し、藤原良房（804-872）、ついで藤原基経（836-891）は、フランスのメロヴィンガ朝の宮宰（maires du palais）に対比される権力を行使することができた。

しかし、ここで一種のパラドクスに遭遇する。国の首長である天皇は、その権威の物質的拠り所としては何も所有していなかったのに対し、この大貴族の家門は宮廷とのつながりが切れると、遠く離れた僻地に富を求め、その富をもって中央に戻って、天皇家との巧みな婚姻政策によって力を回復した。

大陸の周縁にある日本のこの独特の内部的進展を助長したのは、この国の孤立的状況であり、それを打ち破るために政府が直面した幾つかの困難そのものであった。シナが唐王朝になってから、およそ十二人の使節（遣唐使）が派遣された。歴史書『新唐書』によると、粟田真人《あわだのまひと》（七一九年没）は、その教養の高さでシナ人たちを驚かせた。吉備真備《きびのまきび》（694?-775）と僧玄昉《げんぼう》（七四六年没）は七一七年、帰朝すると、世俗的・宗教的知識において最高の規範とされた。最澄（767-822）、空海（774-835）といった人たちが高僧としての名声と威信を獲得したのも、唐へ渡ったおかげであり、円仁（794-864）は唐の各地を巡礼して『入唐求法巡礼行記《にっとうぐほうじゅんれいこうき》』を遺した。この著は、九世紀のシナについての尽きることのない情報を伝えていて、のちのマルコ・ポーロの『東方見聞録』に匹敵する。

しかし、学ぶべきことで一杯であった時代には実り多かったこれらの渡航も、有為の人材と船を呑み込む恐るべき渦潮であることに変わりなく、無事に帰ってこれたのは、最良の場合でも二隻のうち一隻であった。中心が一つしかなく、豊かさは見かけでしかなかった国にとって、海難事故は国民的ドラマの様相を呈した。というのは、シナの皇帝に貢ぎ物を届けるために、人的にも物質的にも、大変な富を海に捨てたようなものだったからである。菅原道真が八九四年に天皇によって新しい遣唐使に任じられる栄誉に浴しながら遣唐使廃止を上奏したのは、このような理由からであった。その後まもなく道真は藤原時平の謀で不遇の身となるが、彼の建言は採用されて遣唐使は廃止され、日本はそれから三百年近くシナとの公式の交流を断つ。

しかし、両国間の幾つかのつながりは維持され、シナの商船は時々日本にやってきて、私的な交易が行われたし、唐が滅びたあとも、宋の通貨は大量に日本にもたらされ流通して日本経済を左右した。そうした交流の主役を務めたのは、まず仏教僧たちで、彼らはその寺院共同体の富のおかげで船団をチャーターしてシナを訪ね、仏教書などを求めた。その点で名を残した人は枚挙に暇がないが、最も著名な例を挙げると、九八三年には奝然《ちょうねん》、一〇七二年には成尋《じょうじん》が宋に渡り、鎌倉時代の宗教・哲学・芸術に刷新をもたらした。

平安時代の日本は、こうして外国への門戸を閉ざしたが、はじめて外国からの侵略の脅威も経験している。これは、十三世紀末の日本を震撼させる蒙古襲来の予兆ともいえる事件で、シナ東北部に勢力を拡大した女真族（Djurtchät）が、朝鮮半島の高麗（Koguryŏ）を脅かし、一〇一九年には、五十隻以上の船団を組んで対馬、壱岐を侵略し、博多湾にまで襲ってきたのである。「刀伊《とい》の賊」と呼ばれるこの襲来事件は、当時は、彼らの正体は分からず、摂政も朝廷も、漫然と驚いているだけであった。しかし、九州では、大宰 権帥《だざいのごんのそち》、藤原隆家が九州の武士団を招集して侵略者たちに一撃を加え、逃れる彼らを追撃までした。これは、日本だけでなく、彼らに苦しめられていた高麗にとっても胸のすく勝利であった。

この出来事は、長い日本の歴史のなかでは、一幕の挿話でしかないが、長期的には摂関政治に不信感を投げかけ、中央貴族の無能ぶりを白日のもとに晒《さら》し、それと対照的に、武士たちの存在の頼もしさをクローズ・アップした。このころには、武士たちの力は強大化し、国内秩序の維持のために重要な役割を演じるようになっていた。当初、武士たちは、荘園を守るための自警団的存在でしかなかったが、同一地域の開発を分担する実力者たちの連合体となるにつれて独立性を強め、法と剣に頼る領主たちの集団に成長し、一朝ことある場合は、その地域の領主と武士全員が武器を執って起ち上がるようになっていた。

そうした戦いの繰り返しと横の連帯の広がりのなかから核となっていった最有力の新興氏族が源氏と平氏である。平安時代には、各地でドラマチックな争乱事件が頻発したから、それらを通じて武家集団それぞれが権威をますます高めるとともに、公的ヒエラルキーとは別に、あたかも公的枠組みを排除してより実効的な独自のヒエラルキーを代置していくかのように進展していった。

本来、武家集団のメンバーは領地の治安を司る「押領使《おうりょうし》」や「追捕使《ついぶし》」のもとに使われた侍たちで、権力の実体を保持する荘園主の意思を実行するのが任務であった。それが人間的野望と結びつくことによって、平将門の乱（935-940）、藤原純友の乱（939-941）、平忠常の乱（1028-1031）、源頼義と源義家による安部貞任討伐（1051-1062）といった事件へと発展していき、その挙げ句、十二世紀末にいたり古代の摂関支配体制に代わって武家政権が成立するにいたる。

武士による権力の掌握は、日本が封建国家に変わっていく長いプロセスの達成を表している。朝廷は、武家が自分を超える経済的・人的力を有するにいたってはじめて、武家の立場を認めざるをえなくなる。一〇六九年の後三条天皇（1068-1072）による『記録荘園券契所《きろくしょうえんけんけいじょ》』の設置は、荘園の記録台帳と土地台帳が法的に認定されるにいたったことを意味した。後三条天皇の治世は僅か四年と短かったが、ほかにも、いろいろな面で平安時代の政治史における転換期を画している。たとえばこの天皇の母は、天皇家の血を引いていたが、「皇妃は藤原氏から」という二百年以上続いた慣習には合致していなかった。しかも、そのあとの白河（在位1072-1086）、堀河（在位1086-1107）、鳥羽（在位1107-1123）、崇徳（在位1123-1141）といった天皇は、彼以上に藤原氏との繋がりがなく、その意味で、この名族の落ち目の始まりを表していた。

ここで、天皇たちが藤原氏の力に対抗して釣り合いをとるために生み出した巧みなシステムが「院政」と呼ばれる手法である。天皇は自分で後継者を選定し、その後継者が天皇としての儀礼的責任を果たせる年齢に達したと見るや、自らは退位して静かな寺院に隠棲し、そこから権力抗争に明け暮れる貴族や武士たちを調整し操りながら、権力を行使することに専念したのである。

この奇妙なやり方の結果は、吉凶さまざまであるが、平氏の滅亡までおよそ百年続いた。関東に基盤を置いた源氏が勝利を手にすることができたのは、天皇の力を利用しつつ、枠組みの刷新と責任の配分を主張して平氏を攻めたことによる。平氏は次第に瀬戸内海を西方へ追い詰められて、ついに本州西端の壇ノ浦の戦い（1185）で決定的に敗北したのであった。

時代はすでに転換していた。中央集権国家の神話はもはや効力を失い、天皇は、その存在の重みによって敬意を喚起したとしても、政治と行政の日々の活動のなかでは、まったく権威を失っていた。

ひるがえって、宮廷の華やかさと農民の惨めさの落差がおそらく最大値に達したのが藤原氏の時代であるが、日本の文明の最も特徴的なものの開花をもたらしたのもこの時代である。それは、それまでの幾百年の間に獲得された外国の要素から脱皮して、欠乏と無為と孤独から生じる日々の不可逆的飛翔と単調さによって養われた魅惑的な夢で、このとき宮廷生活をリズムづけたのは、煩雑な儀礼と迷信から来るさまざまな用心であった。藤原師輔（908-960）の『九条殿遺誡《くじょうどのゆいかい》』は、十世紀当時の貴族の生活を垣間見せてくれる。

――朝起床すると彼は小声で守護星の名を七度唱え、ついで口を漱ぎ手を洗ったあと、西に向かって神仏に加護を祈った。そして、前日の出来事を日記に記し、粥を食し、そのあと、髪を整える――。

そこには、朝廷での日々の任務のことは書かれていない。仕事は三日毎に出仕すればよかった。身体の手入れはきちんと規則に従って行われた。手の爪は丑の日に切り、足の爪は寅の日に切り、風呂は五日ごとに入った。これらは、人生を長く楽しむために欠かせない心構えであった。月の十八日は泥棒に入られる恐れがあったから、用心しなければならなかった。戌《いぬ》の日には、不名誉なことが起きる恐れがあると言われ、この日は慣習として宮廷には出仕しなかった。

平安貴族の生活は、当時の芸術作品や物語を通して見ると華やかで安楽そうであるが、この時代の仏教の感傷的で暗い色調から考えると、そうではなかった。事実、とくに民衆の生活は厳しく、冬には、農民たちが食い扶持を求めて雲霞《うんか》のように奈良や京の都に押し寄せてきた。彼らは、日本独特の霧氷に覆われた寒冷な田園の掘っ立て小屋のような家を捨てて都にやってきたのである。都では、なんらかの建設工事や土木作業があり、銭を手に入れるチャンスがあるかも知れなかった。また、都の市場で売るために、家内労働で作った品を担いでやってきた人々も少なくなかった。

平安時代は、かつては大和の特権的な中心に閉じ込められていた文明に、都だけでなく日本全体が覚醒しはじめた時代である。家を飛び出した貴族の次三男は、文化の遅れた辺境の地に文明をもたらし、そうした辺地の開拓生活を経験することによって、洗練されているがあまりにも繊細な宮廷の生活に、荒々しい男性的な精神を持ち込んだ。規則づくめの奈良時代の世界に、荒っぽい力の世界が取って代わった。自分の荘園を築きあげることに成功したこれらの人々は、自らの意思になんのブレーキをかけることもなく、国の頂点に立つことを夢見るようになる。この時代には、社会的・文化的環境が多様化した。さまざまな実際的原理に従い、時間の使い方も異なる荘園領主や武士たちの活動は、軽薄で無意味な朝廷の生活とは対極を示した。

第三章　近代的国家の形成

源氏の勝利は、藤原氏の都会的で高慢（あるいは単に無知なだけの）な貴族文明と華やかな宮廷世界が息絶え、田園に基盤を置いた武士たちの新しいエネルギーがそれに代わったことを意味した。源頼朝が、勝利を手にするや、政治の座を関東の鎌倉に置いたのは、明らかに、この「地方の力の台頭」を示している。

鎌倉時代

頼朝が新しい支配者として最初に行った施策の一つに、一一八〇年、《侍所《さむらいどころ》》を設置したことがある。その責任者（別当）には和田義盛が任じられた〔訳注・和田氏滅亡後は北条氏が独占した〕。この役所は御家人を統括することと、これまでの貴族による行政機構を監視し、武士の優位を強化することを任務とした。事実、武士的精神は、政治に社会に新鮮な空気を吹き込んだ。

《幕府》というのは、文字どおりにいうと「テントの政府」という意味で、戦場での指揮本部を指したが、それが同時に国家行政の中心になったのである。一一九二年、源頼朝が後鳥羽天皇によって《征夷大将軍》に任じられたとき、それは、もともとの「蝦夷を征服する大将軍」ではなく、無秩序化していた日本を再組織することがその主要任務であることを含意していた。

伝・源頼朝像（京都市・神護寺蔵）

一一八四年には、すでに源氏が勢力を確立した領域のなかで行われていた慣習法を全国に適用するとともに人々にも尊重させることを任務として司法機関である《問注所》が設けられ、また公文書を取り扱う《公《く》文所《もんじょ》》が設置され、その長官には、学者の大江広元が都から招かれ任命された。これは、まもなく《政所《まんどころ》》と改められ、国家のすべての機構を統括する最高機関となった。

頼朝は、朝廷から消滅はしないまでも弱体化していた支配機構の権威を再建すべく、確固たる計画を描いた。それは、機能停止に陥っていた朝廷中心の枠組みの上に重ねたもので、各地の中心地に二種類の軍事的管轄者を置いた。一つは《守護》で、これは武士の新人採用と新しい部隊の編成、および裁判を担当するもの。もう一つは《地頭》で、守護の行う徴税および治安の業務を補佐した。地頭は徴税とともに、共同体に欠かせない農作業そのほかを監視すること、また、治安とともに、ある限度内においてであるが、裁判も行った。平安時代の「荘園領主」の業務を引き継いだこの守護と地頭の二重行政は、朝廷の権威を背景に各地を統括したかつての「国司」の権力を簒奪《さんだつ》したものでもあった。

同じ原因は同じ結果を生じる。歳月を経るにつれて、この新しいシステムも有効性を失っていくことは確かであった。しかしながら、それでも成功をどれだけ持続させるかは、担当者の人間的資質次第である。頼朝は志を抱きながら朝廷によって裏切られていた有能な人材や、能力の割りに低い立場に置かれていた人々、生まれが低いために出世の希望のもてなかった人々を鎌倉幕府のために活かし、生まれよりも能力を重視して、権限と報酬を与えた。その結果、この新しい行政は、めざましい成果をあげることができた。それまでの朝廷役人たちの非効率・不公正に比べて、幕府の役人たちの公正なやり方は、人々に新鮮な驚きを与えたほどであった。

源氏は、豊かな関東の地に基盤を置き、その幸運の根を大地に伸ばしていた。関東地方は法的資格はさまざまだが五百以上の領地から成り、それらの間に百ほどの国有の領地がはめこまれていて、《御家人》たちの基盤になっていた。御家人とは将軍の家臣をいい、もともと開拓農地の指導者であった人々が、源氏のもとで軍事的に奉仕することによって与えられた特権的地位であった。将軍に忠誠を尽くすのと引き換えに与えられた所領や官職は、父から子へ引き継がれることによって封建制度となっていった。とくに頼朝の時代は、一人一人と頼朝との直接の関係だったので、結びつきはきわめて強靱であった。頼朝が武家集団として先行していた平氏を倒して権力を奪取することに成功した主要な原因は、おそらく、この絆を大事にしたところにあったといってよい。

彼が幕府を置いた鎌倉は背後を山に守られ前方は海に開けていたため、早くからシナの宋と交易関係を結び、さまざまな物資とともに思想を受け入れた。彼らのダイナミズムと改良精神は、この宋からもたらされた文化と関連している。とくに禅仏教は、寺院における哲学的・宗教的刷新をもたらしただけでなく、各人に存在理由と行動規範への意識をもたらした。

しかし、源氏の威信は、一一九九年に頼朝が死去すると、たちまち忘却され、息子の頼家は頼朝の妻の親族である北条氏の策謀によって殺されてしまう。頼朝自身、自分の親族によって権力を奪われることを恐れて、弟義経をはじめ近親を片っ端から排除するという過ちを犯していたため、彼の息子は支えてくれる者もなく、北条氏らの権力欲の餌食になってしまったのであった。こうして、北条氏は、形の上だけ将軍を戴きながらその権力を代行する《執権》という肩書きで一三三三年まで幕府の実権を行使することとなる。

一二一九年には名目だけの《将軍》として、京都の藤原氏の若い九条頼経が鎌倉に連れてこられる。〔訳注・頼家についで三代将軍実朝が暗殺されたあと、頼朝の遠縁にあたることから、八歳で将軍に選ばれた。〕一二五二年以後は、本物の皇族（宗尊親王など）が将軍に据えられたが、いずれも、わら人形と変わりがなく、実質の権力は北条氏が振るった。

たしかに、北条時政〔訳注・頼朝夫人政子の父〕とその息子の義時は、頼朝の血筋を冷徹に断絶したが、彼らが鎌倉周辺にある自分の領地の富をこの新しい政府にもたらしたおかげで鎌倉と京都の間に含まれる大部分の土地は、これ以後、将軍のものとなった。しかし、その北条氏も、朝廷を思うように動かすことはできなかった。むしろ執権と幕府そのものが、朝廷のなかで企まれた陰謀に巻き込まれ、それに蝕まれていった。そして、年月の経過とともにますます複雑化し多様化する封建制の全般的腐敗のなかで、当初の美しいエネルギーは汚染されて消滅し、鎌倉幕府は京都の朝廷にできるだけ似せたもう一つの朝廷に過ぎなくなり、次第に民衆との生き生きしたつながりを失っていった。

しかしながら、北条氏は、権力掌握からまもない一一九八年に後鳥羽上皇の権力奪還の試みから起きた《承久の変》（1219-1221）にもかかわらず、そのあと百五十年以上にわたって権力を維持した。むしろ後鳥羽というエネルギッシュな文人天皇の試みの挫折のおかげで、権力は大幅に朝廷から幕府に委譲され、幕府が政治の中心であるという原則が改めて確認され、封建制度のあらゆる面での勝利が確定されたのであった。この事変を契機に、京都の治安維持を名目に《六波羅探題》という特別の長官が任命され、他方、北条氏は将軍職のあらゆる権能を手に入れ、主要ポストを独占した。

一二二五年に北条泰時によって設けられた《評定衆》は、幕府の行政に新しい血を注ぎ込むはずであったが、評定衆それ自体、ほぼ完全に執権の家門によって占められていった。こうして実質的に国家の首長となった北条氏にとってまだ残っていた仕事は、基本法典の伝統を再興し、当時の社会の関心事にそれを適用し、自分たちの痕跡をそこに刻むことであった。そこで制定されたのが『貞永式目』で、これは、それまで経験的に行われてきた行政を統一し明確化したもので、日本における慣習的封建法の成文化の最初となった。そこには、寺社や朝廷が有する資産を尊重することとともに、一般的に権力のヒエラルキー全体を尊重すべきこと、守護と地頭のしばしばデリケートな任務と幕府内部の機構の運用のあり方が明確にされている。

これらは必要があって明記されているのであり、その背景には、古い荘園組織が地頭の厳しい年貢取り立ての打撃を受けて崩壊し、年貢用に充てられた一部の土地を地頭に渡さなければならなくなって、平安時代の制度から生まれた農園と地頭の直接的で全面的権限のもとに移された農園との二つのタイプの農園が並存するようになっていた事実がある。荘園主の没落に代わって台頭するのが荘園主から名田《みょうでん》(開墾私有地)をもらって力を蓄え平民から成り上がった名主《みょうしゅ》である。彼らは農民身分のままの者もいれば武家になった者もいたが、幕府は、そうした名主のなかから地頭を任命した。結局、全体としては、彼らの活躍は農業経営に新風を吹き込む効果をもたらした。

この条件に特に合致していたのが近畿と中国地方であった。稲作は、品種改良が行われ、施肥の技法とともに苗代で育ててから田植えするやり方のおかげで格段に収穫が増えた。また牛を使うことによって、水田に水を導入する揚水羽根車のような重い機械を活用できるようになり、同一年のうちに二度収穫する《二毛作》も可能になった。こうして、これまで村のなかに閉じ込められていた古い経済は崩壊し、平安時代末ごろから京の神社や寺の門前で立っていた市《いち》が、鎌倉時代には畿内全域に広がり、月に三度、定まった日に開かれるようになって、さまざまな専門の商人たちが領主の許可のもとに商売を行い、その収益の一部を納めた。

こうした交易は、シナの貨幣が大量に輸入され使用されることによってスムーズになり、ますます活発化し、職人や生産者を寺や領主といった金持ちの雇い主に縛りつけていた古い絆は弱体化した。商人や職人たちは、自由を歓迎する一方で、その危うさを予知して、互いの間で組合（座）をつくり、メンバーの利益を守り合った。とはいえ、このような新しい動きのために旧来の関係がなくなったわけではなく、《座》が設けられたのは、法的に保護してくれる寺社や貴族の膝元においてで、地理的に限定されていた。しかし、そうした限られた地域の職人や百姓たちは、上納金と引き換えに封建領主の法外な要求から守られることによって、商売で利益を増やすことができた。

こうして、封建領主たちによる偶発的争乱に妨げられながらも、権威主義的だが賢明な北条執権政治によって平和が実現して文化を花咲かせ前進を始めた矢先の日本に突如襲いかかったのが、蒙古の軍事的脅威であった。当時の日本の指導層は、大陸でどのような事態が進展しているかをまったく知らないわけではなかった。一二〇六年にチンギス・ハーンがモンゴル諸部族を統一し、人類史上でもかつてなかった勢いで版図を拡大し始めてから、その脅威は日本と交流のあった朝鮮半島の高麗王国にも及んでいたし、北から蒙古族に圧迫されて南シナに追い詰められていた宋からは禅僧たちが日本にやってきていたからである。一二六〇年にはチンギス・ハーンの孫のフビライが都を北京に移し、一二七一年にはシナ式に「元」の王朝を創始し、一二七九年には南シナに僅かに足を踏ん張っていた宋を滅し、このモンゴル人による王朝は一三六八年にいたるまで中華帝国の地を支配することとなる。

一二六八年、すでに中華帝国のほぼ全域を手中に収めていた〔訳注・西方は、すでに東ヨーロッパにまで勢力を広げていた〕、このモンゴル人皇帝が日本列島に食指を伸ばしてきたのである。フビライ・ハーンは、たまたま手に入ったのがすばらしい剣などの武器と陸奥と伊勢の黄金そのほかの宝物だったことから、日本列島を現実離れした宝の国と思い込んだようである。大宰府に到着したモンゴルの使節は、日本に対し、偉大なハーンの権威に服従し入貢するよう求め、このメッセージは京都の朝廷と鎌倉に届けられ震撼させた。そうしたなかで弱冠十七歳で執権になった北条時宗は、このような非礼な要求に返事を出す必要なしとして無視した。その後何度か送られてきた国書も無視したことから、モンゴル皇帝はこの思い上がった国をこらしめ、征服することを決意したのであった。

一二七四年、約二万五千の兵員（大部分はモンゴル人あるいは漢人で、案内役に朝鮮人が加わっていた）を乗せて九百隻の船が高麗の港を出発、対馬、壱岐を経由して博多湾に攻め寄せた。そこには九州の武士軍が待ち構えており、激しい戦闘が繰り広げられた。アジア草原の騎馬軍士たちは、得意の集団戦法を繰り広げるとともに、火薬を使った恐るべき新兵器を使用した。日本側の記録によると、空中で恐ろしい音を発して爆発したという。優勢に戦いを進めた蒙古軍であったが、大宰府の手前まで迫ったところで、日も暮れたので船に引き揚げた。ところが、天候が急変して嵐となり、多くの艦船が難破し、犠牲になった者も少なくなかった。こうして、《文永の役》は終わった。

しかしながら、これで蒙古の脅威が終わったわけではなかった。翌一二七五年には、再度日本の服属を求める使者がやってきた。しかし幕府は、この蒙古からの使節を京都で斬首させてしまったので、蒙古はその報復のために、前回にまさる大規模な軍勢を編成し、一二八一年、今度は、朝鮮からと南シナからと二手に分けて船団を派遣したのである。軍勢は両方合わせて四千隻を超え、兵員はモンゴル人、シナ人、朝鮮人から成る約十四万に達した。

しかし、この間、日本は最初の戦いの経験を踏まえ、無為に過ごしたわけではなかった。執権の命令のもと、全国の武士が防衛のために動員され、朝廷も幕府との確執を中止して戦いの準備に協力した。北九州沿岸には九州の諸国が分担して「防塁」(元寇濠)が築かれた。これは蒙古騎馬軍が内陸に侵入してくるのを妨げるために海岸に沿って築いた土塁で、現在では静かな浜の砂に埋もれ、あるいは松の茂みに隠れているが、日本の運命を決した国民的努力の結集を物語る痕跡となっている。

モンゴル軍は、こうした備えのために行動を阻まれ悩まされたが、もし「神風」と呼ばれることとなる猛烈な台風が北九州一帯を四十八時間にわたって荒らし、海上で合流しようとしていたモンゴル軍の艦隊を破壊し壊滅させていなかったら、時間をかけてでも、勝利していたに違いない。勝った日本は喜びに包まれたが、長い目で見ると、この蒙古軍の襲来は、鎌倉幕府にとって致命的な結果をもたらした。武士たちは、勝利にふさわしい恩賞を与えてくれない幕府に不満を募らせ、それが鎌倉幕府崩壊の原因の一つとなる。それとともに、この勝利は、日本人全般に過剰なまでの民族的自尊心を増長させた。人々は日本を神々の超自然的な加護を受けた不敗の国であると考えるにいたり、その《神国思想》は、近代の天皇絶対主義にまで根っこを伸ばすこととなる。

その反対に、武士の大多数は実戦を経験するまでもなかったわけで、不完全燃焼の昂揚心と溜まったエネルギーをそのままに日々の生活に立ち帰った。古来、武士たちにとっては、戦いの勝利は財宝を手に入れたり領地が増えるなどの成果をもたらしてくれるはずであった。ところが、この対蒙古戦では、武器を整え、防備を固めるために投資したにもかかわらず、なんの具体的報酬もなかった。幕府は武士たちの信頼を失い、凋落への道を辿る。

加えて、朝廷においても、皇位継承をめぐって、後嵯峨天皇の長男の血を引くグループと次男のそれとの間で延々と争いが続き、すでに困難になっていた幕府と京都貴族の関係をさらに悪くした。〔訳注・朝廷側は鎌倉幕府から実権を奪還しようとして起こした承久の変で敗北を喫し、土御門上皇が土佐に流されたあと即位した後嵯峨は、息子の後深草・亀山の兄弟に交互に皇位を引き継ぐよう原則を定めて亡くなった。後深草系を持明院統、亀山系を大覚寺統、この原則を両統迭立《てつりつ》と呼ぶが、両者の確執は続き、皇位継承問題をこじらせる原因となっていた。〕

大覚寺統の中心であった後醍醐が皇位を継いだとき（1318）、混乱はいたるところを覆っていた。行動的で天皇の権威を回復しようと決意していた後醍醐は、隠棲していた後宇多の後押しで皇位に即いたのだったが、即位して三年後の一三二一年、後宇多の《院政》を排除し、さらに十年後には鎌倉幕府に挑戦した。しかし、これは過信からくる誤りであった。幕府軍は迅速に京都を征圧し、持妙院統の光厳天皇を立て、後醍醐を隠岐の島に流した。しかし、翌年には各地に反幕運動が起きて後醍醐は隠岐の島を脱出して都に帰還することができた。

そのなかで、幕府軍の総帥であった足利尊氏が北条氏支持から後醍醐支持に転じて京都を奪還。それと呼応して関東でも、新田義貞が鎌倉に攻め寄せ北条氏を滅ぼした（1333）。こうして《建武の中興》（1334-1336）が成り、後醍醐は長い間衰退していた天皇の力を立て直そうとした。この理想は魅力がないわけではなかったが、その政治は日本の経済的・社会的状況を充分に考慮したものではなかった。

日本の国は、すでに何十年来、朝廷の権力と幕府の権力、寺社の権力が重複し、しかも、それに無節操な権力の譲渡と抗争が絡み合って政治的枠組みは複雑化し、これまでの権力者は誰一人取り除かれず、上へ上へ多様なヒエラルキーが重なり合って身動きできない仕組みになっていた。最も深刻なのは、この層状構造のために民衆の上にかかる負担はますます重くなり、土地が細分化されていったことである。しかも、そうしたなか、いたるところで、本来は幕府の軍事面の代表者である地頭と守護が中間的君主となって臣下を奪い合い、間接的封建制を生じていた。

後醍醐の権力介入は、混乱を収束させるどころか、封建領主たちの抗争を誘発し、ますます悪化させた。後醍醐は武家と公家の力の均衡のうえに君臨しようとし、立場を強化するために、かつて後嵯峨天皇（1242-1246）が打ち立てた朝廷内における均衡の規範を破って、息子の護良《もりよし》親王を皇太子にした。しかし、護良親王が足利尊氏を排斥して自ら将軍になったので、逐《お》われた尊氏は関東で挙兵し、護良を捕らえて殺した上、後伏見の皇子を擁立して後醍醐打倒のために上洛した。尊氏は一度は敗北を喫したが、半年の戦いののち京都を征圧し、後伏見の皇子を光明天皇として即位させ、一三三八年、この光明天皇によって自らが将軍に任命された。

後醍醐自身は翌一三三九年、吉野の山中で亡くなるが、その後も、後継者たちは後醍醐系こそ正統の天皇であると主張したので、日本は光明天皇の北朝と吉野に逃れた後醍醐の南朝に二分され、分裂は一三九二年まで続く。日本史では、京都の朝廷と吉野の朝廷に分かれたこの時代を、シナの歴史の呼称〔訳注・シナで華北の北魏と江南の宋が対立した五世紀から隋による統一が成る六世紀まで約百五十年続いた分裂を指す呼称〕を使って「南北朝時代」と呼んでいる。血を分かち合う二人の天皇が並立し激しく争い合ったこの南北朝時代は、さまざまなドラマに満ち、後の歌舞伎にもテーマを提供したが、経済的・社会的変革にとっても、この時期は重要な意味を帯びている。

鎌倉時代に実現された物質的進歩の影響のもと、小規模だがさまざまな開拓が行われ、庶民の生活状況はよくなった。農民大衆（作人）のなかでも小地主たちは国家との絆を断ち切って、大規模な荘園主やその差配である地頭の庇護下に入り、国に納税するのをやめた。そうした動きのなかで、所有地を増やし実力を蓄えた有力者は《地侍《じざむらい》》になり、百姓あがりでその配下になった若者たちからも《侍》の仲間入りをする者が増えていった。

この進展がもたらした結果は重大であった。というのは、武士身分になることが一部の中下層民の究極の希望となり、それだけ農民であることの価値が下落したからである。とくに戦乱が続いた畿内では、村々は苦難に立ち向かうために《郷村《ごうそん》》と呼ばれる協力体制を固めたが、それは、おそらく飢饉に対する抵抗力も強めた。地方の武士と農民は、ときには一緒になって支配者である守護やその差配である地頭の横暴に立ち向かった。こうして、古くからの氏族的連帯に地域的共同体に基づくもう一つの連帯が取って代わったのである。

こうした状況のなかでは、上から権威で押しつけようとする組織は砕け散った。そのなかでまず利益を手にしたのが、やがて《大名《だいみょう》》あるいは《守護大名《しゅごだいみょう》》と呼ばれる古来の《守護》である。〔訳注・戦国時代に、これに取って代わるのが《戦国大名》である。〕

室町時代

このようにして征夷大将軍となった足利氏が幕府を開いたのは、鎌倉ではなく京都の室町と呼ばれる地であった。彼らは、相次ぐ戦乱のなかで、厳格さと哲学的静謐を湛えた、きわめて洗練された文化を練り上げる。この文化は、ちょうど台風の目のように戦乱の渦から守られた中心核として、富が収斂する社会の隠棲所から生まれた。これは平安文化と共通していたが、頂点に立っているのは将軍であり天皇でも貴族でもないところが違っていた。彼は、揺れ動く時代の外に身を置く《アンティミスト intimiste》〔訳注・静物など身近な題材を描く画家のこと〕で、そこから、長期にわたって日本を特徴づけることとなる一つの全般的思想と特殊な美的観念を抽出した。

こうしたパラドクスはこの時代だけのものではなかった。国の唯一の実質的権力者である足利氏が操作することのできた政治ゲームは、不確定で動揺常なき同盟を司ることで、その平和は、大なり小なり幸運な均衡から生まれた一時的なものであった。建武の式目によって樹立された中央政府の組織は、この力の配分を絶えず考慮した。その第一の役職で将軍を補佐して政務万般を統括する《管領《かんれい》》は、最も有力な臣下である斯波、畠山、細川の三家（三管）から選ばれた。《侍所《さむらいどころ》》の長官は山名、一色、赤松、京極の四家が交代で務めた。鎌倉時代の制度はほとんどそのまま引き継がれ、例外は、個別の責任を果たすために、たとえば《関東管領》が任命されたことと、京都が国の精神的・行政的首都として返り咲いたことである。

そのようななかで、人々の生活もゆっくりと改善されていった。二毛作が普及し、地域ごとに作物が特殊化して、交易が盛んに行われるようになった。職人仕事に関しても、例えば備前・備中・大和・山城・筑前の刀、京都・博多の織物、奈良の紙、摂津の酒のように、地域ごとに特産化し、その伝統は今も引き継がれている。瀬戸内と九州の沿岸地方は、魚の取引の増大と塩田の拡大によって経済的発展を遂げた。

定期的に開催される市が増え、鎌倉時代の月三回の《三斎市《さんさいいち》》から、十六世紀には月六回の《六斎《ろくさい》市《いち》》が普通となる。京都では毎日開催される市も現れ、常設の店舗も見られるようになる。市から市へ回る商人たちの頻繁な移動も、馬による運送業者（馬借《ばしゃく》）や車による運送屋（車借《しゃしゃく》）のおかげで可能となった。港々には《問屋》がいて、陸揚げされた品々の陸上輸送を引き受けた。

この時代には、職種ごとに専門化した《座》も広がりを見せる。京都には四十以上の《座》があったし、大寺院が活発に経済活動を行っていた奈良には八十を超える《座》が生まれた。それに伴って、貨幣経済が発展し、シナの明の貨幣が使用され、税も現金で支払うのが慣習になった。

しかしながら、事態は全般的図式が示しているほど単純ではない。室町時代は、土地の細分化の絶え間ない加速と地方的戦争の頻発によって特徴づけられる。多くの領主が、自領内の取引のために独自の貨幣を選び、鋳造までさせたため、通貨同士の交換価値も多様なら、品物の値段もさまざまなので、領地を跨ぐ交易のために専門の両替商が出現した。彼らは大商人であり、必要に応じて金貸しもした。村々では、土地の商人、とくに酒屋が、臨時に銀行家になり、また一種の相互銀行である《頼母子講《たのもしこう》》も各地に現れた。

金貸しに手を伸ばした村の商人たちは、ともすれば高利の貸し付けに走り、借金苦に陥った民衆の憎悪と怨嗟の的になった。これには重税や領主の理不尽、戦乱の際限のない残虐さも絡んだから、追い詰められた農民たちは、事ある毎に怒りを彼らに向けた。一四二八年には京都周辺で《土一揆》の最初と言われる「正長《しょうちょう》の乱」が起き、地侍や農民たちが酒屋を襲撃して店舗も蔵も破壊し、保管されていた証文を盗み出して焼いている。同様の運動が五年間にわたり、畿内を震撼させる。

十五世紀を通じて加速し増殖したこれらの民衆蜂起の意味は、時と場所によってさまざまであるが、そこには共通して、農民の置かれた状況の厳しさに加え、地域的共同体の独立性への欲求が表れていた。

彼らは、中央政府のヒエラルキーが、すでに空洞化し幻想でしかなくなっているにもかかわらず現実の重みをかけてくることに強い拒絶を示したのである。この混迷が極点に達したのが、いわゆる《応仁《おうにん》の乱》で、これを境に、時代は、かつて前五世紀から前二二一年までシナを呑み込んだ歴史的混乱の呼称に倣って「戦国時代」と呼ばれる戦乱の世紀へ進んでいく。

《応仁の乱》の動機になったのは、将軍職の継承をめぐる足利氏のなかの確執で、それに管領の細川氏と山名氏、東日本と西日本の抗争が絡み合い、十年以上続いて、京の都とその周辺を焦土と化した。しかも、応仁の乱から数年で、劇的な《山城の乱》(1485-1493)が起きる。管領の畠山家で養子になり家督を継ぐはずであった政長《まさなが》が、実子・義就《よしなり》の誕生で追い出されたことから畠山家で分裂と抗争が起き、それが動機となって、山城に地侍たちの自治政府が誕生したのである。クーデターによって生まれたこの地域政権は、宇治の平等院に本拠を置いて、八年続いた。

こうした現象は、ここだけのものではなかった。一四八八年、加賀の国では「一向宗」を名乗る本願寺の僧たちと村の長たちが守護を放逐し、自治政府を樹立する。これは、約百年間にわたって命脈を保ち、旧来の権力者たちを震え上がらせる。伝統的ヒエラルキーは崩壊し、いわゆる「下克上の世」となる。日本全国が、ますます不安定な状況に陥り、そのなかから、ある領域を支配することに成功した《大名》たちが、互いに鎬《しのぎ》を削ることとなる。彼らは、それぞれに領地と家臣たちを擁し、土地の配分とその経営方針を定めた《家法《かほう》》(分国法)を持ち、その一方で、慣習法をもとに、領民たちが納めるべき貢租の質と罪人に科される刑罰を定めた。

京の都は、あらゆる出自の武装集団(なかには、日蓮宗の僧たちや単なる冒険家もいた)によって荒らされ、ほとんど全域が廃墟と化していたが、地方に目を転じると、勤労者たちの生活は向上していた。

築堤技術の改良で治水はよくなり、開発の遅れていた地域も発展を示した。封建領主の城のまわりでは城下町が発展し、その幾つかは、小田原や駿府、山口、鹿児島など、いまも経済活動の中心となっている。寺や神社のまわりの門前町や港湾都市も生まれた。港湾都市として際立って発展したのが堺、大坂、博多などである。京都でも、さまざまな街区（祇園、清水、北野など）がその生みの親である寺の庇護のもとに自治都市として発展した一方で、朝廷や室町幕府に仕えた役人たちは、廃墟となった都を逃れて、各地に都の面影を再現した《小京都》を建設した。

日本国内で嵐の時代を生き延びようとした人々もいる一方で、海外に飛び出し、各地に嵐をもたらした日本人たちもいた。シナの歴史書は、約二百年間にわたって大陸沿岸部を荒らし回った日本の海賊たちを《倭寇《わこう》》と名づけて記録している。しかし、この《倭寇》たちは、もともとは、少々強引なやり方ではあるが商売をするために出かけて行った人々であった。とはいえ、室町幕府と中華帝国の間に深刻な事態をもたらしかねない事例も少なくなかった。足利氏は、そうしたなかで元、ついで一三六八年に建てられた明の政府と交渉し、かなり有利な交易条約を結んでいる。足利尊氏は一三四二年には最初の船団を派遣して膨大な利益をあげ、それをもって天竜寺を建設したことから、その後も、京都の大寺院や堺の商人たちによって派遣された貿易船は「天竜寺船」と呼ばれたのであった。

この時代、日本中に通貨が行きわたり経済が活況を呈したのは、権力当局によるよりも、こうした交易船のおかげである。経済だけでなく、とくに南シナから持ち帰られた新しい文化は、日本に厳格な美学と精神性の種を蒔いた。その重要性に較べると、倭寇が呼び起こした日本への不信や交流への躊躇は大したことではなかった。大事なのは、室町時代の日本が外国に対して積極的に門戸を開き、そこで摂取した文物と文化が、その後、日本独自の文化の発展のための欠かせない酵母となったことである。

それに加えて一五四三年以後は、ポルトガル人たちが日本列島にやってきて、キリスト教と火器をもたらした。この一見相矛盾する二つのお土産は、どちらも、エゴイストで流血好きだが知的好奇心旺盛で、何よりも権勢欲の強い日本の小国君主たちを惹きつけるとともに、その力の序列を覆した。こうして彼らは、狭い従属性のなかにおいてであるが、自分の生き残りを保障してくれる独裁政治へと辿り着くのである。

安土・桃山時代

この時代は、最初の独裁的支配者となった織田信長が本拠とした安土城とその跡を引き継いだ豊臣秀吉が中心とした桃山の地名をとって「安土・桃山時代」と呼ばれる。合わせて約四十年というその短さにもかかわらず、その中身は統一と中央集権的組織化をめざした数々の政治的・行政的改革に富んでいる。

大大名たちは、支配する封建領地が過度に増殖したため後見制度が必要となり、それなくしては生き延びることができなくなっていた。力を増した農民の村落共同体も、あらゆる職種の組織も、軍事力を増した宗教共同体も、もはや自分たちに害しかもたらさない主君は機会さえあれば逐い出そうと構えていた。

しかも、日本は、それまで未知であったヨーロッパとの突然の接触によって、大きな衝撃を受けた。そのなかで国民的エネルギーの再結集を最初に実現した立役者が織田信長（1534-1582）である。信長は、国内の戦乱をほぼ制し、名前だけの将軍となった足利氏の運命を左右する立場になるや、一五七三年には、その最後の冴えない将軍、義昭を排除した。現在の名古屋地方の一介の小領主に過ぎなかった彼が、ここまで成功をおさめることができた要因としては、彼自身の何ものにも囚われない自由な発想力・合理的思考と行動の果敢さがあることはいうまでもないが、その急速な上昇の伝説的経緯は、この時代の軍事的・社会的動勢を反映している。

まず、鎌倉からも京都からもほぼ同じ距離という立地条件が彼に味方したことは否定できない。隣接する駿河と遠江の大大名であった今川義元（1519-1560）が都へ進出する足場として尾張の一部を侵略したのに対し、若い信長は、大方の予想に反して今川軍に奇襲をかけて壊滅させ、義元を殺害、一躍、注目される指導者となった。その後の彼の行動は、時間の経過とともに流血好きの英雄という様相を際立たせていくが、その行動の根底にあったのは、旧習に囚われない闊達な精神と天下統一への強い意志である。

たしかに、彼は大量虐殺という残虐な手法も果敢に採った。一五七一年には、日本仏教の中心であった比叡山を襲撃し、建物四百以上を焼き払い、僧侶一千五百人以上を殺した。その結果、比叡山の仏教は約一千年来朝廷に対し振るってきた政治力を一挙に失った。しかもその翌年には、信長は一向宗の僧たちによる加賀の政権を打倒し、さらに一五八〇年には一向宗の門徒が城壁を築き濠を巡らして根城としていた大坂の石山寺を包囲し撤退を余儀なくさせる。もともと一向宗は、京都を本拠にしていたのが逐われて大坂に移って根城を築き、しかも、自分の欲しい土地を手に入れるため、ここから全国に出かけて騒擾を各地に繰り広げて、仏教界全体にとっても厄介な結果をもたらしていたのである。したがって、この門徒宗が「国家内国家」という危険性を秘めているとして警戒され非難されたのは、あながち不条理とはいえなかった。

都の南蛮寺図（狩野宗秀筆、神戸市立博物館蔵）

そのうえ、仏教の聖職者たちの不手際は、信長が仏教に対しては厳しい半面でキリスト教の布教に対しては比較的好意的であった理由をかなりの部分、説明してくれる。

一五六九年、神父のルイス・フロイス〔訳注・ポルトガル人でイエズス会宣教師〕は近畿一帯で布教する認可を獲得しているし、ついで信長が琵琶湖畔に壮大な安土城を丹羽長秀に建設させたときは、その傍らや京都に教会（南蛮寺）を建てる許可も得ている（1576）。この南蛮寺には神学校も併設された。しかしながら、思い違いしてならないのは、信長のこうした決定の動機となったのは、キリスト教への信仰心に目覚めたからでは全くなく、新しい秩序の樹立を促す新しいイデオロギーを求めたからであった。

信長は、まだ天下統一を実現する以前から、すでに勢力圏に収めた範囲では、商業の発展を促す幾つかの施策を行っている。たとえば取引の際に質の悪い貨幣を受け取らないやり方を通貨の流通を妨げるとして禁じ（撰銭令《えりぜにれい》）、度量衡を統一し、関所を撤廃している。とくに堺の港は、これまで支配者であった三好氏が滅びたあと、一五七七年には古いギルドによる仕切り壁（座）を取り払い、自由な市場（楽市・楽座）にし、封建的ヒエラルキーから解放された自治都市にしている。

最後に、租税が経済的・地理的実態とよりよく合致するよう、村落共同体を再組織化するため、まず一五七一年、山城国から検地を始めたのも彼である。また、一五七六年からは、農民たちが野放図に武士になるのを食い止めるために、幾つかの地域で刀狩りにも着手した。しかし、万事が順調に進んでいるなかで、一五八二年、信長は、家臣の明智光秀の突然の裏切りによって、京都の本能寺で殺されてしまう。彼は、かねて豊臣秀吉（1537-1598）に命じて本州西端の大大名、毛利氏を攻めさせていたが、その援軍として明智光秀に出陣を命じていたのである。

この光秀を倒して権力を把握した秀吉は、信長の子供たちを慎重に遠ざけながら全国支配を実現し、かつての石山寺の跡に壮麗な大坂城を建設した。もっとも、彼が建てた城は、死後、徳川軍との戦いで焼け落ち、今も当時のまま遺っているのは石垣だけである。〔訳注・大坂城は江戸時代になって再建されたが、明治元年に大部分が焼失。今聳えている大阪城の天守閣は一九三一年に再建されたものである。〕

秀吉の軍事的才能は、一五八五年以後、徳川家康および上杉景勝という二人の有力者との同盟など巧みな政策と結びついて発揮された。四国の長曾我部を始め（1585）、九州の大友、龍造寺、島津、小田原北条氏といった有力大名を次々と倒し、朝廷からは《関白》に任じられて、文句のない日本の君主となり、日本列島全体が二百五十年ぶりに一人の権力者のもとに服したのであった。たしかに秀吉は武運にも恵まれたが、彼の天下統一は複雑な同盟関係を巧みに結ぶことによってもたらされたもので、しかも、その同盟はあまり確固たるものではなく、絶対君主という権威を手に入れることはできなかった。大名たちも、秀吉に従属することによって権限と義務、力の面で種々の変化を蒙ったが、その存在の基盤を問われることはなかった。

国内の統治に関しては、秀吉は、信長が始めた諸改革を自分流に引き継ぐことによって全国的な検地（太閤検地）を行い、農地の価値を米の収穫高で表すようにした。米を一種の通貨基準とし、他の産物も、この米による価値で換算されるようにした。それと同時に、各人の職務権限を厳密にコード化し、それに連動して、一五八八年には、農民たちの非武装化（刀狩り）を徹底、人々の身分を固定化した。小領主たちは武士身分を選ぶか百姓身分を選ぶかを迫られ、これ以後は、二つの身分に同時に属することはできなくなり、ましてや、一方から他方に移ることもできなくなる。《大名》についても、年に一万石以上の米を産する土地を所有している人に限定されることが定められた。〔訳注・「石」は容積単位で、一石は約一八〇〇リットル。〕

この世紀の終わり、日本の米の総生産量は約一八〇〇万石に達したが、作戦上重要であった近江と尾張に集中していた秀吉の個人所有地からの生産量が、そのうち二〇〇万石を占めた。《大名》はおよそ二百人を数えたが、その富と実力はきわめて不均等で、徳川や毛利のように広大な領地を有している者もいれば、独裁者である秀吉の家臣として、彼のお裾分けで成り立っているだけの者もいた。ともあれ、彼の統一化策によって十三世紀から引き継がれた公武両権の分離という原則は一掃されて、天皇は、国家全体についての権力を失い、権力は封建領主たち、あるいはもっと正確にいえば彼らの究極の君主である豊臣秀吉の手に移った。

秀吉の対外政策は、うまくいったものもあれば失敗したものもあるが、そこには、日本の運命を支配する新しい君主としての権力のダイナミズムが表れている。ポルトガル人たちの到来は、外国人に直面することによる国民的意識の覚醒という効果を一時的に生んだが、別の側面から起きた事件のためにその有効性は失われる。相互の無理解と種々の行き違いに外国からの侵略という蒙古襲来以来の警戒心が結びついて、一五八七年にはキリスト教の宣教活動禁止を招き、さらに、その十年後には、二十六人の殉教という日本最初のキリスト教弾圧へと繋がっていく。

その一方で秀吉は、朝鮮を征服し、その彼方のシナにまで勢力を拡大しようという野望をその胸中に育んでいた。このころシナの明王朝はかつての力を失っていたから、そのための条件は整っているように見えた。一五九二年と一五九七年の二度にわたって秀吉が朝鮮半島に差し向けた遠征軍は、結局失敗に帰したが、この戦争の物質的次元での災厄はどうであれ、国民的統合を強化し、武士たちのあまりにも争乱好きの部分を除去する効果はあった。

秀吉は一五八五年に関白、つづいて一五八六年には太政大臣に任命されるなど数々の栄誉に包まれて、新しい王朝の創始という夢まで抱いていたに違いない。しかし、徳川家康をはじめとする大名たちは、秀吉自身が織田信長の子供たちに対して採った姿勢から、彼にあくまで忠誠を貫こうとは考えていなかった。はたせるかな秀吉が亡くなると、大名たちは豊臣方と徳川方に分かれ、関ヶ原の戦い（1600）の結果、すでに織田信長、豊臣秀吉によって統一され整備された日本が、ほぼそのまま、徳川氏の手に握られ、その体制が十九世紀後半、現代世界の暁にいたるまで受け継がれる。

江戸時代

徳川家康は、自ら封建領主であることをやめないまま、一六〇三年には天皇から征夷大将軍の称号を受け、一六〇五年には、将軍職を息子の秀忠に譲って駿府に隠退し《大御所》になる。さらに一六一五年には、秀吉の未亡人と遺児の秀頼を大坂城とともに一掃することによって、もはや誰からも異議を唱えられない優位を獲得した。

将軍の座は、源頼朝のときと同様に都から遠く離れた関東に置かれたが、今度は鎌倉ではなく江戸である。十五年をかけて練り上げられたこの新しい幕府体制は、その権限を、それぞれに大名が君臨する約二百五十藩のうえに行使したことから、歴史家たちは《幕藩体制》と呼んでいる。このヒエラルキーの頂点を占める将軍は、二百五十余年の間に十五代を数えた。とくに重大な事態に直面したときには臨時的に《大老》が任命されたが、普段は数人の《老中》がいて、月番で将軍に直接関わる問題すべてを担当した。そこには、大名たちを監視することも含まれており、責任はきわめて重かった。その補佐役として《若年寄》がいて、とくに《旗本》や《御家人》といった身分の低い臣下の問題を引き受けた。最後に、宗教界の問題を扱う《寺社奉行》や財政を担当する《勘定奉行》、建設担当の《作事奉行》といったふうに任務ごとや、《町奉行》《長崎奉行》《京都町奉行》のように、特定の地域を担当する奉行がいた。〔訳注・ちなみに、江戸の場合は、ただ「町奉行」といい、京都・大坂・駿府は地名を冠して「京都町奉行」などといった。堺・奈良・長崎などは地名の下にただ奉行を付けて「長崎奉行」といった。〕

このような体制は、より多くの人々を権力に関わらせるという利点をもっていたが、迅速な対応を必要とする場面では、危険なまでに責任を薄める恐れがあった。政治が利害と関心を共にする少数の専門役人（御用部屋）の専有物になったこと、本来は戦士に課された厳格な訓練が、平和によって突如、文民化した行政組織に適用されたことから、これを堅固なものにしたことは確かである。

住民と領土を掌握する大名の地位は、明確な優遇度の差別の上に成り立っていた。家康の直接の末裔から成る水戸・紀伊・尾張の《御三家》が《親藩グループ》を形成し、そこに八代吉宗からは傍系の親族である田安・一橋・清水の《御三卿》が加わった。大名でも、関ヶ原以前から家康の同盟軍として戦った仲間から成る《譜代》と、かつては家康に敵対したが関ヶ原以降同盟に加わった加賀の前田、薩摩の島津、仙台の伊達、長州の毛利などの《外様》に分けられる。

将軍に代わってその地方に君臨するこれらの人々に与えられる領地の配置には、最大の配慮がなされた。とくに功労のある臣下に対しては、よりよい条件の領地を与えるために、しばしば領地替えが行われた。こうして、《国替え》は、臣下それぞれの忠誠度の尺度を表すとともに、長期的には、領主と領民の共同謀議をできなくさせるという目的をもっていて、領主と領民の間には厳格な身分差が設けられた。

一六一五年に公布された『武家諸法度《ぶけしょはっと》』は、武士の権限行使の範囲を確定した。武士は平民臣下に対する生殺与奪の権利を認められたが、大名は大名で自分の城に改変を加えること、まして新しい城を建設することを厳しく禁じられた。大名は、結婚についても、大名同士の結びつきが警戒されることから、将軍の承認を得なければならなかった。『武家諸法度』では、キリスト教信仰も厳しく禁じられ、また、外洋を航行できるような大型船も幕府の許可なしでは建造できなかった。

最後に、大名たちは、少なくとも一年の半分以上を江戸に住むこと、妻は常に江戸に住むことを求められた。とくに一六三五年以後は、大名は半年あるいは一年置きに江戸と領国の間を行き来しなければならず、大勢の家来たちを伴っての旅と、江戸屋敷の保持のために莫大な出費を強いられた。これは、大名たちにとっては重荷であったが、人々に日本人としての相互理解を深めさせ、一体感を醸成する効果をもたらしたことは、利点として認められるべきであろう。こうして将軍の膝元の江戸には地方を代表する人々が集まってきて生活したから、町は大きくなり、文化が開花し、本当の意味での日本の国の中心になった。

田園に目を転じると、一つの村は五十ないし六十世帯で構成され、秀吉の土地台帳にもその呼び名が見られる《本百姓《ほんびゃくしょう》》がそれを統括した。その補佐役として《名子《なご》》と《被官《ひかん》》がおり、その下に《水呑み百姓》がいる。〔訳注・水呑みとは、土地や家屋の資産を所有せず、労働力を提供して生活している状態であることを指して言った。〕こうした資産の有無によるヒエラルキーに行政上のヒエラルキーが加わる。《名主《なぬし》》と、その補佐役である《組頭《くみがしら》》、一般百姓たちの代表である《百姓代《ひゃくしょうだい》》は、「村方三役」と呼ばれて村落共同体の利害にかかわる問題の調整に当たった。

長い戦乱の世が終わってついに平和が回復されたことにより、田園は活気を取り戻し、農民たちの土地に対する愛着と生産性向上への粘り強い努力の結果、新田開発が進んだ。新田には税制上の優遇も行われ、江戸開幕のころに較べて幕末のころには、米の生産量はほぼ倍増した。その要因は、耕作面積が拡大したことだけではなく、道具の改良、技術の向上などがあり、利水用の初歩的な機械も生み出された。こうした農業技術の改良は、決して偶然の賜物ではなく、農業を賛美する全般的哲学が定着し、そのもとに農学者たちが取り組んだ結果であり、一六九七年、宮崎安貞《みやざきやすさだ》〔訳注・広島出身で筑前で活躍。1623-1697〕はその著『農業全書』（1697）のなかで、シナの農業技術の詳細を挿絵入りで紹介し、とくに近畿地方で大きな反響を呼んだ。

田園が貨幣経済に組み込まれるプロセスは、それまでにも徐々に始まっていたが、江戸時代に入って、こうした農業の進展とともに本格化した。それぞれの村が、米や絹、綿と引き換えに町の職人や商人たちから貨幣を受け取り、その貨幣で他の品を買った。このリズムは、次第に加速し、幾つかの肥沃な地域では、村の長たちが率先して換金価値の高い作物を栽培するようになった。明治の開国とともに、さまざまな地方から絹などが輸出品として積み出され、日本が国際市場に進出することができたのは、こうした歴史が土台にあったことを無視できない。

そこには、かつて奈良時代がそうであったように、何よりも人口学的問題があった。農民たちは土地に固定され、百姓という身分から解放されることもなく、何代にもわたって同じ土地の上に積み重なってきたから、耕作地はますます狭く、小さく区分されていった。そのうえ、たえず自然災害が襲ってきた。江戸時代だけでも一五〇回以上の伝染病あるいは破滅的な飢饉が起きている。なかでも有名なのは、享保年間（1716-1736）、天明年間（1781-1789）、そして天保年間（1830-1844）の飢饉である。幾つかの地域では、口減らしのために幼い娘を売ったり、嬰児殺しといった悲劇が起きた。田園を捨てて町に流れ込んだ農民たちも少なくなく、彼らは、チャンスと才能を活かして職人仕事や商売でそれなりに身を立てることができないかぎり、無産階級化していった。

その結果、田園では自動的に人口調節が行われたわけで、古文書によっても、日本の農業人口は、一七二一年に二六〇六万五〇〇〇だったのが一八四六年で二六九〇万八〇〇〇というように、百年以上にわたって、ほとんど増えなかったことが判明している。その他方で、都市人口は大きく増加しているのである。しかも、飢饉を乗り越えて農村に残った人々に快適な生活が待っていたわけではなかった。税は年々重くなり、農業で生活を支えることはますます厳しくなっていった。

にもかかわらず、儒教思想を基盤に、日本社会が、土地に帰ることのすばらしさと農民的美徳を讃えることをやめなかったことは、一見、奇妙に見える。そもそも、儒教的ヒエラルキーでは人々は士・農・工・商の順に階級づけられ、農民は学識ある武士階級にすぐ次ぐものとされた。たしかに、江戸幕府体制が基盤としたこの哲学とその統治の実態との間には、明らかに矛盾がある。それぞれの領国の富は城下に集中し、城下に集められた富は、参勤交代に象徴されるように江戸へと吸い上げられ、農民たちには、ますます重い財政的負担がのしかかった。

しかも、さまざまな改革者たちの注目すべき努力と称賛されるべき成果にもかかわらず、徳川氏は、土地を耕すことにしか信頼を置かなかった。そのうえ、土地は村の行政を担う少数の有力農民が独占し、彼らは土地を賃貸しし、その地代で豊かな生活を営んだ。このような体制のもとでは、百姓たちの肩にかかる重みは増大する一方であった。

こうした農民の苦しみは、都市の繁栄が際立って感じられるようになるにつれ、一揆の頻発となって噴出していった。江戸時代初期の一揆が直接統治する役人たちに不満を向け、土地台帳によって固定されている土地の配分に抗議するものであったのに対し、十八世紀になってからの一揆は、年貢の取り立てと経済的苦境への不満が原因となっている。米価は幕府のもとに固定されていて、米の相場が上がっても、農民たちの懐は少しも豊かにならなかった。こうした百姓一揆に呼応して都市部でも群衆による米蔵や酒屋の襲撃と掠奪が頻発した。

しかしながら、これらは、あまり誇張されるべきではない。多くの場合、起ち上がったのは少数のリーダー的農民たちで、「お上《かみ》」の慈悲に訴えるためと、下層の農民たちが絶望感から暴徒化するのを和らげようとしたのであって、そこに何らかの組織性やイデオロギー的動機を探してもムダであろう。幕府や藩当局は、なんといわれようと、百姓たちの不幸に無関心ではなかったし、飢饉の際には蓄えた米を配らせたりした。しかし、問題の根底には経済構造の歪みがあったから、そうした目先の対応ではどうしようもなく、長期的には、それが幕藩体制崩壊の決定的要因の一つになった。

江戸幕府体制の経済を本当の意味で支えたのは町人たちであった。すでに何百年も前から、城下の足もとや宿駅周辺、寺社の門前などでは、さまざまな小集落がゆっくりと時間をかけて形成されていたが、それらが、江戸時代に入って急速に都市に発展したのである。大名の統治の座である城のまわりは、行政の中枢に近いことと同時に、通貨の発行とコントロールの源に近いことから特に栄えた。現在の日本の大都市の多くは、そうした戦国大名の城下から生まれたもので、とくに、仙台は伊達氏に、金沢は前田氏に、岡山は池田氏、広島は浅野氏、福岡は黒田氏、熊本は細川氏、そして江戸と名古屋は徳川氏に負っている。

これらの町は、十八世紀はじめにはずば抜けて人口も増え、とくに江戸はすでに百万都市であった。《奉行》の支配下に置かれた大坂は、十八世紀半ばには、縦横に走る街路に沿って商家約二千が軒を連ね、住民は四十五万を数えた。その反対に、ほんとうの首都であった京都は、今日もそうであるように、伝統的な美を追求し高度な技術を探求する芸術と技術の保存所という観を呈し、比較的静かな生活が営まれていた。

「士・農・工・商」の儒教的ヒエラルキーが示しているように、町人でも商人は最下位に位置づけられていた。職人たちは、まだしもその技能によって社会に有用な人々とされたのに対し、商人は、儒教倫理のうえから、あからさまに低い位置に置かれたのである。しかし、それが彼らを救った。というのは、このために全般的統制経済の支配を免れることができたからである。大名たちは、売買による利益や金貸しによる高利を貪っている商人たちに敵意を示しながらも、出費が嵩むと債務者にならざるを得なかった。結局、大名も武士たちも、それらしい暮らしぶりを守るために、商人から借金を重ね、ついには手脚を縛られて、彼らの言うがままになっていった。

現実には、政治権力を握っている人々は、自分たちに欠かせない資金を提供してくれる商人たちとの間に妥協点を確保するために、不平等な手法に頼った。十七世紀末には、将軍綱吉のもと、それまで廃止されていた商人たちの古い組合が、江戸と大坂で復活している。一六九四年には「江戸十組《とくみ》問屋」が公認され、大坂では「二十四組問屋」が結成された。〔訳注・十組問屋は江戸と大坂間の海上輸送の不正や遭難による損害を防ぐために荷主を塗物店《ぬりものだな》、内店、通町《とおりちょう》、薬種店、釘店、綿店、表店、河岸、紙店、酒店の十種に分けたもの。〕それらは一七二一年にはさらに「株仲間」と呼ばれる商人組合に発展して、徳川吉宗によって承認されている。商人組合は公定価格を守るよう、相変わらず将軍の監視下に置かれた。組合は幕府に運上金・冥加金を納め、その代わりに保護を含むお上の保障を受けたのである。

絹や金銀といった幾つかの物資については、独占的に扱う《座》が設けられた。江戸時代の通貨経済は両本位制を採っており〔関東が金本位であったのに対し、関西は銀本位〕、そのため、《両替》すなわち通貨交換を業務とする商売が栄えた。現代の主要な商社の多くは創設の原点をそこに持っている。有名な三井グループの創設者は、一六〇〇年頃創業の伊勢の酒造業者であったが、一六七三年に息子が呉服屋として江戸進出を果たし、一六九〇年には幕府と朝廷の双方に御用金を調達するまでになっている。鴻池家もまた、もとは酒造業者であったが、海運業・両替に事業を広げ、十七世紀末には四十人を超える大名に融資するまでになる。それとは異なり、住友は金属の商いを基盤に発展し、京と大坂に銅の工業所を設立、十八世紀末には、四国・伊予の別子銅山を開発し、幕府御用達の銅山業者になるとともに銅銭流通の監視役を命じられた。

こうして近世日本は、狭い理論的枠組みのなかに凝固した統治システムによる足枷にもかかわらず、産業時代の草分けである金融業の隆盛を経験したわけで、その開花に有利な条件を提供したのが、江戸と大坂という将軍直轄の大都市であった。将軍直轄ということと、その調停に依存できることが、大名のそれに頼る市民たちの力と均衡を保った。もしこの両者の間で衝突が起きていたら、彼らはまさに互角に戦ったことであろう。

さいわい国内経済が循環したのは、コミュニケーションがよくなったおかげである。将軍のお膝元の日本橋を起点とする五街道（東海道・中山道・奥州街道・甲州街道・日光街道）が全国を結ぶ軸となり、旅人たちは宿駅を辿って安全に移動することができた。宿駅それぞれは、一定数の旅人を泊め馬の面倒を見る設備を調えていなければならなかった。東海道の場合は、旅人百人と馬百頭、中山道は五十人と五十頭、それ以外の街道の宿駅は二十五人と二十五頭というふうになっていた。もし馬が足りなくなったときは、近くの村に、これらを提供すべき民間人（助郷役）が幕府によって指定されていた。こうして、旅の安全のためにスムーズな交通が維持される一方で、江戸を守るための防衛上のポイントには防御線が設けられ、大砲まで装備した関所があって、交通をコントロールするとともに、万が一どこかの藩が江戸に攻め上ってきた場合も、食い止めるようになっていた。

河川や沿岸航路も盛んに利用された。船による輸送は、重くて嵩張る年貢米の運送に向いていた。両舷に杉材や竹で造られた格子を組んだ《檜垣廻船《ひがきかいせん》》〔訳注・格子の目が菱形であることから菱垣《ひしがき》廻船とも呼ばれた〕は、二百石から三百石の米を積むことができたし、木材や綿、酒、醬油などが沿岸航海によって江戸へ運ばれた。航海は次第に大胆になり、一六七一年には陸奥の最初の船団が、太平洋を南下して江戸に到達。その翌年には日本海を通って下関海峡を経由し大坂で荷揚げしている。それ以後、さまざまな品が海上ルートで日本中に運ばれるようになった。

陸上では、宿駅制度のおかげで、飛脚により、おかねや小荷物が迅速に運ばれるようになった。飛脚にも、幕府のための《継ぎ飛脚》、大名のための《大名飛脚》、都市のための《町飛脚》があった。町飛脚は毎月三度、江戸と大坂の間を定期的に往復したので《三度飛脚》とも呼ばれた。〔訳注・この三度飛脚が頭にかぶった笠がいわゆる「三度笠」である。）最後に、幕府と大名たちのために、江戸・京都間約五百キロを六日で走ったことから《定六》と呼ばれた特別の飛脚も設けられた。

鎖国政策によって維持された静けさのなかで、このような生活が十九世紀半ばまで続いた。しかし、すでに十七世紀、ヨーロッパ人たちがはるばる征服者としてやってきて東南アジアの幾つかの王国を手に入れ始めたころには、日本は一つの重要な強国になろうとしていたと考えることができる。事実、徳川家康は、一六〇四年には、何隻かの船に海外交易の許可を与えていた。いわゆる《朱印船》がそれで、一六三五年に鎖国するまでの間に、三百隻以上の朱印船と約八万人の男たちが極東の海を越えて雄飛した。それとは別に、四国の諸藩や島津、松浦、有馬の諸大名と京・大坂・堺・長崎などの諸都市が自前の船団を派遣した。彼らは、往きは銀・銅・鉄など諸金属や種々の贅沢品、扇子、漆器、刀剣などの工芸品を運び、帰路は絹、綿、羊毛、医薬品、香料などを輸送した。これらの冒険的な商人たちはシナからスマトラにかけて取引の拠点を設け、《日本（人）町》を形成して住んだ。

しかし、周知のような経緯で一六三五年に日本が対外貿易の門戸を閉ざすと、各地にいた日本人たちは帰ることができなくなり、日本に入ってきていたポルトガル人やイギリス人、オランダ人たちも日本から出ることができなくなる。以後、徳川時代の末にいたるまで、長崎にある小さな出島だけが外国（それも、シナとオランダに限定された）に対して開かれた唯一の門となる。とくに、それから二年後の一六三七年に起きた島原の乱は、江戸幕府に、その決定を揺るぎないものにさせた。この事件は、叛乱に参加した人々の大部分がキリスト教信徒であったことから誤解されがちであるが、実質的には社会的・政治的叛乱であった。しかし、徳川の歴代将軍たちは、海外に開いた門はさまざまな危険と混乱が持ち込まれる危険性を秘めていると考え、鎖国政策を改めようとはしなかった。

とはいえ、徳川幕府はすべての改革に否定的であったわけではなかった。家康・秀忠・家光という最初の三代将軍の厳格なやり方のあとは、かなり緩みと公的問題に対する無関心が現れ、それを正すために儒学者の新井白石（1657-1725）の意見が重用されたほどであった。彼は、一七〇九年から一七一六年まで幕臣たちの不正をただす任務についたが、彼が、そこでめざしたのは、幕府発足当初の厳格な秩序を回復することであった。八代将軍・吉宗も、幕府が直面していた財政赤字と侍たちの借金問題を解決するためにこの基本路線を引き継ぎ、《享保の改革》と呼ばれる政策に力を入れた。それは人々の生活を質素にすることと農業を基盤にして経済を立て直そうとする政策であったから、消費の低迷を招いただけでなく、農民にも商人にもかつてない重荷をかける結果となり、行き詰まってしまった。

もっと革新的に見えたのが将軍家治（1760-1786）のもと老中として重用された田沼意次《おきつぐ》（1719-1788）の種々の試みである。田沼は、吉宗が押しつけようとして失敗した抑止策とは正反対の積極的経済政策を果敢に進めた。商人組合を承認し、専売権を与えることによって積極的に物流を促進した。対外関係についても、長崎貿易を奨励し、ロシアと共同で北海道を開拓することまで計画した。田沼の改革の根本は、将軍にも臣下たちにも欠けていた資本主義的発想の利益追求にあり、これは、その百年後に突如勝利することになる開国開放の先鞭をつけるものであった。とはいえ、それはおそらく時期尚早であった。それらは、賄賂など歪んだ悪行を生み出したうえ、その政権末期には自然災害が頻発し、家治が亡くなると、田沼はたちまち免職された。

次の将軍家斉の在位期間（1787-1837）は、歴代将軍のなかでも最長に達したが、実際には十五歳で将軍になったためで、まず一七九三年まで松平定信（1758-1829）が筆頭老中として風紀の粛正、財政立て直しに努めた。彼は、吉宗を尊敬し、《寛政の改革》と呼ばれるその基本政策は吉宗のそれを踏襲したため、その結果は、同じように経済の停滞を招き、国を飢餓寸前に追い込んだ。一七九三年に松平が筆頭老中を退くと、事態は少し改善の方向へ向かう。幕府が財政基盤の不均衡によって弱体化し、新しい社会に対応できなかったために威信を失ったのに対し、日本の国全体は活力を回復し繁栄へ向かう兆候を示した。

とはいえ、この繁栄は商業都市に偏ったもので、田園の貧しさとの落差はますます大きくなっていった。自然災害も頻発〔訳注・一八三三年、関東・奥羽で暴風雨。天保の大飢饉〕し、一八三二年と一八三五年には各地で貧しさゆえの暴動が起きている。さらに一八三七年には日本の国全体を揺り動かす事件が勃発する。王陽明の利他的哲学を信奉していた大坂町奉行の役人〔与力〕大塩平八郎が、田園から始まって大坂の町にも及んでいた飢饉の悲惨さに強く心を動かされ、より公正な富の配分をめざして叛乱を起こしたのである。この叛乱は抑圧されてしまったが、国中の人々に深い感銘を与えた。

この状況は、イギリス人とアメリカ人が高度な近代技術に支えられて極東に姿を現したときに臨界点に達していた。外国からの干渉に対する恐怖が蘇り、早急に国力を強化する必要性が高まった。《天保の改革》の名で知られる水野忠邦（1794-1851）の改革は、状況を立て直す最後の絶望的な試みであったが、それは、過去を理想化し、そこに回帰しようとするものでしかなかった。水野の孤立主義的で権威主義的な政策は、吉宗や松平定信のそれ以上に厳しく人々のうえにのしかかった。日に日に圧力を強める欧米人たちに直面して、困難は経済面だけでなく政治的秩序にも及んでいった。

ペリー提督率いる有名な《黒船》の来航から始まった開国の経緯は、よく知られているとおりで、これによって、アジアにおける最後の砦が、自分たちの利益の追求のために開国を迫る欧米の力の前に陥

ペリー浦賀来航図（彦根城美術館蔵）

落したのであった。幕府は、開国支持者と鎖国派を結びつけた国家主義の強い流れが発生し日本じゅうに反発が巻き起こることが予想されたにもかかわらず、この欧米の強国の軍事的脅威には太刀打ちできないことを理解し、北海道の函館港と伊豆の下田の港をアメリカの艦船のために開いたのであった。こうして、神奈川条約（日米和親条約）の結果、一八五四年からはアメリカ領事が下田に居留することとなったほか、イギリス、ロシア、オランダとも同様の協定を結んだ。一八五八年には、完全に門戸を開くことに同意する条約（日米修好通商条約）がアメリカ総領事、タウンゼント・ハリスの署名によって締結された。

これは、日本国民にとって大転換であり、国内は尊皇攘夷派と開国派に分かれて混乱に陥った。しかも、外国人たちにとって理解不能であったのは、朝廷と幕府が形成していた重層的権力構造で、このため、交渉上でもさまざまな行き違いが生じた。人々は外国人に対する憎悪と金儲けへの関心という、まったく相異なる意識の最も深いところで対立し合った。開国それ自体、当初は恐るべき敵の驚くべき先進技術を目にして、それに対抗するには我がものにする以外になく、そのための手段としてしか容認されなかった。

欧米は、のちには日本にとってあらゆる知識の源泉であるように見えるようになるが、長い眠りから急に醒まされた身としては、あらゆる不幸の源であると考えられた。金の流出〔訳注・日本では金と銀の交換比率は一対四であったから、欧米人たちは銀を持ち込み、金に交換して持ち出した〕、生まれて間もない織物産業の基盤である綿や絹といった第一次産品の不足、急激な物価上昇などが、この時期を日本史上有数の困難な時代にした。

しかしながら、水戸・土佐・佐賀・長州・薩摩といった積極的な大名たちが支配した地域は、外国との通商から分け前と教訓を引き出せることを次第に理解していった。こうして日本は、かつても自ら奴隷になることなく生徒としてシナを受け入れたように、こんどは欧米を受け入れたのであった。力を失った幕藩体制は、英雄的だが無益な幾つかの抵抗ののち消滅し、復活した天皇制の権威のもと、強力な雄藩が先駆を切って、日本の国を近代化の道へリードしていった。

徳川最後の将軍・慶喜から大政奉還を受けた孝明天皇が没すると、その跡を継いだ明治天皇（在位1867-1912）は、長州と薩摩を支えとして《明治維新》の革新へ突き進んでいった。明治天皇・睦仁《むつひと》は、即位したとき十五歳であったが、その新政府に登用された革新的な貴族や武家の子弟たちも、最年長で四十三歳であった。こうした若者の詩想と大人たちの経験の結合が、新しい国造りを可能にしたのである。

明治以後

先進技術に支えられた征服主義的野心満々の外国勢力に突如直面しながら、日本が偉大な力を発揮できたのは、具体的なやり方は変化しても、日本が持っている潜在能力のおかげであり、最後は成功する

東京名所之内銀座通煉瓦造鉄道馬車往復図（三代広重画、早稲田大学図書館蔵）

という希望を失わなかったことによる。侍の息子たちは、自分の弱さを自覚していても、戦う前から敗北を口にすることはしなかった。開国後、つぎつぎと打ち出された政策の根底にあったのは、技術の発展こそ文化的変革の鍵であるという基本理念であった。

この東洋と西洋の出会いは、大砲と刀の荒々しい戦いであるよりも、二つの生き方の対決であった。日本人たちは、侵略してくるかもしれない相手に対し、警戒心は持ちながらも、自分たちにとって吸収すべき知性をもった一つの文明として敬意を失うことはなかった。この幸せな《欧化時代》は一八八五年（明治十八年）ごろまで続いた。改革は国家の機構だけでなく人々の日常生活にも及んだ。煉瓦造りの家々が並び、鉄道馬車が路面を走る当時の銀座の光景を色刷りで描いた絵画は、欧化に対する人々の期待と憧憬を掻き立てた。欧米風のしゃれた服装の若者や上流社会の婦人たちと、車夫が引く人力車とがすぐ隣り合っている写真や、日本式の着物を着て西洋風の山高帽を誇らしげに手にしている紳士たちの人物写真は、開国してまもない時代の感動的な証言になっている。

一八六八年（明治元年）三月に発表された『五箇条の御誓文』は、幕藩体制の基盤であった古い社会システムを覆して、すべての人が自分の意思であらゆる職業に就く権利をもつことを認め、少なくとも理論的には、長い間抑制されてきた社会的上昇が万人に可能であることを宣言し、さらには、集会の自由を認め、活発な討論を推奨している。〔訳注・『五箇条の御誓文』は、①広く会議を興し万機公論に決すべし、②上下心を一にして盛んに経綸を行ふべし、③官武一途、庶民に至るまで各其の志を遂げ、人心をして倦まざらしめん事を要す、④旧来の陋習を破り天地の公道に基くべし、⑤智識を世界に求め、大に皇基を振起すべし、と謳っている。〕

たしかに、現実は、想定されるよりずっと厳しいことが明らかになっていった。逆説的だが、武士階級は、自分が関わった革新のなかで、存在理由と財政的基盤を奪われて力を失っていった。それに対して、旧大名やその重臣たちは、維新によってそれほど影響を蒙らなかった。彼らは、庭園付きの住まいを保持できただけでなく、損害賠償としてかなりの額の資金を受け取った。しかし、一般の侍たちの場合は、そうはいかなかった。彼らは僅かな埋め合わせしかもらえないで食い扶持すら取り上げられた。農民たちの状況は一八七二年（明治五年）の新しい税制によっても、何一つ変わらず、他方、封建社会のよき時代に結びついていた商人たちの状況も変わらなかった。

だが、国家機構は変容し、さまざまな新しい機構が設置された。これを進めたのは一握りの人々であったが、日本を極東の国々のなかで物質的にも強国に発展させることに成功する。憲法制定をめぐって幾つかの政党ができた。一八八八年（明治二十一年）五月、憲法は天皇の私的諮問会議によって承認された。そこでは議会は想定されていなかったが、一八九〇年（明治二十三年）、イギリスのそれをモデルに貴族院と衆議院の二院が設けられ、以後、一八五四年に徳川幕府が締結した不平等条約の廃止を求めて努力が始まる。
新生日本は自覚を高めるにつれて、欧米由来の理念と事物の価値観に疑問を投げかけ、伝統が与えてくれているものを拙速に捨てているのではないかと問い直し始める。こうして儒教倫理が息を吹き返す。実用的で不可知論的な儒教の倫理は、日本人がジェレミー・ベンサムやジョン・スチュアート・ミル、ハーバート・スペンサーに見出した教えと合致していた。こうして、新しく創設された諸大学では東洋と西洋が遭遇し、相互に補い合うものとして《和魂洋才》が叫ばれた。

以後、全般的に西洋に唯々諾々と追随したアジア諸国のなかにあって、日本は最優秀の生徒として自分なりの役割を演じようとする。ところが、何百年来平和に馴染んできた武士たちにあっては、戦争の物質的・身体的誘惑と国家の経済的・政治的強大化の欲求とが結びついて、軍事優先へひた走ることとなる。いわゆる「富国強兵」のスローガンには、彼らのなかに沸き上がった鎌倉時代以来の武士的精神が反映されている。

日清戦争（1894）は、それまで知られていなかった日本軍の優秀性を世界に認めさせる機縁になった。その数年後の一九〇〇年、「拳匪《けんぴ》の乱」と呼ばれた義和団事件では、日本は西欧人たちの側についてシナに干渉し、イギリスとの交渉で満州を手に入れることを認められたものの、かねて太平洋への進出をめざしていたロシアによって妨害されたので、日露戦争が勃発（1904）。陸上では乃木将軍の旅順（Port-Arthur）での武勲、海上では対馬沖での東郷元帥の天才的指揮のおかげで、この戦争を勝利のうちに幕引きすることができた。

日本は当時最強国と目されたロシアを打ち破ったアジア最初の国として注目されたが、この日本の勝利は、けっして堂々たる勝利とはいえなかった。乃木将軍の勝利は、いわば《ピュロスの勝利》（訳注・マケドニア王ピュロスがローマ軍に対して収めた勝利で、あまりにも犠牲が大きくて割の合わない勝利という意味）であったし、東郷のそれに関して言えば、バルト海から喜望峰まわりで何千海里も航海して疲労困憊して決戦の場に辿り着いた敵を相手にしての勝利にほかならなかった。事実、ロシアの水兵の多くは、サンクト・ペテルブルクを出発するとき、この長い航海のあとでは、戦いを生き延びるチャンスは自分たちには残されていないであろうと覚悟して、祖国に別れを告げたほどであった。したがって、日本軍の勝利は、朝鮮半島併合によって報われたし、それなりに輝かしいものであったとしても、軍人たちへの称賛には、少々阿《おもね》りすぎという色合いがあった。この観点から見ると、それが一九四五年の悲劇を引き起こす遠因の一つであったことが明らかである。

ロシアとの戦いの数年後、日本は第一次世界大戦が提供してくれた例外的状況のおかげで、さらにその立場を強化することができた。重要なのは、このチャンスのなかに含まれていた毒である。なぜなら、世界の列強が戦争に巻き込まれたことから、経済活動の突然の発展の機会が日本にもたらされたものの、戦争の終結とともに、失業と貧困とが国民のうえにのしかかり、国民的怨嗟を生み出したからである。

事実、アジアにいたヨーロッパ人たちが西部戦線強化のために姿を消したことから、日本は好機到来とばかり、一九一四年、シナにおけるドイツ帝国の拠点（青島《チンタオ》）を奪取した。抗議する中国の袁世凱に対し、一九一五年には『二十一箇条要求』を突きつけ、シナにおける日本の支配圏をさらに拡大しようとした。これには連合国の多くも反発を強め、ワシントン軍縮会議（1921-22）では、日本の勢力圏を満州に限定することが宣言された。

世界中が日本の野心に不安を抱き、警戒した。日本は日本で自分が血を流して獲得したものが横取りされていると感じ憤慨した。こうして、欧米諸国における猜疑心と日本における報酬への欲求が進行し、いつ爆発してもおかしくない状態にまで高まっていった。日本国内においても、政界と軍人たち、金融界と産業界が、利害の対立からぶつかりあい、左翼社会主義と右翼の超国家主義が抗争を繰り広げた。

すでに久しい以前から、日本の知識人たちは、社会的序列を重んじる儒教的伝統と個人の解放を推奨する欧米的表現形式を折り合わせることの難しさを苦痛をもって感じていた。そして、両極の間で漂い、孤独に追い込まれた近代人をメランコリーとペシミズムが苦しめた。明治が希望の時代であったのに対し、二十世紀は絶望の時代として現れた。自らの壮大さをファナティックに求める社会を、あらゆる危険が付け狙っていた。

嵐は次々と襲ってきた。一九三一年〔昭和六年〕九月十八日、軍隊の極右の一部が演出した《満州事変》によって日本軍は奉天Moukden〔訳注・現在の瀋陽〕を占領し満州支配を進めた。東京では、犬養毅内閣が軍部の国政への干渉に譲歩したが、それでも、この首相は一九三二年五月十五日、《血盟団》の青年将校たちによって暗殺されてしまう。同じ年、日本軍は上海に爆撃を加える一方で満州国を設立し、革命によって逐われていた清朝最後の皇帝、溥儀をその皇帝に据えた。翌年には、リットン調査団の報告によって日本軍部の満州への干渉が不当とされたことから、日本は国際連盟（Société des nations）を脱退。これ以後もますます国内では、自由主義者の烙印を押された要人たちの暗殺が続き、それとともに軍部は、国外では、天皇や枢密院議長の反対意見にもかかわらず、シナ前線を拡大していく。

第二次世界大戦の勃発〔訳注・一九三九年、ドイツ軍がポーランドに侵入し、イギリス、フランスが対独宣戦布告したことをもって始まりとする〕を機に日本軍は世界への野望を剥き出しにしていく。一九四〇年にはドイツ、イタリアと三国同盟を結び、翌一九四一年十二月七日〔訳注・日本の日付では八日〕、ハワイの真珠湾を攻撃する一方、《大東亜共栄圏》建設を謳って香港、フィリピン、マラッカと侵略していった。一九四二年五月の四日から八日までの珊瑚海海戦、六月のミッドウェー海戦の惨敗は、日本海軍の優位の終わりを告げるものであったが、海軍は敗北を認めず、戦争は長期化し、ますます苦しいものになっていった。一九四五年八月六日には広島、ついで九日には長崎に原子爆弾が投下され、八月十四日（日本の日付では十五日）、天皇は国民に向けてラジオで戦争を終結し無条件降伏を受け入れることを宣言した。日本人にとっては、歴史上はじめて、神聖な列島の国土に外国軍進駐を甘受することとなったのである。

平和が戻ると、戦争の傷を超えて、文明は再会した。ときには、あらゆる部分で生じた対立にもかかわらず、勝者と敗者は互いに尊重し合わなければならないことを学んだ。日本を占領した連合軍最高司令官、マッカーサー元帥は日本を政治的・社会的に造り変えることを決意した。それは、明治維新以来の根底的変革であった。日本人たちは戦いには敗れたが、挫けることなくその変革に適応し、知性と勇気をもって敗北を新しい飛躍台に変えることに成功する。

第二部　人々

第四章　家族生活

日本人くらい、心では家族のことを考えながら家族について滅多に語らない人々は少ない。日本人にとってこのテーマは伝統的にほとんどタブーであり、彼らは、家族という聖なるものと社会という俗なるものを完全に遮断しようとする。そのため、日本人は自分の家族について第三者に触れられるのを嫌う。ある父親が息子の悲劇的な死をさりげなく笑って告げるのは、自分の感情に抑制的であるとともに、あなたの感受性を気遣っているのである。

日本では、家族的優しさが感情生活の基盤になっていて、人生の出来事や国家の出来事は、その上に営まれる。《ふるさと》（生まれた家）は、彼が個人的冒険のなかで歩いた距離とともにその運命の重みを量る起点である。日本人の感受性を覆っているヴェールを剝がしていくと、大いに社会的関わりをもっているが他人は越えることができない一つの敷居に到達する。それは敵対的とまではいかないが安全と平和を守るための敷居であり、他人に触れられるのを拒むのは、エゴイズムによるのでもなければ共感を拒絶するものでもなく、あなたの感情を気遣っているのである。この敷居が始まるのが家族からである。同じメカニズムは、職場集団のなかにも国民的反応のなかにも、同じように見出される。

人が苦しみに耐えてでも生きるに値するのは、人間関係と自然と人間の間の関わり方を規制している約束事（しきたり）がどのように適用されているかに応じてである。しきたりの密度は、生命の雑踏を前にすると希薄になる。国際的な関係にあっては、政治的約束事は破られてしまうし、商売上の関係にあっては、連帯の絆は摩滅する。しかし、これらの社会システムには亀裂が現れていたとしても、家族というこの最後の砦はまだ健在であり、大部分の人々にとって家族は、まだ強い力を残している。それが、おそらく日本人の力と健全さを保証している。社会的解放も、家族の連帯という岩にぶつかると砕け散ってしまうのが常である。

家

家族生活のありようはそれぞれに異なっているが、すべての人が愛情を込めて家に言及することにおいては共通している。近代日本文学の最も偉大な作家である夏目漱石（1867-1916）の『門』には、次のような描写がある。

「宗助は先刻《さっき》から縁側へ坐蒲団を持ち出して、日当たりの好ささうな所へ気楽に胡坐《あぐら》を掻いて見たが、やがて手に持ってゐる雑誌を放り出すと共に、ごろりと横になった。秋日和《あきびより》と名のつくほどの上天気なので往来を行く人の下駄《げた》の響が、静かな町だけに、朗《ほが》らかに聞えて来る。肘枕をして軒から上を見上げると、綺麗な空が一面に蒼く澄んでいる。

……宗助は急に思い出したように、障子越しの細君を呼んで、『御米《およね》、近来の近の字はどう書いたっけね』と尋ねた。……細君は立てきった障子を半分ばかり開けて、敷居の外へ長い物指を出して、その先で近の字を縁側へ書いて見せて『かうでしやう』と云った……

夫はようやく立ち上がった。針箱と糸屑の上を飛び越すやうに跨いで、茶の間の襖《ふすま》を開けると、すぐ座敷である。南が玄関で塞がれてゐるので、突き当たりの障子が、日向《ひなた》から急に這入って来た眸《ひとみ》には、うそ寒く映った。そこを開けると、廂《ひさし》に逼るやうな勾配の崖が、縁鼻《えんばな》から聳えてゐる……。……暗い便所から出て、手水鉢《ちょうずばち》の水を手に受けながら、ふと廂の外を見上げた……宗助は障子を閉てて座敷へ帰って、机の前へ坐った。座敷とは云いながら客を通すからさう名づけるまでで、実は書斎とか居間とか云うはうが穏当である。北側に床があるので、申訳のために変な軸を掛けて、その前に朱泥の色をした拙い花活《はないけ》が飾ってある。欄間には額も何もない。ただ真鍮の折釘だけが二本光ってゐる。その他には硝子戸の張った書棚が一つある。……小六（宗助の弟）は真鍮の火箸を取って火鉢の灰の中へ何かしきりに書き出した。」

これは一九一〇年ごろの長閑《のどか》な一戸建ての様子であるが、このような家は今もなくなってはいない。たしかに、こんにちでは鉄筋コンクリートの賃貸住宅が増え、都市集中の必要性からますます高層化している。同じように高層の新しい建物でも、デラックスなマンションもあれば、低家賃のアパートもある。しかし、どんなに小さく狭くとも、家族住宅が多くの人々にとって大事な生活の中心であることに変わりはない。

そこでは、明治以前からの日本の伝統と欧米の技術が融合した成果として、近代的給排水設備を施した無機質なコンクリートの基礎構造に、日本伝統の紙や木といった自然の植物素材で造られた部屋が結合されている。日本の家は、大部分の時代を通してそうした自然の素材で建てられてきたのであって、それとは対照的なけばけばしい色合いの屋根が葺かれているのは、ただ目立ちたいためである。町の郊外には、ついこの間までの水田や林、荒れ地が瓦屋根の家々によって貪り食われ斑になっている地帯が広がっている。

「現に彼が持つてゐた郊外の或る地面なども生姜さへ碌《ろく》に出来ないらしかつた。けれども今はもう赤瓦や青瓦の家の立ち並んだ所謂『文化村』に変わつてゐた。」（芥川龍之介「玄鶴山房」）

それまでは人家が疎らであった土地を家々の巨大なテーブル・クロスが覆い、これらの平坦な地帯が、高層ビルの聳え立つ都市部と対照をなしている。昔ながらの一戸住宅は、集合住宅の絶え間ない前進に脅かされつつも、家族というかけがえのない実体の象徴であり、それを包む外皮であることに変わりはない。

「家族」という語は、日本においては、欧米語の「ファミリー」の訳語として十九世紀に造られた新語であるが、それが指しているのは、要するに「一つ家で生活する血の繋がった人々」である。しかし、日常使われている「イエ」という言葉は、ヨーロッパにおけるのと同様、建物の意味と家系という二重の意味をもっている。

しばしば外国人の観察者は、日本人にとって《家》や《家族》は近代社会の有機的柔軟性と対照的な、厳しく、ときには窒息させるほどの絆で個人を包摂しているものと判断してきた。それを証拠立てる現象として、西洋に留学しているときは奔放に生活していた若者が、父親が亡くなると、他に選択の余地なく帰国して跡を継がなければならなくなることが挙げられた。結婚相手も、そうした家族的義務に照らし合わせて冷静に選ばなければならない。しかも、兄弟の序列も絶対的で、とくに長男は、自分が望む進路を諦めてまでも、家門を守るために家業を継ぐことを求められる。

このような《家》《家族》の重みは、すでに個人を無名化し根無し草のような孤独な人々を増やしている巨大都市においてさえ、相変わらず存在している。近代化のなかで全てが変容しつつあるにもかかわらず、日本の家族は、その大半が今も父権的タイプのままで、たしかに産業革命と個人主義の進展によってその枠組みの幾つかは壊れてきているが、家は今も、かつてのヨーロッパのそれに近い様相を遺しており、ある日本の歴史家にいたっては、フュステル・ド・クーランジュの『古代都市 Cité-antique』(1864)は僅かな言葉を入れ替えるだけでそのまま日本の家族についての優れた研究書として通じるとユーモアを交えて断言しているほどである。

そのような、父親の系統とその先祖の思い出が保存されている家への執着を強く残している古くからの家族組織は、大都会のなかでは変質してしまって容易には理解できなくなっているので、その特質を正しく把握するには田舎へ行く必要がある。それも、先史時代を含めて歴史的に大きな変動が続いた東京以西ではなく、おそらく東北地方のそれも奥まった地域である。

建物としての《家》の基本的構造は、その歴史的深さや経済的豊かさによって、規模は大小さまざまであるが、部分的にせよ全面的にせよ、まわりに縁側をめぐらしており、そのなかで、幾つかの部屋が襖によって仕切られている。縁側は屋内と屋外の庭を仲介しているだけでなく、ときには、中心の母屋と別棟を繋ぐ廊下にもなっている。そうした別棟も、その家の社会的地位や豊かさに応じて多様で、塀をめぐらした広い敷地のなかに、離れや蔵、納屋、物置など幾つも点在していることもあれば、一階建てのこともあれば二階建てのこともあり、その二階も本物の二階のこともあれば屋根裏部屋に過ぎないこともある。

遠目にもその家を見分けられるシンボル的特徴をもつ屋根も、瓦屋根、藁屋根、直線の傾斜面であることもあれば隅が反り返り、その尖った形態がいかめしい煉瓦で強調されている場合もある。瓦屋根と藁屋根の組み合わせは、すでに十三世紀にも見られた。床は基礎杭の上に造られ、ときには、縁側に低い手すりが取り付けられていて、建物の非対称性を際立たせていることもある。床から屋根までの間の壁は、板仕切り、モルタルあるいは白塗りの土壁のこともあるが、屋根組は、自然の木の幹の湾曲を残した、いかにもがっしりした太い梁で支えられていることが多い。

入り口は透かし彫りと木の腰板で造られた腰高障子になっており、入ると、まず、土を踏み固めた三和土《たたき》の土間になっていて、そこから大きな石を平に削った土足脱ぎを通じて広間に上がるようになっている。部屋を囲んでいる障子は、夏には外されて部屋を開け放し、風通しをよくする。障子は、木の枡組に紙を張ったもので明かりは通すが雨風に弱く、建物の内部の部屋と縁側の仕切りにしか使われない。

西洋では《炉 foyer》が伝統的に家の象徴であるが、日本の家では《炉》はそれほど重みをもっていない。とはいえ、《炉》がないわけではない。日本で《炉》にあたるものが三つある。一つは、陶製の鉢や木製の箱に灰を入れ、そのうえで炭火を熾す《火鉢》である。かんたんに移動できる手軽さはあるが、せいぜい手先を暖めることしかできない。もう一つは《囲炉裏》で、部屋の床を縦横九十センチぐらい切ってそこで火を燃やしたり炭火を熾したりして暖をとるとともに煮物をしたり湯を沸かす。しかし、暖をとるという意味で西洋の暖炉に対応する本当の炉は《炬燵《こたつ》》である。これは、居間の板敷きあるいは畳の床を一辺六十センチぐらいに四角く切って開けた穴で、灰を満たしてそこで炭火を熾し、その上に低いテーブルを置いて布や布団で覆い、家族が四方から足を伸ばして暖をとれるようにしたものである。日本の家屋は壁が薄く、冬は障子や襖の隙間から冷たい外気が入ってくるので、暖をとれる唯一の場が《炬燵》のなかである。したがって、《炬燵》のまわりは家族にとって特別な意味を持っており、そこでは、男女の差別と世代の差別が最もはっきりした形で表れる。

こんにちでは礼儀作法はますます忘れられつつあるが、それでも炬燵にあたるときは、まだ、この礼儀作法は尊重される。正面の席（横座、上座）は父親の席で、その側面（かか座）がその妻の席である。横座の向かい側が客座、そしてかか座の向かい側が息子の嫁が坐る嫁座である。このように、家族内の関係によって坐る席の配置が決まっており、それが呼び名としても明確化されているのである。西洋でこのような古くからの序列を残しているのは「père」「mère」「grand-père」「grand-mère」「oncle」「tante」といった語彙ぐらいであるが、日本では、おそらく徳川時代の厳しい格付けの影響で、今も社会のなかでの各人の位置を思い出させるものが広く保持されている。

家族にあっても、誰かを指すのに多く用いられるのが、家族共同体のなかでの立場を指す呼び名である。たとえば兄弟姉妹のなかでも特に男の子は、その生まれた順を示した「一郎」「次郎」「三郎」といった名がつけられることが少なくない。本来は「一番目の男の子」といった普通名詞であったのが固有名詞化したものである。ただし、女の子は、順位は男の子の場合ほど重要でないので、このような呼び名はない。

いずれにせよ、このように言葉によって規定される家族内のヒエラルキーは、幾つかの役割の割り振りにも表れる。家庭のなかでの仕事の配分が変化することは、個人の立場の変化を意味し、そのようなことは普通は病気や死亡といった不可抗力に遭遇したときにしかあり得ない。

このヒエラルキーは義務と連帯の長い鎖であって、いかなる場合も個人の隷属を表すものではない。むしろ逆に、各人の生命と責任は常にまわりの人々のそれに支えられているから、それは、みんなにとっての一種の安全保障なのである。これと同じ感情が一つの企業のなかでも雇い主と雇い人の関係に生じる。産業グループのなかの個人を結びつけているのが一種の家族的相互扶助の精神であることは、いわゆる《終身雇用》の原則に表れており、このことは、日本企業の特徴としてしばしば指摘されるところである。

女性

家族の共同体的仕組みとその堅固さから、結婚は特別の社会的重要性を帯びる。幾つもの世代が同じ屋根の下で住むことになるので、結婚相手を選ぶに際して重要なのは、当人同士が愛しあっているかどうか（raisons du coeur）よりも、みんなの同意である。そして、このことから、自分が育てられた家をあとにして嫁入りしてきた若妻は、舅姑にとっては、息子の配偶者であるよりも「義理の娘」（belle fille）という意味合いが強い。

伝統的に、結婚は、両家にとって第三者である《媒酌人》の世話で結婚候補の二人を会わせること（お見合い）から始まることが少なくない。これは、結婚成立にいたらなかった場合、どちらの側も自尊心が傷つかないよう配慮し、あらかじめ調査して交渉を進めるもので、世界じゅうどこでも行われてきたやり方である。

結婚は、それ自体、重要な一つの宗教的行為であり、古代ヨーロッパにおいてもそうであったように、一人の女性を一つの家族から別の家族へ移すことを象徴した儀式となる。日本では、その儀式は、伝統的に神道によって行われることが多い。仏教寺院やキリスト教の教会、新宗教による結婚式も増えてきているが、それでも、「結婚式は神道で、葬式は仏教で」という日本人の慣習が変わるには至っていない。

儀式は簡潔でも、結婚式が盛大でなくなっているわけでもないし注目されなくなっているわけでもない。盛大に披露することは、夫婦の結合をより確実に保証することになるからである。ヨーロッパでは、当事者が市長の前で誓約を交わし法的手続きをするだけで済ませることが多くなっているが、日本では、まだ、そこまで行っていない。もちろん、日本でも、正式の結婚は市町村に書類を提出してはじめて成立するが、あくまで、それは戸籍上の手続きであり副次的意義しかもっていない。重要なのは、家族の仲間に入ることであり、それを決定するのは家族や親族であり、それに加えて、双方の友人・知人にお披露目することが欠かせないからである。そこから、かなりの出費を覚悟で、絵画的シーンに満ちた儀式が、新しい夫婦にとってとくにめでたいと判断される時期を選んで行われる。

若い嫁を迎える家族はその同意を示さなければならない。伝統的にいって、お嫁さんは美しいかどうかとか知的であるかどうかより、新しい家族に融け込み、仲良くやっていけるかどうかが重要視される。なぜなら、同じ屋根の下で生活するのであるから、人それぞれに好き嫌いはあっても、これからはみんなが譲り合って一つになって生きていかなければならないからである。

都市部では、幾つもの世代が同じ家に住むことが少なくなって、若い夫婦だけの家族になっているが、一緒に住むことの重さは、生産単位を構成していた古代の家族のなかで各人が役割をもっていたときのそれに匹敵する堅固な絆を必要とする。こうしたケースでは、家族は生産単位であるより消費単位であることが多く、互いを結びつけるのは、労働価値の観念よりも、感情的・人格的つながりである。しかし、近年では労働価値も一つの意味を取り戻している。なぜなら、結婚しても働きつづける女性が増え、家庭が経済に成り立っていくうえで、女性が労働資本（capital-travail）として再評価される傾向があるからである。日本でも、ほかの国と同様、報酬を伴う仕事と、それを伴わない家事労働との間に一つの新しい均衡が生じつつある。

一般的に現代の都市社会は、暮らし優先を特徴とするようになってきているが、そのなかでの男の役割は時代に相応したものになっていない。現在起きている変動は、女性の役割とその立場におそらく最も重要な変化をもたらしている。この変化は、良きにつけ悪しきにつけ当たり前であった農民社会の状況が都市世界にも広がった結果ではない。かつての農民の家族の場合、メンバーは男女を問わず常に労働資本であり、また、そのように評価されていた。そこでは、女性の重荷を軽減することが課題になったときも、女性の出産義務が必要とする最小限の休息と自由を保障する施策を進めようとした厚生省の役人たちの思惑にもかかわらず、何も変わらなかった。

現在の都市の場合、最大多数を占める中小とくに零細企業では、農民社会と同じく、家族労働が大きい比重を占めているが、そこで突き当たっている問題は、残念なことに、そうした女性の重荷を軽減しようという問題ではなく、すべての階層につきまとう経済的問題である。しかし都市的集団に限定された変革が大多数の人々の実態を覆い隠してしまっていることが多く、これは女性の問題についても同じである。

しかも、都市住民の家族について言われているあらゆる理念は、地方の農民世界には当てはまらない。一般的に農村労働者のチームは男女半々で編成され、女性たちはふくらんだモンペを穿き、幾何学模様や花柄の紺色の木綿の着物を着て田園で作業している。その光沢のある厚手の布の衣服には、フランスの農作業着に似た洒落っ気がある。陽焼けから守るため、彼女らの顔は大きなつばの帽子と手ぬぐいで隠されている。足には、親指と他の指で分かれている地下足袋を穿き、手袋で指先を保護しながら耕耘機やシャベル、鶴嘴《つるはし》を巧みに扱う。そうした彼女らの存在は田園風景に生き生きした空気をみなぎらせており、帽子の下に隠れている顔が若々しく知性に満ちているのを垣間見ても、それほど驚かされない。神秘はそこから始まっているのであり、厳しい労働のなかでも微笑みを絶やさない彼女たちは、男女を問わず労働に誇りを持っていたであろう古代の社会の再現を思わせ、明らかに男性の仲間から大きい尊敬を享受しているからである。

したがって、現代の日本社会は、境界線が重なってぼやけている二つの総体から成っている。一方には近代欧米のブルジョワジーに比せられるがまだ伝統的ヒエラルキーの重みを残している都市社会があり、他方には、古い農耕文明の均衡を思わせる農村社会がある。都市的社会が農村社会を覆い尽くしたのはつい最近のことであるが、そうなるには激変を経験した。

事実、第二次世界大戦は、その荒々しさと執拗さで日本史上かつてない傷を与え、人口分布と伝統的家族における役割分担にも変化をもたらした。このため、女性の立場も変わり、家族の基盤そのものが揺らいでいる。今や女性たちは参政権をはじめ、あらゆる点で男と対等になり、政治にとっても無視できない存在になっている。一九五五年（昭和三十年）に日本が「女性の政治的権利に関する国際条約」に加入したことで、終戦直後から改革に着手された規範が仕上げられた。一九四七年（昭和二十二年）の改正民法公布によって、父権制、長子相続が否定され、女性の法的権利無視が一気に改められる一方、新憲法により、人間としての不可侵の尊厳性、両性の平等の原則が明確化されたのである。この間、一九四六年四月十日の総選挙では、日本の女性たちは初めて選挙に参加し、仲間三十九人を国会に送り出している。

前産業時代的な家族の状況は一九四五年まで生き続けたので、この欧米並みの社会の発現は一つの新しい時代の到来を告げるものとなった。もちろん、家族に関わる古い法制度は、一八九八年（明治三十一年）に公布された明治の民法によって廃止されていたし、女性のほうから離婚を求める権利は、すでに一八七二年（明治五年）の民法でも認められていた。しかしそれは、根底からの変革ではなく、国際的な体面をよく見せるために法律上でだけ整備されたのであって、実際には家父長の権限は廃止されなかったし、長子相続権も合法的なままで、妻は夫の許可なしで自分の財産を処分することもできなかった。相変わらず、女性は「幼くしては父に、嫁しては夫に、老いては息子に従う」〔訳注・これを三従といった〕ことを余儀なくされていた。

徳川時代以来一八七二年（明治五年）に国民皆教育が義務化されるまで女性教育の基本とされたのは、有名な『女大学』であった。そこに書かれているのは、貝原益軒（1630-1714）によって日本のためにアレンジされた儒教倫理であり、教育といっても、女は何をしてはならないかを教えたもので、知的才能を開花させるものではなかった。

その観点からいうと、明治以前の日本女性で、本来の意味での教育を施されていたのは芸者たちで、彼女たちは、その名のとおり、音楽・踊り・和歌・書道などの《芸事》を仕込まれて精神面でも洗練され、家庭の主婦たちの補完者であるとともに、ときには競争者になった。家庭の主婦に求められたのは、あくまで実務的精神であり、献身と慎ましさの宝を積み重ねることであった。それが今日では新しい知の光で照らされ、彼女たちの魅力の本質を形成するにいたっている。

子供

日本の女性の立場は全般的に厳しかったが、それでも、一生のなかには栄光の時期があることを強調しておくべきであろう。女性が尊厳性を獲得するのは労働と母性によってであり、彼女は未来の家長の母あるいは義母となることによって、その見返りとして家族全体に対し強い発言権を与えられた。

事実、日本人にとって結婚の中心課題であり目的であるのは、子供を産み育てることである。子供は成人と同等の本質と権利をもつ人格として考えられたし、とくに戦前・戦中は、祖国と家族の宝とされた。

嫁いできた女性に期待されたのは、先祖への敬心と名前を未来へ引き継いでくれる男児をもたらし、この家族と血によって融合することである。このことはどこでも同じで、ヨーロッパでもつい最近まで、結婚は出産をもって完璧になるとされた。ローマ時代も、不妊が結婚解消の法的理由になりえたように、いまも、離婚の普通の原因であることを忘れないようにしよう。この規定は、結婚の目的は欲望の満足や個人的幸福の追求よりも種の維持と進展にあるという古来の考え方に合致している。

しかし、母たる女性に認められたこの権威を支えているのは、命を未来に繋ぐことだけでなく、先祖の思い出、家門の誇りを引き受けてくれることでもある。この理念は、こんにちではぼやけてしまっているが、田園の慣習のなかに伝えられている。たとえば、祖父母、父母、子供というように幾つもの世代が一緒に生活している家庭では、男の子が自力で歩けるようになったときなど、川に架かっている橋を盛大に渡って、村を挙げてお祝いが行われる。

夫婦に子供が出来なかった場合、養子を取ることも法的に可能である。これは、孤児や捨て子をボランティア的に引き受ける現代的な養子取りではなく、むしろ、ギリシアやローマの古代社会で行われていた、家の跡継ぎのための養子取りで、貰われる子供は実子と同じ位置を与えられる。ただ、実子と違うのは、すでにこの家に女の子がいる場合は二人を夫婦にすることであるが、理論的には嫡出の男児と何一つ区別されないのである。

しかし、実際には、少し違った進展を見せることがある。それは、彼は、この家族に入ったことの正当性をその働きと能力によって証明することを、余計に期待されることである。そうした彼が占める立場は、女性の場合の嫁のそれと共通したところがある。夫婦に女の子もない場合は、できれば夫と血縁のある娘を養女にすることから始められ、やがて彼女の夫として男子が迎えられる。この男子は、養父母との血縁がどうであれ、彼は、自分の親族のつながりを、生まれた家族からもう一つの家族に移すこととなる。

いずれにせよ、子供は常に家族の隅石〔訳注・要の意〕である。子供をつくることが重要であるのは、家門の財産の管理のためという物質的利益への関心にも対応しているが、より根本にあるのは、先祖から子孫への精神的永続性を確かなものにしたいという欲求である。このことは、現代の農村でも広がっている避妊と産児制限とも矛盾しない。現代の避妊と産児制限は、必要不可欠の生殖原理自体は歪めることなく、ただ生む子供の数を制限しようとするものだからである。日本で中絶が公的に認められるようになったのは一九四八年からであるが、それ自体は決して目新しい現象ではなく、共同体社会が人口と食糧生産量の不均衡によって深刻な事態に陥るのを避けるために、江戸時代からかなり頻繁に行われていた。たとえば佐藤信淵（1769-1850）の著述には大要、次のような文章がある。

「中古以来、農業がなおざりにされ、増産のために専門家に研究させ助言させせることがなくなっているため、土地は痩せ、技術が向上しないので生産量は落ち、人々の衣食をまかなうことも子供を育てることもできなくなって、嬰児殺しがこっそり行われている。これが顕著なのは、とくに東北地方と東国であるが、瀬戸内地方を中心とする四国や九州でも、嬰児殺しとは見えないよう、生まれる前に堕胎が行われている。越後地方では、嬰児殺しは少ないが、その代わり、女の子を売るやり方が行われ、七歳か八歳で売春のためによそへ売られていくのである。事実、北越後の小さな娘は売春の世界では一種の《特産 spécialité》にさえなってしまっている。このやり方を非人間的だと言う人もいるが、これは大きな間違いである。というのは堕胎や嬰児殺しに較べると、まだしも人間的だからである。……陸奥や出羽で毎年殺されている子供の数は六万から七万以上にのぼる。これは言語道断の事態であるが、嬰児殺しがこのように広がっているのは、両親が非情だからではない。私が見るところ、その責任は、民への同情心もなく、天から命じられた己の務めの何たるかも知らず、収穫を増やす道も研究せず、農事専門家を用いようともせず、地主たちを督励するため元気づけるプログラムを立てようともしない指導者たちにある。このような状況を続けるなら、天罰を避けられないであろう。したがって、国の指導者たちは国の繁栄を実現するために、全力を尽くすべきである。」

（滝本誠一編『経済大典』第十八巻）

この論者は、どのように人々の心を動かし、その子供への深い愛情に訴えるべきかを知っていた。古来、日本ほど子供への心遣いを示す社会はない。現代の日本では、最もありふれた飯屋から豪華なホテルにいたるまで、どこでも子供は歓迎される。子供が、その本性から騒いでも不快な顔をする人はいない。

現代日本の家族は、伝統的なそれと近代的なそれとの両極の間で揺れ動いており、そこからある一つのタイプを引き出すことは至難の業である。少なくとも私たちは、古くからの、ときには古代以来の要素の残存を以下において比較考量してみることとしよう。そこに浮かび上がる、かつての家族のイメージは、最も持続性のある特徴点を浮き彫りにしてくれるであろう。

家族

私たちは、現代の技術の進歩に目が眩んで、先人たちよりも自分たちのほうがずっと優れていると考えがちであるが、人間生活の基盤である家族は、すでに久しい昔からの幾多の進展のたまものであることは、ヨーロッパでも日本でも同じである。江戸時代には日本の家族組織もやはり不確定な経済と人口変動の余波を蒙り、とくに田園地方では飢饉が相次いで多くの犠牲者を出していたが、農業技術はアジアでも最も優れたレベルに達していた。

たしかに、経営規模は零細的だったが、開拓農地の農民たちは、かつての主人や豊かな親戚の援助に頼らなくても生きていけるようになっており、その結果、かつては直系や傍系の親族、奉公人たちを包含していた古い《氏族》は分裂し、「株」となる家族は多くの同族を養う重荷から解放された。個人も、ある種の自由を手に入れ、それとともに移動ができるようになった。こうして彼らは、農閑期にはその地方や都市の手仕事の職場で働くようになり、その一方で、裕福な家族は、余った資本を生まれつつある工業に投資することができるようになった。したがって、近代化以後全国的に加速度的に進行している古いタイプの家族の分裂は、十七世紀の京都・大坂周辺をはじめ、日本では比較的早くから見られた現象である。

「株」となる家（本家）の名前を受け継いで分かれたこの家族は、現代の家族に直接先行するもので

あるが、先祖の広大な家に較べると、その規模においても持っている特典においても、ずっと小さく限

定されたものになっている。かつては、家長への服従から離れることは生活の絆が断ち切られることを

意味することも多かったが、いまでは、新しい家をつくったからといって、対立関係になったり非難さ

れる関係になるわけではなくなっている。

本家《ほんけ》に従属していくか否かについての問題は、封建制のもとでもかなり早くから提起され、解決され

ていた。大名など上流身分の場合、規模が大きくなり過ぎたときは、家族の首長自身の決断によって、

幕府の同意を得て、その資産の一部と家名を分割することがあった。こうして本家から独立して生まれ

た新しい家門は「末家《まっけ》」と呼ばれ、「本家」との依存関係はそのまま続いた。このような《分家》のや

り方とは別に、家門全体が幾つかに分裂することがある。その結果生じる家門の親族関係は、社会的・

法的に異なる三つのグループに分けることができる。

一つは《親類》で、父系の三等親までの、文字どおりの家族を形成し、死者が出た場合は同じように

喪に服する。法的に家族に関わるあらゆる問題は相談して決められるが、ただし犯罪が絡む問題は例外

である。二番目に来るのが、血縁はあるが少し遠くなるもので、《遠類》と呼ばれる。姓は同じである

が、喪は義務づけられておらず、法的問題でも、それほど強く結びついていない。最後に来るのが姻戚

関係による《縁者》で、この場合は法的役割は何もない。

こうした全般的な基盤の上に、法律上の複雑な事項の規定がある。とくに江戸幕府は、人々、とりわ

け武士たちの動向を厳しく監視したからである。徳川氏のもとでは、日本風にアレンジされた儒教思想の影響によって、家族は道徳上の堅固な枠組みとされただけでなく、国家の統治機構においても、お上への服従が強調された。とくに女性は恭順と忍耐を美徳として押しつけられたが、男性も社会的・家族的次元でさまざまな枷をはめられた。

ヒエラルキーの煩わしさは、ときに反抗を誘発したが、徳川幕藩体制は、儒教的倫理から、そうしたことを超えて、宇宙的秩序の観念を押しつけていった。貝原益軒の次の文章は、そのことを示している。

「すべての人は、その生を両親に負っているが、さらに深くその生の根源を尋ねると、人間は、自然の生命の法のゆえにこの世に現れたのである。こうして、世のすべての人間は天と地によって生まれた子であり、天地こそすべてに勝る我らの両親である。我が両親は間違いなく我々の両親であるが、天と地こそ、この世界にある万人の両親である。

……人間の義務は、最善を尽くして両親に仕えることだけではなく、同様にして、生きているかぎり、その膨大な債務を返済するために自然に奉仕せねばならない。

……自然に尽くす人間性の徳（仁）と親孝行こそ、その原理の一つである。

……すべての人は父母への孝養に励み、主君に仕えては忠誠をつくすべきである。同じように、自然の懐に抱かれて生きているかぎりは、人間としての徳を存分に顕して天地自然に尽くすべき義務を負っている。

……人間が負っているさまざまな義務のなかで、第一の義務は自分の家族を愛すること、ついで、あらゆる人に慈しみを注ぐこと、そして、最後に、鳥や獣そのほか全ての生けるものを苦しめないことである。

……ほかの人を愛しながら両親を蔑ろにしたり、鳥や獣を愛しながら、人々を蔑ろにするのは、人間としての徳ではない。」

（国書刊行会『貝原益軒全集』第三巻）

ここに見られるのは、封建時代に侍たちがその任務である軍事的役割を果たすのに適した枠組みとして仕上げられた家族観である。武士階級がとくにこだわったのは男性優位と男系家族の堅固さであった。なぜなら、戦いに有用な男子は、一族のなかでいくらいても多すぎることはなかったからである。鎌倉時代以後、個人同士の関係は、管理し庇護してもらう必要が強まったことから、家族も、今日にいたるまでその特徴になっている新しい方向性を与えてくれる効率性に従うようになる。

男系相続人がなく、ある役職とある土地を相続した女性は、当座の軍事的役割を引き受けてもらうためと息子が生まれて成人するのを待つために、男を婿として迎え入れる必要があった。迎えられた男は、責任を果たすために一門の最高の権力を手にするとともに、幕府との結びつきを維持し、幕府に対しその家の全体を代表した。

一般的に武士たちには、いつ事態が急変するかもしれない危機があったから、色恋や肉欲の喜びは重要ではなかった。妻を娶るのは子供を儲け家門の永続性を確保するためで、妻が不妊である場合は子を産んでくれる女性を求める必要があった。養子を取るやり方は、かなり早く（奈良時代）から行われていたが、とくに重要性をもつようになったのが鎌倉時代以後である。したがって、現代の家族の通常の基盤である《一夫一婦制 monogamie》は、日本では目新しいものではなく、社会の大多数を占める階層にあっては、すでに何百年も伝統的なあり方であった。

さらに徳川時代には、重婚 bigamie は、西鶴（1642-1693）の作品に見られるように、当時の刑法に特有の厳しい刑をもって罰せられた。幕府体制は、武家人口の均衡維持を重視したし、加えて、この時代の生活に浸透していた儒教的ピューリタン主義も、道徳のゆるみに対しては厳しい目を向けたからである。この観点から見ると、今日の法律は鎌倉時代の慣習とそう隔たってはいない。

しかしながら、内縁関係は、少なくとも西欧におけるよりはかなり大っぴらに行われていた。たとえば明治天皇は、西欧的君主に変身するために、何人かの妻のなかから一人を選んで皇后の称号を与えなければならなかった。福澤諭吉（1834-1901）は、一夫多妻を悪習として攻撃したが、この慣習がいかに牢固たるものであるかを、こう述べている。

「一夫一婦の正論決して野暮《やぼ》ではない。世間の多数は同主義で、殊に上流の婦人はことごとく此方《こっち》の味方であるから、私の身がこの先き何時まで生きているか知れぬけれども、有らん限りの力を尽くして、前後左右を顧みず、ドンナ奴を敵にしても構わぬ、多妻法を取り締めて、少しでもこの人間社会の表面だけでも見られるような風にしてやろうと思っています。」

（『福翁自伝』岩波文庫版）

したがって、一夫多妻と一夫一婦のこの二つの伝統は、同じように息づいてきたのであって、武士階級は、その柔軟な慣習を伝えていた王朝貴族体制と対立した。平安時代の貴族は、通い婚が普通で、本妻をひとり持っていて、その間に生まれた長男を跡継ぎにしたが、そのほかに、比較的身分の低い臣下が差し出した次三女を第二・第三夫人として持っているのが普通であった。しかも、それにさらに、奉公人たちの娘まで加わる。彼女たちが主人の子供を孕んだり、あるいは一時の慰みに手を付けただけでも、彼女と一家にとっては名誉になった。

「正妻は、子供を産まなくても、亡くなったときにはみんなが喪に服した。そのあとで、何人もの子供を産んだ女性が亡くなっても、喪に服することはなかった。」

（フレデリック・ジュオン・デ・ロングレ『日本の荘園と西洋の荘園』）

したがって、日本の朝廷では、シナの皇帝の後宮のように宦官に仕切らせなければならないほど数は多くなかったが、一夫多妻が当たり前であった。正妻の優位が明確化されたのは、シナの法制を採り入れて大宝律令（701）と養老律令（718）が定められてからであるが、日本の法律では、全般的に女性の権利は保護される傾向性をもっていた。

家門の名前（苗字）は、父方の姓であることもあれば、そうでないこともある。日本ですべての階層が市民としての身分を与えられ姓を持つようになったのは、一八六八年の明治維新以後で、それ以前から苗字をもっていたのは、朝廷貴族と武士階級、そして平民のなかではとくに許された人々であった。他方、天皇は最も貧しい労働者たちと同様（ただし神々の末裔であるため）、苗字はなかった。天皇家から平民身分に移った人々は、一般的には定住した土地の名前を姓にした。したがって、古代日本社会は、労働し隷従する無名の大衆と、彼らを庇護し名前と権力の実体を保持している貴族階級とに分かれていたわけである。

日本の上層階級の人々は、中国の影響で、かなり早くから立派な家系図を作った。朝廷政府の官職を引き継ぐ人を決定するのに、家系図は重要な判断材料になったからである。こうした配慮は、すでに

『古事記』（712）にも表れているが、それをより明確にしたのが『新撰姓氏録』（815）である。そこでは、天皇家の血を引く人々（皇別）と、天地の神々の末裔（神別）、外国から渡来した人々（諸蕃）の三つのカテゴリーに分けられている。

たしかに、九世紀に整備されたこの家系図の正確さを証明することは難しい。とはいえ、この集成書（古代の氏族一一八二氏の系譜を集めたものであるが、現存するのは、その抄録）の序文は、日本の上層社会の各家の関係性を理解するために貴重な資料になっている。

この著者は、天孫降臨から神武の東征、朝鮮の人々の最初の日本への入植（彼らは、日本を先史時代から文明国に変えた人々であった）について述べたあと、こう続けている。

「允恭の世（412-453）、氏族の関係はすっかり乱れ、その結果、探湯《くがだち》によって誓約の真偽を試すこととなった。誓約が真実である場合は熱湯に入れても火傷をしないが、偽りである場合は火傷するのである。これ以後、氏と家門が確定され、詐称するものはなくなり、川は正常な流れになった。」

「皇極の世（642-645）、文書が焼失し、正しい先祖を証明する手立てがなくなった。……庚午《かのえうま》の年（670）、記録帳が修復され、これ以後、記録を正しく伝える作業が歴代天皇のもとに受け継がれていった。」

「天平勝宝年間（749-757）、姓名を求めていたすべての異国人に日本人と同様の家名が与えられた。その結果、帰化人と元々の日本人との区別が分からなくなり、朝鮮王国の出身であった人が日本の神々の末であると主張する例がいたるところで出てきた。時が経ち、人も入れ替わって、真実を知る人はいなくなっていった。」

「天平宝字年間（757-765）の終わり、このことについての論議がさらに活発になったので、何人かの学者に氏族の家系図をまとめる作業が要請された。しかし、半分も進まないで、学者たちはばらばらになり、作業は中断されたままになった。」

「そこで今上嵯峨天皇（809-823）が系図作成の再開を決意された。……この作業によって畿内一一八二家が採り上げられた。……この文書は読んで楽しむためのものではなく、人々の互いの関係を知るうえでの鍵であり、国家統治のために欠かせない道具の一つである。」

（広文庫刊行会『皇学叢書』第四巻）

この文章は、日本の文明のなかでは、諸家の形成にいたるまで外国からもたらされたものが同化され尊重されつつも、できるだけ別に保持され、土着的要素と完全には融合しないで二元性が続いたことを示している。

また、家族集団のアイデンティティーが社会のなかでの役割や序列に緊密に結びついていたことも示している。古くからの血縁による《氏《うじ》》の名前があまりにも多くの人に適用されたので、平安時代になって、公的役職を表す名称として《姓《かばね》》が使われるようになったのであった。

つまり、《姓》は、血縁関係にある個人の集合体よりも、社会的集団の一つの機構を指すものであったから、政治ゲームの枠外に置かれ社会的責任のない身分の低い人々に姓名がなかったのは当然であった。明治になって自主的にせよ権威主義的にせよ主権が認められて初めて、市民であることを表す名称が与えられたのである。とはいえ、一人の首長を中心にした古い集団の痕跡は、一つの村の住人全体が同じ一つの姓しかない村に色濃く残っており、こうして、過去は現在に結びついているのである。

したがって、日本の家族は、相変わらず弱者や女性を押しつぶして、そのうえに成り立っているように見えるが、それでも、全体的には優しさを秘めている。古来、日本は国家管理主義に徹した中国に憧れ、これを手本としてきたが、現実には、身近な封建的生活規範が支配してきた。この二元的なありようは、家族機構のなかにも国家機構のなかにも感知できる。法律が国家管理的思考を基本にしているのに対し、現実の人間関係は封建的なものを基本にしている。この人間関係のヒエラルキーは、自分の家庭のことは最大限の慎ましさをもって語る日常的礼儀によって、いまも引き継がれている。しかし、実際は日本人たちはどう考えているのだろうか？　それを言うことは難しい。自由と幸福は、個人のレベルでは日々の単調で些末な出来事の人間的評価によって現れるからである。

第五章　天皇

最近〔訳注・本書のフランスでの刊行が一九七四年。昭和天皇は一九七一年九月二十七日から十月十四日まで訪欧している。なお、一九七五年にも九月三十日から十月十四日まで訪米している〕、天皇は外国旅行に出かけることによって、ほんの一瞬たりとも、その神聖な土地と民から離れないという歴代天皇が守ってきた伝統が破られた。〔訳注・応神天皇の父、仲哀天皇は妻の神功皇后を通し神によって新羅討伐を勧められたが、この勧めを実行しなかったため、神罰によって死んだとされている。〕

しかし、現代の君主である裕仁（昭和天皇）は、皇太子時代にも外国を歴訪〔訳注・一九二一年三月から九月まで訪欧〕しており、その若き日の思い出を辿りながら各地をめぐったに違いない。そのような決断は、おそらく今後はますます驚くに値しなくなっていくであろう。しかしながら国内では、一種のユーモアを交えながらではあるが、天皇が日本を留守にしていた間、穏やかな秋の季節にしては例がないほど、太陽が姿を消し、天皇の帰国とともに太陽が二週間ぶりに戻ってきたと報じられた。それにもかかわらず、このヨーロッパ旅行は、外国の目から見て、ほんとうに天皇を再認識させるのに役立ったのかと問うことができる。

ヨーロッパでは君主は、公式的にであれ実際にであれ、あるときは軍司令官であるとともに、あるときは預言者であり、つねに輝いていようとするが、それに対して日本の慎ましやかな君主は、どう評価されたであろうか？　各国とも新聞はあまり触れなかったし、全体としてそれほど熱狂的ではなく、先の大戦の嫌な思い出が一掃されることもなかった。

日本では天皇は、民主主義が実現された現代になっても、ほかの人々と同等の一人の人間ではない。人民との長い接触が身近にしたような幾つかの王家とはまったく違っている。フランス王は、人々の見ている眼前で誕生し、死んでいったし、幾つかの日には、民衆は好んでヴェルサイユへ押しかけ、国王一家が食事している光景を見ることができた。それに較べて、日本の天皇は一九四五年の敗戦によって、突如人々のなかに放り出されたときも、相変わらずみんなとは別であった。もはや現人神《あらひとがみ》ではなくなっても、だからといって《プリンケプス》になったわけでもなかった。〔訳注・ローマ初代皇帝アウグストゥスは、自らを第一市民（プリンケプス・キウィターティス）と位置づけた。〕

たしかに、天皇の日常生活は出版物でも広く報道されるようになったし、皇后の人間的魅力、日本の健全な伝統への物静かな嗜好ぶりは多くの日本人から愛されている。しかし、天皇は、今も昔も、国民一般の規範から外れているし、ヨーロッパの君主たちのように、倒されたり非難された一つのヒエラルキーの頂点を代表しているのではなく、彼の存在は日本の国土のように精神的であると同時に物質的でもあり、あらゆる理解不能なものを包含した未知なるものと人々との仲介役を担っている。つまり、各神社で、神は剣だの鏡だのといった特定の媒体のなかに姿を隠しているのと同じように、天皇は日本的精神によって捉えられた神の人間的形体なのである。古来、日本の天皇は、外国の皇帝理論の影響をしばしば受けてきたにもかかわらず、神道の根本であることに変わりない。彼が神なのか人間なのかは、大して重要ではない。なぜなら、そこには、次に述べるように、なんらの矛盾もないからである。

日本を後見しているという天皇の存在は、神道のそれと同じく、感じるのは易しいが明示するのは難しい。どちらも、一個の人間とか政体や宗教の問題であるよりは精神状態の問題なのである。「惟神《かんながら》の道」（神道）における神々は、湧き出す水や密生した木々の、ざわめいている生命のなかに存在し、全面的にせよ部分的にせよ、人間の理解を超えたすべてがこれに属している。神々は、それ自身、厳密に定義できるものではなく、ときには生と死の境目に漂っている。日本人にとっては、人間が直接コントロールできない自然の力と要素、不可思議なもの、死者（彼らの魂が身体から離れてどこへ行くのかは分かっていない）などもすべて神である。

そうしたあらゆる神々の第一が、いうまでもなく、リズム正しい動きをもって万物を支配している太陽である。太陽こそ《神》そのものであり、これからも最高の神である。かりに、太陽について科学的に説明できたとしても、それが持っている力は否定できないからである。同じことは天皇にも当てはまる。天皇は、たしかに、もはや一人の神ではない（彼自身、終戦直後、そう断言している）。しかし、彼は日本という宇宙の中心でありつづけるし、そうでなければならない。もし、そうでなくなれば、国民的なものは失われるからである。

事実、彼はひとりで国じゅうのあらゆる努力を説明し、秩序づける。いつの時代も、天皇の人間としての人格性は根底においては重要ではなかった。個人性（individualité）と独自性（singularité）から成る欧米的人格性（personnalité）は、ほとんど日本語には翻訳不可能な観念であり、まして、天皇を問題にするときにはナンセンスである。その資質や欠陥がどうであれ、そのために、神々と人々の媒体、いわゆる「国民統合のシンボル」としてのその深い本性が変わることはない。外国からのいかなる干渉も、この《天皇》という存在を破壊することはできない。彼は、日本という国のアルファでありオメガである。その隠された中身を確定し変えることができるのは日本人だけなのである。

もちろん、天皇が果たすべき役目は、法的に規定されている。一九四六年から一九四七年に定められた憲法によって、天皇は国家を統治する実権はなくなった。しかしながら、国民生活の幾つかの重要なイベントに参加することによって、国家と国民統合の象徴という基本的性格を表す。総理大臣と最高裁判所長官の任命、憲法の修正、法律と内閣決議、条約の承認と公布、国会の召集、衆議院の解散（ただし参議院には解散はない）、総選挙の発表、国務大臣の任命の認証と解任の受理、外国大使の信任状の受理、特赦と減刑、市民権の剝奪と回復、叙勲者の指名、外交文書の署名……などである。

もちろん、このように長々と数え上げたからといって、天皇が政治的権力をもっていると錯覚してはならない。天皇は、いかなる国事に関しても干渉することはないし、その国事行為は、内閣の助言なくして行われることはない。したがって、天皇のほんとうの政治的役割は、まったくゼロではないにしても、少なくとも厳格に制約され限定されている。かつての鎌倉幕府や徳川幕府の将軍のような独裁的支配者は存在せず、いまでは国民の代表者たちが特権のほとんどを手に入れている。

しかしながら、昔と同様こんにちも、天皇制の理念とともに、天皇の存在の重要性と精神的価値は、至上の基準としての威信を維持している。平安時代のはるかな先祖たちと同様、天皇は幾つかの儀式の遂行によって最も重要な役目を果たす。精神的要素はその力をなんら失っておらず、日本国民は、その天皇のなかで「聖体拝領」を受けるのである。

第二次世界大戦に先立つ何年か、これとは全く別の精神状態の昂揚が見られた。「日本は国民全体が天皇を首長とする唯一の家族を形成しているという、欧米の個人主義や階級意識とは全く異なる観念のなかに、その国民精神の根を伸ばしている。」（松岡洋右『今日の日本』第二巻）

天皇は、おそらく日本史上かつてないほど、各人が振りかざす正義の旗印となり、演繹と帰納を極限にまで押し進める国家主義的論理の仮面となった。この奇妙な事態は、とくに明治天皇によって推奨された奇妙な理念への国家主義的反応の結果として起きたものであった。一八八九年の明治憲法によって樹立された代議制から、より古来の伝統に合致した官僚主義的体制への移行が明確化したのが一九二五年〔訳注・四月、治安維持法によって、天皇制打倒を目的とする結社を組織したり、これに参加した者は罰せられることが決議された〕である。

幕藩体制が崩壊し明治憲法によって国家の実効性ある元首に戻った天皇は、政治の全権を理論上手中にしたのであったが、現実は、ずっとニュアンスに富んでおり、天皇の権力行使は、帝国議会の同意を必要とし、その行政権は国務大臣の意見を参考にしなければならず、司法権も、天皇の名においてではあったが、実際に行使されたのは裁判所においてであった。このように、諸機構の複雑な機能のしかたのため、種々の利害集団を守ろうとする各党派の影響力が働く余地が残されていた。

このことが、軍部優位に結びつく暴力的動きや混乱の要因となった。彼らの国境を越えたアジアへの勢力拡大、芝居がかった満州事変（1931）、参謀本部の増長、五・一五の青年将校の蜂起（1932）などの軍部による政治関与が、国家を自滅に導く元凶となった。これらはいずれも、天皇の意思とは無関係に起こされたものだったが、そもそも彼ら自身、天皇の同意を望みはしたものの、不可欠であるとは考えていなかった。明治憲法によると、天皇の人格（玉体）は神聖不可侵であったが、おそらく、この『玉体 personne』という語は、その精神も意思も意味してはいなかったからである。

天皇は、日本の国を創った神々の子孫であり、その先祖は太陽であった。この理念は一見、常軌を逸しているが、日本の原史時代に遡るその家系の持続性を神話的に拡大したものであると考えれば理解不能ではないし、事実、エチオピアの皇室と同じく、世界の最古の王家であると考えることができる。

観念論者たちは、天皇家と太陽との結びつきを、この国家が古くから文化的一体性を維持してきたことの感動的イメージであるとしている。それが超自然的な力をもつ存在にまで遡るとしても、彼らにとって大した問題ではなかった。少なくともこの約千五百年について現代の歴史学と考古学が確認している人間の連綿たる繋がりは、そのような情念的絆を創り出すのに充分であり、まさに本質的なものは、そこにあった。この観念は、始まりがどこまで行っても、その先があって特定できない連続性の理念、理性を超えた無限のなかに根を伸ばしているため、いかなる議論も疑問に付すことができない場合、太陽のみがその正当性にふさわしいイメージを提供してくれることから生まれたのである。

しかし、その理念が、俗悪で自分本位な政治的意図のもとに偏向され歪曲されると、まったく別の問題を生み出す。こうして形成された天皇崇拝主義は、非難されるべき不幸な思い出を世界に撒き散らし、こんにちもなお、天皇への偏見をもたらしている。その基盤になったのが、国家宗教としての神道の成立（1870）であり、これに「いかなる外敵にも侵略されることがなかった」とする《神国思想》、伝統的な好戦的思考、経済的困難によって激化した情念があいまって、天皇を《現人神》として崇拝させる方向へ脱線・暴走していった。

民主主義的機構を挫折させることに見事に成功した高級官僚たち（文武を問わず）の精神のなかでは、天皇は世界全体に君臨する帝王にさえ持ち上げられた。一九三三年、松岡洋右は国際連盟で「世界は、数年のうちに、われわれがナザレのイエスであったことを理解するであろう。……日本の使命は世界を精神的・知的に導くことにある。……日本こそ新しき救世主の揺籃となろう」と演説している。

一九四五年の瓦解は、天皇にとってもっと厳しい状況になるはずであった。このとき天皇について外国人たちが抱いていたイメージは、明治の開明的君主ではなく、王位を剝奪された暴君であり、軍人たちが相次いで自殺したことから、天皇も同じように自殺しても不思議がる人はいなかったであろう。天皇が死のなかに逃げ場をもつことのできない日本で唯一の存在であることは、外国人にはとうてい理解できなかった。天皇は日本国民の代表であるから、あらゆる屈辱を受け入れてでも、日本民族の永続性を守る重責を課せられており、常人なら許されていた自己の名誉と尊厳性を守るために儀式的自殺に救いを求めることは許されていなかったのである。

天皇神格化の経緯

天皇に対するいわば宗教的な崇拝が特に進んだのは明治になってからの十九世紀末以降であるが、その根っこは江戸時代に求められる。賀茂真淵（1697-1769）、本居宣長（1730-1801）、平田篤胤（1776-1843）が尊皇思想の主要な推進者である。本居宣長は、特別の力を込めて皇室崇拝を、こう説いた。

「わが国は、天にあって輝き四海万邦を照らし給う女神が降臨された国である。ゆえに万国に勝る基いたる国である。わが国の皇室こそ、世界に光を送り給う女神が、世界を治める使命を託された末裔にほかならない。」

（筑摩書房『本居宣長全集』第六巻）

この尊皇思想は、国家的自尊と新儒教主義の影響力による日本国体観の盛り上がりを反映している。文人たちは、古典研究と言語学的関心から、外来思想である仏教や儒教によって変形させられる以前の太古の神道〔古神道〕の姿を探求していった。

封建的要素も疑惑の対象にされた。すでに山崎闇斎〔1618-1682〕も皇室崇拝を唱え、《垂加神道》〔訳注・「垂加」は山崎闇斎の霊社号。朱子学と吉田神道・伊勢神道などを融合したもので、天地開闢の神の道と天皇の徳は無二であるとして絶対尊皇を主張した〕を立てていた。正統派儒教の代表であり徳川幕府に招かれて御用学者になった林羅山も、京都にあっては天皇への尊崇を説いていた。

この理念がこのようにもてはやされたのは、国民的価値を再評価しようという流れと中国文化の流れが出会ったためで、日本文学と中国哲学の最初のモニュメントが《君主》の観念を中心に回転したのである。この歴史的先例からすると、二十世紀に起きた現人神思想も、それほど驚くに値しない。

元来、極東の国々では、西洋におけるカエサルと神の区別〔訳注・「カエサルのものはカエサルに、神のものは神に返せ」というイエスの教えに基づく〕は、それほど意識されず、シナのように区別を原則とする国においてすら、あまり尊重されなかった。こうして、日本の天皇観も、常に曖昧さを抱え、しばしばドラマティックな誤解を生じた。日本の天皇は中国の皇帝に近いものをもっていたし、臣下たちも、中国的皇帝観に惹かれた。

中国の皇帝は天の子〔天子〕と呼ばれたが、儒家にせよ法家にせよ、中国思想においては皇帝は一個の人間であることに変わりなかった。しかし、天子と呼ばれるには、天から委託を受けるに値する人でなければならなかった。つまり、シナの皇帝は、人類の第一人者として四角い大地と丸い天の間を貫く宇宙の軸でなければならず、その存在は、天と地の中心にある大樹によって象徴された。皇帝は真上に太陽を戴いているので陰もなければ反響もなく、彼の役目は、世界の最も完璧な姿を集約している都にあって、すべての機構をスムーズに回転させることであった。彼は、いうまでもなく宗教的首長であり、その宗教は国家の規則正しい運行と結合していた。宗教的な徳の権化であり全能である皇帝が政治を行うのであるから、物質的豊かさも自ずからもたらされるはずであるとされた。

「天下と国を為《おさ》むるは、徳をもってするに如《し》くはなく、義を行うに如くはなし。徳をもってし義をもってすれば、賞せずして民は勧《はげ》み、罰せずして邪《じゃ》止む。これ神農・黄帝の政なり。徳をもってし義をもってすれば、すなわち四海の大、江河の水も亢《あた》る能わず。太華の高、会稽の険も障《ささ》うる能わず。……故に古の王者は徳天地に廻《めぐ》り、四海に澮《うご》く。」

（『呂氏春秋』巻十九　離俗覧七　上徳）

シナでは経済の沈滞、災厄、飢饉、伝染病は、自然が皇帝とその臣下に対して放った「この皇帝は宇宙の意に適っていない」との警告と考えられた。「山々が崩れ、河の流れが干上がるとき、それは、国の滅びる予兆である」（司馬遷『史記』）。したがって、国を治める資格を失った王朝は倒れて当然であり、その混乱のなかから新しい人が王朝を興し、天の委託にふさわしい天下人であることを証明していくはずであった。こうした考え方は、飛鳥時代に儒教と一緒に日本に持ち込まれて以後、多かれ少なかれ日本の天皇の振る舞いにも、その人民の行動にも影響を与え続けた。

江戸時代にも、中国から道徳的教訓とその手本を汲み取ろうとする歴史学的精神が発展を見せ、十七世紀には、日本の過去を歴史的に展望しようとする動きが起きた。日本の過去を神話的観点からではなく、中国の歴史叙述の厳密さをもって考証しようという動きである。その一例が徳川家康の孫であり、新儒教思想の主唱者である徳川光圀（1628-1701）で、彼は、水戸の自分の領地で、中国の歴史記述を手本に日本の歴史を全面的に再検討する作業を開始した。そのためには、古の神話の下にどのような人間的真実が隠れているかを見出す必要があった。期待されたのは、偶発的変革を理屈づけることではなく、社会の道徳的秩序を強化することであり、それを事実の積み重ねから演繹することであった。彼は『大日本史』の序にこう書いている。

「歴史は事実に基づいて忠実に書かれなければならない。道徳的含意は、そこから自ずと現れてくる。古より今日まで、人々の慣習と生き方が洗練されているか卑俗であるかによって政治が左右され、民が繁栄するか滅亡するかが決まることを明らかにしなければならない。よき行動は人々の手本となり、邪悪な行動に走るのを引き止める働きをする。反逆者や裏切り者は、歴史の判定のなかで身震いするであろう。こうして、歴史を学ぶことは教育と秩序維持のために大いに益するであろう。」

（訳註大日本史刊行会国政社『大日本史』第一巻）

シナの『大明史《みん》』を手本としたこの『大日本史』の最初の何巻かが現れたのは一七一五年である。そこから倫理的教訓が引き出されるのは最後の巻にいたってであり、神話時代を扱った最初の部分には何の改変も加えられていない。光圀の尊皇思想はそこから出てきたものであるが、だからといって、彼は天皇が実際に国事を管掌すべきだとは考えていない。これは、科学的歴史学を唱える人々の天皇制とその起源に関する論議とも共通している。

その一人である新井白石（1657-1725）は、歴史学者であり哲学者、また才能豊かな政治家でもあったが、封建思想とは相容れないシナ思想の側面も虚心に受け入れたため将軍・吉宗の不興を買い、それが失脚の一因になったのであった。彼は、こうして余儀なくされた閑居のなかで、天皇に関する伝説的起源の問題を考察した結果、その明断な洞察力によって、所詮、幕府を擁護するか尊皇主義を採るかは二つの精神状態のなせるもので、このいずれも、本当の意味で万人を納得させることはできない、と見抜いたのであった。

「古代についての日本の史料は少なく、当時のわが国に関する貴重な史料を提供してくれているのは、むしろ、『後漢書』をはじめシナの歴史書である。しかしながら、日本では、これまで、それらは無意味な作り話のように考えられ、研究もされないできている。加えて、上古の約四百年間、日本の海外領土であった朝鮮の三韓の古文書はわれわれの情報を裏打ちしたり補ってくれるものがあるが、これらも、あまり重視されないできた。水戸の歴史学者たちは日本の年代記録しか信用しておらず、これでわが国の歴史を再構築しようなどというのは夢のまた夢でしかない。いまや、私の名声は朝鮮、シナ、琉球、さらにはオランダにまで伝わり、評判になっており、日本を訪れた人々が私の消息を尋ねるようになっていることが私の不幸の原因になっている。人は誰でも知識とよき評判で名を揚げることをめざすが、寄る年波を考えると、私の現状が子孫たちに苦しみをもたらすのではないかと心配である。とくに、この七、八年、私は舞台の外に身を置くよう努めてきたし、人々からも、もう私のことを批判する者も少なくなっていると聞いている。これらの理由から、私は、いま書いているものを世に出すことに躊躇を感じている。率直にいって、私が信を置くのは、死後百年あるいは二百年の人々の判断である。」

（国書刊行会『新井白石全集』第五巻）

まさにそれは、学識上の論争ではなく、二つの国家理論の間の哲学的対立であった。事実、日本では、おそらく他のどの国にもまして、権力は人々を摩滅させてきたし、日本の歴史全体が権力の合法性と現実性の間のすれ違いの連続である。日本では、古代の何世紀かがシナ式の法典編纂への偏執の歴史であったのに対し、十九世紀に再現されたのは、欧米の影響下での法律の大々的変節であった。逆説的にいうと、千二百年という間隔を置いて、東洋と西洋が日本の歴史のなかに同じ刻印を刻み込んだのである。

こうした日本の法律的性向は、近代になってもまったく変わっていない。そのことについて自由民権家の馬場辰猪（1850-1888）はこう書いている。

「国家理念の本質からいって、主権は人民になくてはならない。時と状況によっては、皇帝の手にあってもよいが、人民の知的進歩と国の繁栄につれて、最終的には人民の手に帰されなくてはならない。……日本では、主権は二千五百年来、おそらく天皇の人格のなかに存している。だが、一国の運命が変わり、人民が君主制度を民主主義に換えることで意見が一致したときには、人民の手に戻されるべきであろう。」

権力の二元性

法制上の権力と現実の権力の間の抗争は、たしかに日本の制度史の骨格をなしている。このことは、本書のはじめの幾つかの章で見たとおりであるが、再度その主要な出来事を採り上げて、その進展の経緯を明らかにしておこう。

徳川将軍が支配した約三百年の中央集権的封建国家にあっては、天皇は目立たない役割しか演じなかった。この徳川の権力は、十四世紀から十六世紀にいたる室町時代に分解過程を辿り消滅寸前にまでいたっていた封建制度を復活させたことから来ている。この室町から徳川時代までの時期は、さまざまな出来事と変化に満ちた混乱と内戦の時代で、軍事力の代表であった守護と地頭がそれぞれの地域の領主になり、配下の武士たちと君臣関係を結んでいった。十五世紀には、これらの領主たちが《大名》となり、さらに十六世紀には、この《大名》たちは将軍のもとに組み込まれていった。この緩慢な統一化は、ある種の経済的発展の結果であり、君主である足利将軍には利益をもたらしたが、天皇には何の利益ももたらさなかった。この状況が同じ時代のヨーロッパの封建制に比較できるものになるには、もう一人の有力な君主（天皇）が将軍の手から権力を奪い取ることが必要であった。

しかし、事態は、そうはならなかった。足利将軍の支配体制が崩壊し、戦国乱世に陥ったあと、織田信長ついで豊臣秀吉が統一を成し遂げたものの、彼らは、行政の中央集権化に封建領主たちの自律性を融合させせようとしただけであった。天皇が権力を奪還しようとしなかったのは、おそらく後醍醐の失敗がまだ記憶に残っていたからであろう。そのため、国内は統一されず、氏族の長たちの無政府主義的な意思に任され、混乱は続いた。新しいものが登場しても何一つ廃止されなかった日本では、文字によらない慣習法がまかり通り、宗教的・家門的あるいは封建的過激分子の活動によって、ますます分かりにくくなっていた。

いつの時代も、眼前の人間と慣習や風習が重んじられ、法律の抽象性は理解されないのが封建制である。日本の統治機構は、早い時期から、天皇とその補佐役の関白、将軍とその補佐役である執権という具合にたくさんの頭を持つ怪物のようになっていた。関白は、八八七年に藤原家がその任を担ったとき、君主である天皇と行政各機構の間に介在して遮蔽幕となった。それに対し、将軍の代理役である執権は、十三世紀はじめ、北条氏がこれを手に入れた当初から、文民的であるとともに軍政的機能を含んでいた。北条氏は、都の周辺に領地を持ちながら改革派の人々に奪われて冷や飯を食わされていた文官たちを成立まもない幕府に招き、彼らを活かすことによって輝きを維持した。しかし、そのために朝廷に渦巻いたさまざまな策謀に巻き込まれるという不利益も蒙った。

逆説的なようであるが、北条氏が武士たちからの支持を失ったのは、モンゴル軍との戦いという未曽有の難局を乗り越えることによってであった。というのは、当時の武士たちは、戦功によって戦利品や領地を手に入れることを当然としていたのが、海を越えて攻めてきた蒙古軍を撃退しても、なんの報償も得ることができず、その不満から、北条氏を見限っていったのであった。

他方、将軍についていえば、北条氏が執権として実権を握った鎌倉時代はもとより、足利時代になっても、実権はなく、ときたま、君臣関係の長い蒸留器を通して権限を行使するに過ぎなかった。武士たちの君臣システムは、源氏によって築かれた当初は直接的な絆で構成された強力なものであったが、室町時代のころには、すっかり崩壊してしまっていた。後醍醐天皇が権力奪還の好機と見て戦を興したのは、そうした武士たちの君臣関係の崩壊を見たからであった。しかし、後世の歴史家たちも、もともと絶望的な行動であったと判定しているように、後醍醐の企みは失敗に終わった。この後醍醐の試みに対する歴史家たちの評価は、後醍醐の強烈な個性に対する崇敬の念によってかなり和らげられているにしても、かなり手厳しい。

後醍醐の派手な一撃が、皇室の分裂といつまでも続く内戦、民衆の悲惨さという結果に終わったことから、天皇が現実政治に介入することは時代錯誤であり、大きな災厄をもたらすとされるようになった。

いかなることも、人間が関わる以上は、必ず異議を差し挟む余地があるのが常であり、天皇は、裁きを受ける立場に身を置くべきではないと考えられるにいたったのである。

このような見方は、なにも後醍醐の失敗から始まったわけではなかった。なぜなら、封建的な幕府体制が天皇制システムに不可逆的に取って代わったときから、歴史家たちが表明していたところであるからだ。この変化の最初の一歩を明確にしたのが、一二三二年の法典（貞永式目）であった。天皇は、全能の国家元首であることに変わりはなかったが、武士たちの首長ではなかった。上古においては天皇は武士の首領でもあったが、東国平定以後、この地位は、軍事的特権階層を形成していた封建貴族たちによって奪われたのであった。

八世紀以来、その名の示すとおり東国の蝦夷を征伐するという役割を演じた征夷大将軍は、源頼朝が一一九二年に任じられて以後は、全国の武士を統括する任務を含意するようになった。つまり、軍事力の管掌は封建的政体の首長である将軍の仕事であり、天皇に残されたのは、文官に対する権力に限定されることとなる。

こうして、中央政府は、京都の皇室と鎌倉の幕府との二元体制となり、幕府は天皇の承認のもとに、天皇の膝元の京都にさえ探題を置いたのをはじめ、全国各地の統治のために守護を配置し、さらに年貢を集めるため地頭を任命して、彼らが朝廷の任命による文官たちに取って代わることになる。こうして、権力の実体は将軍が掌握するところとなり、さらに、この将軍の権力も、その代理者である執権の手に移っていった。

天皇によって将軍に責務が託され、その将軍のもとで執権が実質的権力を行使するこのやり方は、封建時代になってはじめて現れたわけではなく、すでに平安時代の一〇八六年には、天皇たちは意図的に自分が正面に出るのを避けて、幼い息子に位を譲り、自らは隠棲所から実質的権力を行使する、いわゆる《院政》と呼ばれる二元的権力体制が行われていた。こうして、法皇や上皇が幼児である天皇を無視して大貴族たちを巻き込んで陰惨な政争を繰り広げるなかで、前封建制が姿を現すとともに、その後の天皇の役割となるもの、すなわち明敏さと人を惹きつける魅力をもった外交官という姿が、そのなかから姿を現したのであった。

若い六条天皇〔訳注・二歳で即位し五歳で次の高倉天皇に譲位させられた。1165-1168〕への藤原伊道《ふじわらのこれみち》（1093-1165）の助言は、よき天皇に期待されたのが思慮深い謙虚さと礼儀正しい態度であったことを浮き彫りにしている。

「君主は国事についての話によく耳を傾けなければなりません。人の話を聞かないで、どうしてよき事を成し遂げられましょう。古の法では、とくに悪を正すことが重視され、民の声に耳を傾けたうえで為すべきことを命じることです。宮殿に参内《さんだい》した人を丁重に迎え、敬意をもって遇することが大事です。主上がそのように振る舞われるならば、悪意をもつ人々も間違ったことを伝えることはしません。はっきりした目的もなく、毒にも薬にもならないことを告げる人々には、彼らが何を望むのかをはっきり質《ただ》すべきです。もし文学の才能に秀でている人なら和歌について、弓矢の道に秀でた人にはそれらについて、音楽に優れた人には音楽について話をされるのが、よろしいかと思われます。そうした歓談を通して、きっと、さまざまな知識を得ることができるはずですし、相手を喜ばせることともなりましょう。そして、以後は、招かれなくとも日々に参内するようになり、宮廷の万事がスムーズに動き、賑やかになるでありましょう。」

（『続群書類聚』四八九、二十一巻）

すでに九世紀から現れていたこのような二元的システムは、おそらくシナの法律を日本に採用しようとした結果、生まれたものである。五九二年から六二二年まで女帝・推古の摂政を務めた聖徳太子は、中国の制度に倣い、皇族の立場を強化するとともに朝廷の仕組みを改め、貴族を十二の階級に分けて天皇のもとに官僚として仕えるよう整備した。さらに、六四五年に中大兄皇子らによって行われた《大化の改新》では、君臣関係を強化するために新しい官僚制度が設置され、氏族同士の同盟を排除するために、氏族制の代わりに《国《くに》》と《郡《こおり》》が統治の基盤として整備された。

朝廷の支配下で、ある人々は納税と賦役の義務を負わされ、宗教的共同体は税を免除されるものの朝廷の権威のもとに組み込まれた。天皇はシナ風に国家の至上の君主になったが、その責務は日本風に世襲された。シナでは皇帝の権威は天からの委任にあったのに対し、日本の天皇の至上権は世襲によるものであるため、日本のいかなる家門もそれに楯突くことはできないものとなる。こうして、シナでは王朝が次々移り変わったのに対して、日本の天皇は万世一系となる。その一方で、シナの法制を日本の制度にあてはめたことには幾つかの利点があったが、社会的現実自体が古くからの独立的氏族制に支配されたままであったから、その運用を助ける歯車は摩滅していった。

したがって、日本の国家機構は、その起源以来、中央権力と地方権力の分離を特徴とし、天皇は常に氏族同盟の長であった。《氏》は共通の先祖をもち血縁で結ばれた宗教的・社会的・政治的共同体を形成し、その首長は祭司であるとともに裁判官であり、また戦いの指揮官でもあった。氏族同盟の首長である天皇は至上の長であったが、土地と人々に対する君主権は各氏族長が保持し、天皇の権威はあくまで道徳的・宗教的なもので、その役割は政治面では、氏族長同士の争いが人民を二分する内戦にならないよう外交的手腕を発揮することに留まった。もし、失敗した場合はほかの誰かに取って代わられることもありえたが、この至上の首長を出す氏族（つまり皇族）は常に同じで、シナのように全く別の氏族の長が取って代わるなどということはなかった。天皇の一族、すなわち皇族は神々の寵愛を受ける《聖家族》であり、相互の不和・抗争がどうであれ、そこに君臨する人は変わることなく神聖な徳を保持した。おそらく、この理念は、説明する必要さえないもので、至上の官職は天皇一家によって引き継がれることとなったのである。

文化的存在としての天皇

日本の天皇に求められるのは、先頭に立って国民の生活を牽引し方向づけることよりも、国民とともにあって、その大きな動向と精神を反映していくことである。たとえば、今日の技術革新の時代にあって日本が戴いている昭和天皇は、欧米の科学的方法論を身につけた植物学者である。その宮廷は社会のその時々の動揺をまぬかれ、さまざまな時代の澱《おり》が沈んで本質的なものが姿を現しているような閉ざされた世界のままでなくてはならない。

そうした文化的沈殿作業は、ある種の適応不能を引き起こすが、重要なのは、あくまで国民の象徴であることである。新旧二つの世界をつなぐ鎹《かすがい》であった明治天皇は、その二面性を使い分けるやり方を弁えていた。《五箇条の御誓文》と《明治憲法》を発布した近代的天皇という西欧的衣装をまとい、天皇は神聖でまともに見ることはできないとされていたにもかかわらず、恐れることなく肖像写真を世界に晒した。しかし、他方では、古の賢王のように、伝統によって聖化された道徳的価値に準拠して、家族一人一人の教育にも変わらない関心を向け、国民にも語った。その態度はあくまで控え目で、思慮深く、賢君についての儒教的イメージに合わせて人々の意見に耳を傾け、反対意見も寛恕に聞き入れたので、助言者たちからも信頼され称賛された。

何百年来行われてきたように、彼自身は直接行動するまでもなく、すべては、彼の名前で行われた。そして、そうした外見的な柔軟性と謙虚さが何にもまして、国の改革を決意した大臣たちや集団に、この天皇を有能な名君として祭り上げようという考えを抱かせ、何にもまして天皇の立場を強化することに貢献した。こうして彼は、その時代を映し出す鏡であることに成功した。

遡って徳川時代、朝廷はけっして表舞台には出なかったが、それにもかかわらず、豪華絢爛を競う大大名や商人たちが捨てた一つの芸術と建築の本質的なものを桂離宮という洗練された一つの全体のなかに再現し保存することを知っていた。十七世紀（1620-1625）に現れたこのさりげない建築物にあっては、人間と自然の融合が最も興味深い技法を駆使して実現されていることが近年になって発見され、驚嘆の的になっている。

国民文学の頂点を飾る花である和歌も、そのすべてが、天皇の庇護のもとで成熟した。和歌は、宮廷で最も伝統的に大事にされた特別な芸術で、おそらく日本文学の最も独創的な流れを代表しており、その最高の峰々を形成している『万葉集』『古今集』『新古今集』を編纂させたのは天皇たちであった。最後に絵画でも、《大和絵》が、その最も美しい開花のなかで天皇の威光を称揚している。

こうして、天皇は、学者であり英知を湛えた改革者であり、建築家であり、詩人、画家であって、それぞれの時代にあって、その時代が生んだ最良のものを象徴したのである。

天皇の尊厳性の神秘を象徴的に宿しているのが、八咫鏡《やたのかがみ》と天叢雲《あめのむらくも》の劔《つるぎ》（草薙劔《くさなぎのつるぎ》とも呼ばれる）、そして八坂瓊曲玉《やさかにのまがたま》の《三種の神器》である。鏡は太陽神である天照大神または彼女の弟の素戔嗚尊から引き継がれてきたもので、青銅製で八枚の花弁をもつ花の形をしていた。剣は出雲の国を恐怖に陥れた八岐《やまた》大蛇《のおろち》を素戔嗚尊が退治したとき、その尻尾のなかから見つかったとされる。そして、曲玉は、シベリアのシャーマンも持っている鉤爪型の宝石である。三つとも、いまでは物質的には現存しておらず、それらはかなり早くから伝説のなかに溶け込んでしまった。

だが、その同類が、弥生時代の墓や古墳時代の墓からも見つかっており、先史時代の最もすばらしい考古学的物証となっている。鏡がもつ秘密の幻惑力、剣が象徴する力、素材の繊細さによって和らげられているものの動物が獲物を捕らえる爪に形が似ている曲玉と、それぞれに特別の象徴的な力を秘めており、北畠親房（1293-1354）の『神皇正統記』には、次のように述べられている。

「天照大神、高《たか》皇《み》産霊尊《むすびのみこと》相計て皇孫をくだし給う。……又三種の神宝をさづけましまします。……大神、御手に宝鏡をもち給い、皇孫にさづけ祝て『吾児視此宝鏡当猶視吾《わがこのたからのかがみをみることまさになおわれをみるがごとくすべし》。可与同床共殿以為斎鏡《ともにゆかをおなじくしみあらかをひとつにしていはいのかがみとすべし》』とのたまう。八坂瓊の曲玉・天の叢雲の剣をくわえて三種となす。又『此の鏡の如くに分明なるをもて天下に照臨したまえ。八坂瓊のひろがれるが如く曲妙《たくみなるわざ》をもて天下をしろしめせ。神剣をひきさげては不順《まつろわざ》るものをたいらげ給え』と。……三種の神器世に伝《つたう》こと、日月星の天にあるにおなじ。鏡は日の体なり。玉は月の精なり。剣は星の気なり。……鏡は一物をもたくわえず。私の心なくして万象を照らすに是非善悪の姿あらわれずということなし。その姿にしたがいて感応するを徳とす。これ正直の本源なり。玉は柔和善順を徳とす。慈悲の本源なり。剣は剛利決断を徳とす。知恵の本源なり。」

この文章は、これらの道具が大陸との古いつながりをもっていることを想起させる。事実、太陽と月はシナの宇宙観において《陽 yang》と《陰 ying》という二元論の本質であり、この二つの対立あるいは交代が生命を司っているとされる。こうして三種の神器は君主の象徴だけにはとどまらず、宇宙的シンボルを構成しており、このことは、中国の九つの国〔訳注・冀州・沇州・青州・徐州・楊州・荊州・予州・梁州・雍州をいう〕についても、九つの青銅の鼎がその象徴とされていた古い伝説を思い起こさせる。

「夏王朝の創始者、禹は九つの鼎を造らせた。そのうち五つは陽の法に則り、四つは陰の数を表した。彼は職人たちに陰の鼎は雌の金属で、陽の鼎は雄の金属をもって造るよう命じた。そして、これらの鼎は常に水をもって満たされ、時代の動きの吉凶を予示した。夏の桀王のとき、鼎の水が突如沸騰しはじめた。周の末にも九つの鼎は揺れ動いた。すべて王朝が滅亡するときの予兆なのである。」

（王嘉『拾遺記』第二章）

天皇の役目は、何よりも幾つかの儀式を執行することである。それらは季節のリズムに合わせて行われ、今日では政治的・経済的出来事の騒がしさに紛れて目立たないが、歳をとることのない一つの生命の深い搏動《はくどう》を伝えている。

その第一は、新年に行われる《歌会始め》である。新年は、日本では家族生活のうえでも、宇宙的リズムの点でも、最も重要な祭りの一つである。新年には、天皇は一家そろってバルコニーに姿をあらわし、皇居の前に集まった群衆に自らの声で祝いと感謝の言葉を述べる。このときは、群衆は、少なくとも女性たちは、最も美しい着物で着飾ってやってくる。同じような天皇と群衆の間の交歓は、天皇の誕生日にも行われる。昭和天皇の場合は四月二十九日である。四月には、年ごとに国内のある場所を選んで《植樹祭》も行われる。秋には、これもどこかの都道府県を選んで《国民体育大会》が開催される。これら日本文明に特有の行事に加えて、外国外交官との交流（ガーデン・パーティーや鴨猟）、文化的国民的功労者を集めての園遊会などが行われ、皇族や政府首脳が参加する。

宮中歌会始め（1950年ごろ）

このような《祭》については、皇室の誰も無関係ではありえない。大和朝廷の時代以来、日本では政治を指すのに「まつりごと」という言葉が使われたように、《祭》と《政治》は一体であった。今日の言葉の意味では、政治はもはや天皇の仕事ではないが、少なくとも、その起源においては《祭》が《まつりごと》であり、天皇の仕事であった痕跡を遺しているのである。

近代日本の現状においては、《祭》という言葉には、劇場的であると同時に非宗教的、ときには観光客を惹きつける目玉といった俗悪な商業主義の響きが強くなってしまっており、有名な京都の「時代祭」のように、外国人観光客を惹きつけるための新しい企画まで生み出されている。

しかし、たとえ俗化はしていても、そこには、生きている人々の共同体と死者たちの共同体、そして神々の共同体が同じリズムで息づいていた古の感動のなにがしかが保持されている。このリズムの観念がとくに重要なのであって、祭の音楽はハーモニーよりも力強い律動の太鼓の響きが主である。それは、集団の心臓の鼓動を動きのなかに移し替えたものであり、その繰り返しが一種の陶酔状態を醸し出すのである。

こんにちでは、よほど田舎の稀な奇祭は別にして、男たちの裸の激しいぶつかり合い、喧嘩騒ぎ、蛮風、猥褻さといった集団的興奮が露骨に現れるシーンは和らげられている。それらは、おそらく、かつての農民や漁民の厳しい労働から解放された気晴らしと次のシーズンでの豊作や豊漁への祈りを反映したものであったが、画一化された今日の工業社会の灰色の空気のなかでは、単なる模擬的行為に退化しているようである。

とはいえ、その奥に潜む神秘に対しては、誰びとも無感覚なままではいられない。そこには人間と自然、現世とあの世をつないでいる奇妙なモーメントがあり、そのなかで人間たちは神々を味方に巻き込むことによって、幸運をもたらす原理を利用し集団生活を強化するとともに、悪い要素を追い出そうとするのである。自分ひとりでは非力で成功はおぼつかないが、集団になれば奇跡を起こすことも可能かもしれない。そうした最も偉大な力の根源が天皇を中心とした民族的結束である。

ところで、日本人が、縄文時代の狩猟漁撈の生活から農業を主とするようになってから、日本の国土は開拓され、手入れの行き届いた「アジアの庭園」になっていった。今の日本は、稲作とともに誕生し、以来、稲作を食の確保の根幹、社会生活の中心にしてきたといっても過言ではない。今日、都市化の波によって容赦なく浸食されながらも、稲作はいたるところで行われている。

土と水が混ざり合い、蛙が鳴き、天の怒りと静謐が支配しているこの水田は、それだけで一つの小宇宙である。水田は、乾いた土を耕す畑よりも、人間同士および人間と自然による共同作業を必要とする。張り巡らされた用水路網によって公平に配分され、畦で囲まれた一枚一枚の田に満たされた水は、人体における血液に似ている。

今日では欧米文化の影響と工業の発展のために、その本来の意味がぼやけてしまっているが、現代においても、さまざまな行事のなかで最も重要な意味をもっている十一月二十三日の《勤労感謝の日》は、かつては新米を食べる儀式であった《新嘗祭《にいなめさい》》が名称を変えたもので、そこには、米作りに注がれた農民たちの労働と、その労作業に応えて収穫をもたらしてくれた自然への感謝の気持ちが込められている。とくに天皇にとって即位後、最初に行う重要な行事が《大嘗祭《だいじょうさい》》である。天皇が皇居の片隅で毎年、手ずから田植えと稲刈りを行っていることは、稲作と天皇との太古の昔からの繋がり、ひいては、日本の国にとって稲作がもっている重みを裏づけている。

天皇が真実にその尊厳性を獲得するのは、毎年の《新嘗祭》においてであり、このとき天皇はその年に収穫された米を食するが、天皇ひとりで食べているのではなく神々と一緒に食しているのであるとされる。しかも、本来は、家ごと、村ごと、神社ごとにその長によって行われた儀式の頂点として天皇によって行われたもので、非常に重要なので、細かい配置など大部分については、一九四五年にいたるまでは、密かに口伝で伝えられたという。

たしかに、敗戦によって皇居も開放的になり、すべては変わった。しかし、かつても、たとえば十五世紀末から元禄時代まで、封建末期を特徴づけた戦乱のため朝廷は惨めな状態に陥り、大嘗祭も碌に行えない事態が続いた。その後、徳川幕府は、宗教的威信だけは認めて天皇の尊厳を回復したが、それ以外については、天皇に重みを認めることはなかった。

大嘗祭は神々のなかでもとりわけ天照大神に新米を捧げる儀式である。ここでは、「悠紀《ゆき》」と「主基《すき》」という二つの神聖な場所で収穫された新米が捧げられる。〔訳注・前者が主で、後者は副次的な意義をもつとされる。醍醐天皇以後、「悠紀」は近江。「主基」は丹波と備中に固定されたが、明治登極令で前者は京都以東以南から、後者は以西以北から選ぶと定められた。〕また、この食事のために《悠紀院》《主基院》という別の建物が造られ、二つの屏風が用意された。一つは農作業と有名な風景を彩色大和絵で描いた六連の屏風であり、もう一つは中国の古典から引いた詩文の入った水墨画の四連の屏風である。これらは、詩人にせよ学者・画家・書家いずれにせよ、その時代の最もすぐれた芸術家たちの力を結集したもので、その天皇在位時代の芸術の最高峰を表している。

昭和天皇は一九二六年〔昭和元年〕に大正天皇の跡を継いだが、その即位式は、かつて一八六八年に明治天皇が東京に遷都して以来留守になっていた京都で一九二八年に行われた。これは、都は遷されたが、日本人の精神生活においては京都が相変わらず重要な役割を帯びていることを物語っている。儀式では、天皇が担うことになる役目を象徴化した品々〔剣・鏡・玉の三種の神器、「圭」と呼ばれる石、箱に収めた鈴、玉璽《ぎょくじ》、「時の簡《ふだ》」「版位」〔訳注・朝廷で公事が行われる際の席次を記したもの〕など〕が授けられた。その後、即位の儀式が行われ、新しい天皇は大内裏に入り、幾つかの任命を行った。これらの儀式は一見、単調に見えるが、細部においては煩瑣な作法を伴い、それ自体、何百年もかけて整えられてきた過去の遺物であり、そうした確執とせめぎ合いの経緯を知らない人にとっては、その深い意味を知ることはむずかしい。

天皇の本質的役目の一つは節制と浄めを行うことによって、宇宙のよき動きを確固たるものにすることである。浄めとは、まず穢れを避けることであり、ついでは、穢れを消滅することである。したがって、天皇は、ある儀礼を始めるにあたっては、臣下の誰よりも以上に穢れと戦わなければならない。初物を神に供えるに際しては、神道に則って禊ぎを行う。具体的には、祭の一ヵ月前に鴨川のほとりへ行き、宮殿のあらゆる不浄なものが濃縮された象徴的な物を川の中に投げ込むのである。

こうした《穢れ》の観念は、日常生活のあらゆる行動を支配している。すべての物について「浄」と「不浄」があるが、まず第一は身体的汚れであり、ついでは、完全な身体に対して身体の傷害が来る。その最も典型的なのが傷口から血が噴き出す光景である。これは、はじめてキリスト教を伝えた宣教師たちが、十字架上のキリストの像に対する日本人の反応としてぶつかった問題であった。同じ精神状態から、死者に対する忌みの問題が生じる。かつて古代ギリシアでも、アポロ神の聖地であるデロス島では、死者が出た場合、死体は隣の島に埋葬しなければならなかったように、日本でも、ある聖域のなかでは出産も死もあってはならないことであった。

《不浄》の観念は、物質的分野にとどまらず、損壊、破壊を引き起こす、すべてに広がった。なかでも重大とされたのが社会秩序の破壊である。「お祓いの祝詞《のりと》」には、穢れに関わる基本的行為が要約されている。水田の畦や稲作のための用水システムを壊すこと、すでに種を蒔いた土地に重ねて種を蒔くこと（これは、土の養分を壊すとされる）、土地の境界を勝手に線引きしたり、他人が所有している家畜に傷を負わせること、これらは神聖であるべき所有権を毀損する行為である。また、意図的にせよ偶発的にせよ火事を起こすこと、盗みを働き、あるいは自分の義務を果たさないこと、これらは、いずれも社会秩序に対する罪であり、社会の頂点にあってその秩序を統べる天皇は、そうした「浄め」を担う最高責任者なのである。天皇の身体は、あらゆる聖霊を集めたアマルガムでなければならない。そうであってこそ、不吉な力に対抗できるのだ。

同じ観念から、さまざまな《方違《かたたが》え》の禁忌が出てくるが、そうしたある方角が吉か凶かを占う能力も天皇には備わっているとされる。暦のうえでのある日に、ある方角へ向かうとよくないことが起きるとされ、そのような場合は、いったん別の方角へ向かい、そこから目的の場所に向かえばよいとされ、これを《方違え》という。同様の用心深さは、家を建てるのにも、ちょっとした修繕をするのにも発揮され、天皇は、江戸時代になっても、さまざまな機会に《方違え》のための行動を採っていたことが分かっている。

この種の禁忌の項目は多岐にわたり、その解釈もきわめてデリケートだったようで、平安末期の関白、藤原忠實の日記『殿暦《でんりゃく》』を読むと、彼らの日々の行動がいかにこうした禁忌によって左右されていたかが分かる。たとえば永久二年（一一一四年）、彼は藤原家の氏神である春日神社の修復のため奈良へ行かなければならなかったとき、金神《こんじん》〔訳注・陰陽家で祀る方位の神で、この神の方位に向かって土木を起こしたり移転すると家のなかで七人が命を失うと忌まれた〕の方違えのために、陰陽師の賀茂光平に相談し、いったん別のほうへ向かってのち、目的地をめざしたことを記している。

ここで、神道に基づく儀礼を行うための判断を陰陽師に意見を求めているように、当時の人々が神道自体と同様、あるいは、それ以上に、シナの陰陽道から強い影響を受けていたことが分かる。

仏教からの影響も大きく、朝廷では仏教思想に由来するさまざまな儀式が行われた。なかでも盛大なのが七六七年に始まった《御斎会《ごさいえ》》〔訳注・一月の八日から十四日まで七日間にわたり、金光明経を講説し、国家安泰・五穀豊穣を祈った〕であり、また仏の誕生を祝った《仏生会《ぶっしょうえ》》や仏に香入りの水を灌《そそ》ぐ《灌《かん》仏会《ぶつえ》》も、八四〇年五月十二日から清涼殿で行われている。八三三年から始まった貧しい人々への施しを伴う《文殊会》は、京畿の諸国や諸寺でも行われた。仏の慈悲をあらゆる生き物に広げ、捕獲された生き物を買い取って放す《放生会《ほうじょうえ》》〔訳注・陰暦八月十五日または秋の彼岸に行われた〕は七二〇年から始まっている。

このように儀式が増えると、これらを古来の神道の行事とどう調整するかが大きい難問になった。しかし、徳川時代になると、朝廷では仏教は重んじられなくなり、ほとんど専ら神道の儀式になっていく。

皇室の系譜

明治維新にいたるまで、天皇家では、血統を絶やさないために実質的に一夫多妻が普通であり、そこから、正妻が不妊であった場合の《嫡子》の概念の柔軟性や生まれと建前上の繋がりのもつれ、側室が生んだ男児のなかで誰を跡継ぎに選ぶかといった複雑な問題が生じた。《皇后》は、平安時代以来、五摂家〔訳注・藤原氏のなかでも、摂政・関白に補せられた近衛・九條・二條・一條・鷹司の五家〕の娘に限られることが慣例化していたが、側室制度があるかぎり、男系親族の確定は必ずしも容易ではない。五世紀から六世紀のころは、皇后に男児が生まれなかった場合、自発的にせよ強制的にせよ、兄から弟へ譲位されたり、養子を取った事例もしばしばあり、これも、血統の問題を微妙にした。

子供がたくさん生まれ、政治的に厄介な問題になった場合、皇位継承に関係のない分枝は、皇族身分から切り離され、野に下って新しい氏族を創設し、多くは定着した土地の名を姓とした。このため、源氏と平氏の抗争に現れるように、朝廷から切り離された家族グループは、さまざまな問題の火種となっていく。その反対に、大貴族たちは、競って娘を入内《じゅだい》させることによって天皇家との結びつきを保とうとしたから、これが大貴族たちの激しい抗争のもとになった。自分の娘が皇后となり、生まれた男児に皇位を引き継がせることによって、天皇の外祖父という特権的立場を得ることができたからである。

歴代天皇は、神話的な初代天皇の神武から現在の第一二四代にいたるまで、大阪平野に墳墓を遺している古代の君主たちの末孫であるというのが正しいとしても、その血統の淵源を辿っていった場合、悠遠の時間の流れのなかでは、人々のそれともつれ合ってしまうとしても、驚くには当たらない。

第六章　宗教思想

　こんにちの日本は、カッサンドラがその虚しさを指摘している経済的繁栄の奇跡の聖地として、物質的繁栄に心身を捧げているように見える。〔訳注・ホメロスの『イリアス』のなかで、トロイのプリアモス王の娘カッサンドラは、トロイの滅亡を予言し警告を発したが、聞き入れてもらえなかった。〕そこでは、コンクリートの道路が大地の起伏も海をも埋めて延び、都市には高層建築がそびえ立っている。人間の目を疲れさせるけばけばしい広告が溢れるなか、奇抜な衣装をまといロング・ヘアーを靡《なび》かせる若者たちのエレキ・ギターと自動車の騒音が街を行く人を驚かせ、そのリズムをデモ行進の叫び声が、ときどき破る。テレビでの野球の試合中継の音や応援する群衆の歓声、パチンコ屋の騒音が街じゅうに溢れている。

　昔から日本といえば思い浮かべられた静かな精神生活は、いまやどこかに追放されてしまったように見える。東洋的な英知と思索は、どこで営まれているのだろうか？　禅が教えた内省的生活、活け花や茶道のような静謐の文化的伝統は、どこに息づいているのだろうか？　それに部分的に答えたのが、たぶん、二人の有名な作家の自殺ではなかったろうか？

　どちらも日本の伝統文化に深い関わりを持ち、それゆえにこそ文化的未来に関して同じ絶望にぶつかったための自殺であったように見える。ノーベル賞作家、川端康成（1899-1972）の自殺と、その二年前の、さらにドラマティックな三島由紀夫（1925-1970）の腹切りは、現代日本人が忘れてしまっていたものを浮き彫りにした。もとより、彼らの自殺のほんとうの理由を突き止めることは、不可能ではないにしてもきわめて難しいことであり、この二人の相次いだ自殺は偶然の一致であったかもしれない。

しかしながら、重要なのは、その本人の真意が何であったかよりも、それが引き起こした反響である。戦争とその敗北がもたらした不幸を他の人々が雄々しく引き受け繁栄を築いている一方で、なぜ彼らは、ドラマティックな自殺という行為に走ったのだろうか？　あたかも現在の日本の繁栄は、ある人々にとっては一九四五年のカオスよりも悪いことであるかのようである。そこで、突如躍り出てきたのが、「空虚」と「虚無」、「幻想」と「現実」、「魂」と「世界」といった言葉である。

彼らの行為は、精神的死の兆候であるよりも、むしろ遥かに強大なヴァイタリティーを表していたのかもしれない。人生の本質的目的が見事な死に方にあるとするのは、なにも日本が唯一の国ではない。自己破壊を容認する文明にあっては、あることを達成したと判断したときやそれが不可能であると判断したとき、自らの手で終止符を打つことでドラマは山場を迎える。

事実、現実生活の華やかな表面的動きも、深い真実に結びついていないわけではない。表面に現れたものも、今日の世界の結果ではなく日本人の気質によるものであり、彼ら自身も気づいていないが、日本人の心象の基盤にある本質的なものが現れたのであって、そこには過去の多くの教訓と伝統的な信仰の痕跡が刻みつけられているからである。

日本人の伝統的信仰は、ユーラシアのさまざまなところからやってきた要素が一種のシンクレティズムの形のもとに融合したもので、それが日本の宗教的・知的生活を涵養しつづけている。ある意味で日本は、その源泉の豊かさと広がりによって、世界でも最も口幅の広い宗教的坩堝であるということができる。もちろん過去には、一定の開放期のあと、あらゆる港を閉ざして自己の内に閉じこもり、外来の要素の消化に専心した時代もあったが、こんにちでは、摂取と消化、反芻が同時に連続的に行われている。そこから時として、精神と儀礼のある種の混同が生まれる。加えて、国民的心理のなかで道徳的感覚や深層の感動しやすさと、明らさまな実利主義との絶え間ない妥協が行われ、実践においても、宗教と政治、哲学が混じり合うのが見られる。

現在の日本の思想的興奮のなかには、同じように政治的色合いをもつ二つの流れを見分けることができる。一つは復古的な国家主義的価値に深くこだわり、日本の独立性と永遠性を主張する流れであり、もう一つは、アジアの解放と共産主義化をめざしてマルクス主義的イデオロギーを唱える流れである。二つとも、現代の国際協調のなかでの日本の優位（あるいは少なくとも役割の重要性）を強調する。要するに、第二次世界大戦の敗北によって破綻した《日本主義》と《大東亜理論》が、いまや経済的・知的あるいは政治的（もはや好戦的ではないが）な形をとって再現しているのであって、倫理の物質化という現代世界の本質的問題に立ち戻ることになるのである。

新宗教

たしかに日本は、一九四五年の敗北で打ち沈んだ精神的破滅の淵からすでに立ち直ったように見える。度重なる爆撃で心身ともばらばらになった日本人たちが今日立ち直ることができた陰には、大衆にとりあえずの逃げ場を用意した新宗教運動が、それなりの働きをしたことに触れなければならないであろう。神経質で粘り強い日本人たちは、大衆の手の届くところに置かれた楽観主義に自分たちの未来のパン種を見いだしたのであった。彼らにとって敗戦は一連の過ちの当然の結果でしかなかったから、これまでの日本を公的に支えていたイデオロギーの無能は証明済みで、もっと別のものを見つける必要があった。それが《新宗教》であった。

こうして、これまで時代の流れから遠ざけられ迫害さえされてきたものが再生の希望を抱かせたのである。いずれも、教義が単純であり、入会手続きが簡単で、人々にとって近づきやすいことが特徴であった。しかも、少なくともその起源においては、知識人や富裕層を打倒しようというのではなく、社会の多数派である貧困階層、第一次世界大戦の終わり以来、失業と低賃金と闘ってきた労働者や農民に訴えかけるものをもっていた。

近代日本のこの信仰への欲求は、日蓮の国家主義的・戦闘的旧仏教を再生した創価学会の庶民の場合はっきりしているが、それ以外は、一見したところ明白ではない。仏教と神道が幾多の困難な時代にも変わることなく活力を保ち歴史的持続性と外観的均質性を示しているのに対し、いわゆる新宗教の多くは、シナの陰陽道などの古い（あるいはキリスト教のように比較的新しく持ち込まれた）外来思想から借りた要素をもっている。そこでは、一神教と多神教が独自に総合されていて、「新宗教」という呼び方自体、あまりにも無邪気な表現であるという感がある。

そうした特徴は彼らの建築にも表れている。彼らの聖堂は、しばしば公共建築物のような堂々たる趣を示しているが、これ自体、根本的に極東の伝統を色濃く反映している。というのは、シナでは儒教はその英知と宗教と行政を一つの全体のなかにはめ込んだもので、その「神の宮殿」は王侯のそれに似せて造られるからである。このシナを手本に、日本でも礼拝用建築は宗教的建築の特殊性をそれほど強く示さず、そこには、西欧における初期キリスト教の集会用建物から中世のカテドラルへの飛翔のような移り変わりはない。つまり、日本の寺院の多くは、隠退した領主の隠居所であったのが、主《あるじ》の死とともに寺になったのであり、その場合、構造よりも美しさが、寺として遺される決め手になったようである。

新宗教の場合、天理教、霊友会、大本教、世界救世教あるいは一燈園〔訳注・明治三十七年に西田天香が創立した修養団体。京都市山科区〕など、いずれも、そうした伝統的建築にヒントを得て造られており、畳の黄金色、木の温かみ、障子の引き戸から入ってくる乳色の光は、信者を自宅の親しみやすい空気のなかに浸らせる一方で、その大広間の壮大な規模は、これらに未知の空間の荘厳さを付け加えている。

その反対に、創価学会など幾つかのものは、コンクリートとガラスによる大胆な建物のなかで現代世界への順応を示すとともに、団体の財力の大きさを誇示している。三五教《あななない》のそれは、近代的でシンプルかつ量感のある建物にシナ風の屋根をのせ、過去と現在を綜合しようとしているように見える。もっと驚かされるのが立正佼成会の本部である。全体は鉄筋コンクリートとガラスによる円形の建物で、そこに、インド風の屋根を頂いたストゥーパを想起させる幾つかの塔が配されている。

インド風の屋根が特徴的な立正佼成会本部

これらは、人々に尊敬心と安心感を呼び覚ますためであるとともに、単調な日常への気分発散として催される祭のために考案されたのである。人間的温かみの欠如に苦しむ市民や、日々の労働に疲れた農民たちは、この日常離れした壮大な建物で催される祭を通して、共通の信仰に生きる仲間のなかにいるという安心感と明日への希望を手に入れたのであろう。

この新宗教の神々は、まず何よりも精神や身体の病を奇跡的に癒やしてくれる魔術師であった。そうした宗教の病気治癒力は、アメリカのクリスチャン・サイエンスの影響のもとに大いにもてはやされ、ある種の人々に対しては、一時は、医師から絶望的と宣言されても揺るがない確信と希望を与えたほどであった。これらは、どんな試練にも耐えられるとするシステマティックな楽観主義を基盤にした自己暗示のやり方として考察されることが可能である。事実、教祖たちのお告げを記した《書き物》（天理教の「お筆先」のような）を読むと、そこには、彼ら自身がそのように認識していたかどうかは別にして、キリスト教的終末観と《神の王国》の到来への期待が刻み込まれている。

これらの新宗教は、絶大な役割を果たした「教祖さま」が亡くなると、多くは幾つもの集団に分裂した。この種の新宗教の創始者で最も顕著なのが出口王仁三郎（1871-1948）である。彼は、もともと上田鬼三郎といったが、極貧と家庭の不幸のどん底で「神がかり」になった女性、出口なおと知り合い、彼女のもとで信者たちを統括する仕事をしているうちに、彼女の養子になり、最後の審判のあとの世界の立て直しを説く教団を共同で設立した。いわゆる大本教である。彼は視野を国際的に広げて極東の他の宗教的グループと交流し反戦主義を唱えたため、一九二一年（大正十年）と一九三五年（昭和十年）の二度にわたって当局から弾圧を受け、一九四二年（昭和十七年）に監視付きで釈放されたあとは、余生を書と陶芸に過ごした。

同じように「神がかり」になった中山みきを教祖として生まれた天理教も、よりよい世への渇望のなかで芸術、とくに音楽に重きを置いた。世界救世教も地上に楽園を建設することを謳い、箱根に独自の庭園を造っている。いずれにおいても、芸術は、究極目的である楽園を描くものであるとともに、芸術の創作自体が神に至る道ともされる。大本教も、そこから派生したＰＬ教も、芸術をとくに重視し、大本教の本部には絵画や陶芸などの制作のためのアトリエがあり、希望する信者たちはそこで自由に時間を過ごせるようになっている。そうした芸術と生活の緊密な結合には、日常生活の最も些末な行動にも精神性を染みこませる日本人の何百年来の伝統が現れていると見ることもできる。

これらの新宗教がもたらした最も独自なものは、おそらく個人としての存在に重要性を与えたことである。個人は初めて、血縁的・地縁的集団のなかに埋もれた存在ではなく、自らの意思で自由に選択する主体者として受け入れられ、悩みの告白に対しては幹部たちも教団全体も関心を寄せてくれるし、苦しみを和らげようともしてくれる。それぞれの個別ケースが、人生と同じく曲がりくねった道のモデルとして認めてもらえる。

たしかに、単純化しすぎた楽観主義は、失望に終わることもある。しかし、人間同士と人間と神の関係の個人化は、おそらく日本の伝統的な社会関係の質を根底から変える可能性を秘めていた。こうして、経済的決定論が世界の半分を共同体の物質的生存確保のための広大な作業場にしている時代にあって、それと逆行する現象が日本社会の一部で起きているのである。古くから共同生活に慣れたこの社会で、いまや、キリスト教を想起させる人格主義が花を咲かせているのである。そこでは、人々は、幸福への希望を取り戻し、あまりにも非人格的な過去の哲学によって不安定化されていた自己への信頼の輝きを見出そうとしている。

理屈っぽいアジアのなかにあって、情動的な小島である日本は、以前と同様こんにちも、知識人たちが説く道徳的物質主義への逃げ道を探している。上流階層の法律主義的合理主義と庶民の情念的優しさとの間にある対立と相異は実際に相容れないものであろうか？

新宗教は旧宗教に対してと同じように、来るべきイデオロギーとも妥協するであろう。ただし、創価学会は別である。というのは、彼らの場合、教理的排他性と政治的意図があまりにもはっきりしていて妥協できる糊しろがないからである。それ以外の新宗教は、想像力という人間精神の内密で活力あるこの部分に依存して社会的生活のなかに同化し、伝統的宗教を破壊しないばかりか、それらに現代世界に適応するよう促しながら、協力し合うだろう。

儒教倫理

第二次世界大戦後、日本においては、儒教は学校教育から公式に追放された。儒教倫理は、一国あげて戦争に駆り立てる精神的口実に間違って使われたからである。このとき、シナ海を挟んで両岸に樹立された二つの体制が、同じような理由から、同じイデオロギー的内容に対して非難の言葉を投げつけ、古代中国の遺産を排斥するという歴史のパラドクスが生まれたのであった。しかし、一時の熱気はいまでは少し和らぎ、政治的影響力を排除しつつ儒教の研究が行われるようになり、シナの古典研究も名誉を回復しつつある。もとより現在では、儒教は公式には日本政治の哲学的基盤ではなくなっているが、それでも伝統とのつながりが再生しつつあることに変わりはない。

重要なのは、朱熹《しゅき》（1130-1200）によって打ち立てられた《新儒教主義》である。彼の「理学 Li hiue」は古代儒教思想を刷新し、二十世紀にいたるまで中国哲学の主流となってきた。儒教の古典である四書（大学・中庸・論語・孟子）に彼が註釈を施した『四書集注』は一三一三年から一九〇五年にいたるまであらゆる世代の学校の教科書とされ、役人登用試験「科挙」の基本教材であり続けた。日本では、朱熹の著述は、十三世紀に僧たちがシナから持ち帰ったときから知られていたが、もてはやされるようになったのは思想の転換が起きた十六世紀末からであり、とくに徳川時代には、幕府公認の哲学となった。

儒教の道徳的・社会的階級主義は、封建的分裂のために流血の事態まで生じていた日本のなかに相互依存と協調の論理的枠組みを持ち込んだが、新儒教は、封建領主のなかで最後の勝者である徳川将軍に公認されたことから、あらゆる問題を解決するための揺るぎない価値測定基準をもたらしたのであった。それに加えて、日本は、このおかげで、それまで寺院の専有物であった思考を宗教的束縛から解放し、人間のものにすることができた。

その功績は、もともと臨済宗の僧であった藤原《ふじわらの》惺窩《せいか》（1561-1619）に帰せられる。日本の朱子学は、彼が宋代中国哲学の教えを臨済宗の仏教的命題から切り離したことによって始まった。こうして、中国的思想の論理性が日本的情念を覆い、その水路を満たすようになったのであるが、そのために日本的独自性が失われることはなかった。日本では、神道にせよ仏教にせよ儒教にせよ、シナからもたらされたものは、古くからの地方的信仰に結びつけられることによって発展してきたため、もと仏教僧であったこの新しい哲学者たちにとっては、この新しい精神文化も、これまで日本人が何度も経験してきたプロセスのなかに体系化するだけで充分であった。

この新儒教主義のめざしたものは、儒教の英知を練り上げる方法を教えることであった。人間世界の外での救済を求めた仏教に対抗して、新儒教は、理想を人間社会内部に置いた。そのためには、通常の行動を浄化するうえで簡素さ（無欲・無為）を宣揚した禅宗の教えが大いに役立った。

新儒教はシナにおいて、心学（Sin hiue）と理学（Li hiue）の二つから成っていた。〔訳注・心の修養を重視する行き方を心学。それに対し、人性と宇宙の関係を明らかにするのが理学。〕日本では、このうち心学を支持したのが林羅山（1583-1657）であり、後者を支持したのが山崎闇斎（1618-1682）である。そこには、万物の根源を成す《気 Ki》に対する作用において《心 Sin》と《理 Li》のどちらを重いとするかという知的態度の違いがあるが、道徳的態度では差異はない。いずれにせよ、気はガス、あるいはエーテルのような第一物質で、陰と陽という相補う力によって、凝縮して物体を形成したり、分散して解体したりするのであって、人間もそうした全体の一部分でしかないというのである。

朱熹と理学派によると、理が支配する抽象世界と、理が主質である気に働きかけて形成された具象世界とがある。それに対し、朱熹の友人の陸九淵（1139-1192）と心学派にとっては、存在するのは心の世界のみで「宇宙は我が心、我が心のほかに宇宙なし」である。王陽明（1472-1529）にとっても、《理 Principe》は《心 Esprit》なくしては存在しえない。《理》は、心が宇宙の立法者として形成したものであり、加えて、「知は行を支配し、行は知を導く」のであるから、人は知的鍛錬によって知と行を合一させることによって、すべてに浸透する偉大な人格になることができるという。この王陽明の説は、日本でとりわけ高く評価され、仏教の形而上学的統一性と道教の形而上学的統一性を結びつけることによって、宗教的シンクレティズムを加速させた。

心学派と林羅山にとって、実践の基盤は《知》であり、自然の理を理解することである。この探求が主知主義、合理主義、そしてたえず改められる倫理規範の学問的研究へと進んでいく。他方、理学派と山崎闇斎にとっては、重要なのはみずから経験することであり、知識は突如やってくる。なぜなら、宇宙の恒久的秩序である理は、自己自身で把握しなければならないからである。この観念は、理の認識に近づくためには、倫理的鍛錬と克己による徳の追求が大事であることを含意している。

新儒教主義のこれら二つの流れは、日本人のメンタリティー形成に寄与し、とりわけ阿部吉雄（京大哲学教授）が強調しているように、明治維新で主役を演じた知的精神的飛躍をもたらした。たしかに、新儒教主義が果たした役割は、たとえば林羅山とその末裔が幕府御用達の儒学者として日本人の精神生活の監視役を務め、自由な論議を抑圧したため、ネガティヴな印象が強い。しかし、同時に、林家は、弟子たちに柔軟で百科全書的な高度な知的鍛錬を課し、それが改革的精神に道を開いたことも忘れてはならない。それに対し、山崎派は、その道徳的厳格さによって幕府体制に安定した秩序をもたらした。最後に、独創的思想家の荻生徂徠（1666-1728）は、文学・歴史・政治を儒教的英知に従属させることによって、各人の救いのためではなく、人民全体の安全と安楽という実用的目的へ向かわせようとした。

十九世紀の日本で新儒教主義が果たした役割は、シナにおけるのとは正反対である。大陸中国では、儒学者は一つの社会的階層を形成し、権力に対して強力な政治的圧力集団になっていた。それとは反対に日本では、儒学者たちはさまざまな出身者によって構成され、階級的には侍の下に置かれて、助言者の役割を演じるにとどまり、彼らの教え、批判、行動は、当局の直接の流れの外に置かれ、エリートに対しても大衆に対しても、ただ教育を通してしか浸透できなかったが、その無私無欲ぶりによって、人々を目覚めさせる一因になった。したがって、新儒教主義は、こんにちでは、批判の矢面に立たされているが、十九世紀には、侍、農民、商人など、さまざまな人々のために倫理規範を整理するなどの影響力を及ぼした。

なかでも最もよく知られているのが侍に対するそれで、それまで知られていなかった愛他主義を織り込むことによって、戦士的行動規範を文人のそれにまで高めようとした。それについては儒学者であるとともに兵学者として武士道に大きな影響を遺した山鹿素行（1622-1685）の文章が雄弁に語っている。

「師嘗て曰く、およそ天地の間、二気の妙合をもって人物の生々を遂ぐ。人は万物の霊にして万物は人に至って尽く。ここに生々無息《やむなき》の人、或いは耕して食をいとなみ、或いはたくみて器物を作り、或いは互いに交易利潤せしめて天下の用をたらしむ。是農工商不得已《やむをえず》して相起れり。而して士は不耕《たがやさず》してくらひ、不造《つくらず》して用ひ、不売買《うりかいせず》して利する。その故何事ぞや。我今日此の身を顧みるに、父祖代々弓馬の家に生まれ、朝廷奉公の身たり。彼の不耕不造不沽《うらず》して士たり。士として其の職分なくんば不可有《あるべからず》、職分あらずして食用足《たら》しめん事は遊民と言うべし。一向心を付けて、我が身について詳らかに省み考ふべし。……凡そ士の職と云ふは、其の身を顧み、主人を得て奉公の忠を尽くし、朋輩に交わって信を厚くし、身の独りを慎んで義を専らとするにあり。……されば形《うわべ》には剣戟《けんげき》弓馬の用たらしめ、内には君臣朋友父子兄弟夫婦の道をつとめて、文道心に足り武備外に調うて、三民自ずから是を師とし是を貴んで、其の教へにしたがひ其の本末を知るに足れり。」

（『山鹿素行全集』）

ここに見られるのが、のちに《武士道》として知られるものである。単なる戦い好きの男が道徳家になったのである。そこからさらに繊細な文人になるには、幕末の吉田松陰（1830-1859）の一歩で充分であった。賢人についての極東的理想においては、「行動の人」は「考える人」に結びつけられた。この点では、現代世界の偉人たちは、すぐれて儒教的である。

しかし、この高尚で道理正しい道は、低い身分の人たちの苦しみを鎮めてやったり単純な欲望を充たしてやるのには向いていなかった。とはいえ、彼らの苦しみや欲望を放置しておけば社会構造全体が崩壊する事態になる恐れがあったから、放っておくわけにはいかず、彼らには、儒教は仏教と神道の古い教えの知的基盤として示された。他方、商人や農民のなかでも先進的な人々（地位とともに生活が相対的に向上したことによって精神的にも向上していた）は、中国の王陽明の哲学に宗教的要素を見出し、それが神道と混じり合って広がった。

中江藤樹（1608-1648）と熊沢蕃山（1619-1691）は正統派儒教が厳格さを重んじるあまり忘れていた人間的意識を重視し、一つの独創的な総合を成し遂げた。

「天帝は無限であるが、万物の究極の目的である。それこそ絶対的真理であり、絶対的精神である。」

（『藤樹先生全集』第一巻）

かつて短期間であったが、日本においても、民衆のなかで最も進んだ階層に支持され、未知の地平線を垣間見せたキリスト教が、いま再び、その代用物を鍛え出すかのようにすべてが進行したのである。

キリスト教の呼びかけ

寛容の時代である現代では、日本でもプロテスタントやカトリック、正教会、さらには日本で独自に生まれたキリスト教団など、多くのキリスト教集団があり、自由に説教し布教している。その活動は、全般的に明治の開国以来、社会的、教育的なものであった。しかし、教育的活動であってもまったく障碍に遇わないわけではなかった。というのは、彼らの活動は、ときに日本の民主化に結びついていて、キリスト教徒以外の人々には政治的活動に見えたからである。たとえば二十世紀初頭、クリスチャンの安部磯雄（1865-1949）が、文化的進展の誘因をより平等な社会の実現にあるとする社会主義思想を提唱したのがそれである。

本来、キリスト教は、政治的観点から見ると、不平等な階層的人間観に基づく古い秩序を壊す要素を秘めていたから、戦前の日本、とくに日露戦争当時の国家主義の熱気に包まれた日本においても、さらには徳川時代においても、警戒の目で見られて当然であった。最初にキリスト教の社会的ドラマが頂点に達したのが島原の農民叛乱とそれに対する弾圧（1637）事件であったが、それは教理的深みから出たものではなかったし、迫害と恐怖によって転向を迫るものに較べると、まだ、それほど深刻なものではなかった。

反権力的教理を教えている疑いありとして《踏み絵》を強要し「信仰の撤回」を迫った弾圧のなかで崩壊したのは、「挫折した殉教者の尊厳」よりも、文化の総合への希望であった。日本におけるキリシタン弾圧のドラマが映し出しているのは、同じくらいに洗練された高度な二つの精神文明が、互いに理解し合えなかったというドラマであり、そこから生じた苦痛と失望は、長くあとに尾を引いた。

十六世紀のこの仏教とキリスト教の出会いは一つの情け容赦のない幻滅の歴史であり、東洋と西洋の誤解の淵源になった。一五四九年に日本にやってきたフランシスコ・ザヴィエルは、仏教の道徳的教えを聞いて、それがイエスのそれにきわめて近いことを知り、そのまま活用できると感じた。このとき「キリストの使徒」を奮い立たせたのは、狂気のような熱情と普遍的兄弟愛の神秘的夢であった。彼が抱いた希望は美しく、伝播力をもっていたので、遥かなヨーロッパの人々の心をも掻き立てた。東洋学者のギヨーム・ポステルは、その波紋は西欧の堕落した風習を刷新しようとする心をさえ呼び起こしたとし、著書の『世界の驚異』（1553）のなかで、ランチロット師がコーチン（南インド）からイグナティウス・デ・ロヨラに送った手紙の「仏教はキリスト教世界への啓示である」という一文を引用している。

しかしながら、同じとき、ザヴィエル自身は幻滅しはじめていた。布教師たちは、まずマカオの布教学校で大急ぎで日本語を学んだのだったが、さらに深く学ぶうちに、日本人たちが、ほんとうは理解していないのに儀礼的に同意してみせているに過ぎないこと、一見似ている二つの道徳性の下に、じつは正反対の世界観が潜んでいることに気づいたのである。布教の進展とともに、次第に、双方に落胆と怨恨が入り込んでいった。商人たちの妥協、ヨーロッパ人神父たちの内輪もめが、それに輪を掛けた。一五九七年二月五日、長崎で二十六人のキシリタン信徒が処刑され、最初の殉教者となった。これが憎しみの始まりで、あとには希望はなかった。

「……『いつぞや、こう申したことがあるな。この日本国は、切支丹の教えにはむかぬ国だ。切支丹の教えは決して根をおろさぬと。……かつて余はそこもとと同じ切支丹パードレに訊ねたことがある。仏の慈悲と切支丹デウスの慈悲とはいかに違うかと。どうにもならぬ己れの弱さに、衆生がすがる仏の慈悲、これを救いと日本では教えておる。だが、そのパードレは、はっきりと申した。切支丹の申す救いは、それとは違うとな。切支丹の救いとはデウスにすがるだけのものではなく、信徒が力の限り守る心の強さがそれに伴わねばならぬと。してみるとそこもと、やはり切支丹の教えを、この日本と申す泥沼のなかでいつしか曲げてしまったのであろう。……パードレたちが運んだ切支丹は、その元から離れて得体の知れぬものとなっていこう』。そして筑後守は胸の底から吐き出すように溜息を漏らした。『日本とはこういう国だ。どうにもならぬ。なあ、パードレ』。」

（遠藤周作『沈黙』新潮文庫）

キリスト教が日本での布教に失敗した最大の原因は、アジアのどこよりも日本では仏教が活力をもっていたことにあった。キリスト教からすると仏教は、偶像崇拝の宗教であり、残忍で奇妙なライバルであった。ラ・モット・ル・ヴァイエ〔モンテーニュの思想を引き継ぎ、懐疑こそ唯一の正しい精神的態度であると主張したフランスの思想家。1588-1672〕は、さまざまな国や時代の道徳説を比較対照した結果、《至高の哲学》について語っているが、彼が言う至高の哲学とは、未知な何かのイデオロギーのことではなく、思想の自由を讃えて述べているのである。

二つの世界のこの最初の出会いは失敗した。しかし、このときの傷口がふさがることはないなどと誰が言うことができるだろうか？　最初の宣教師たちの驚き、キリスト教がこの遥かな地にまで広まるだろうという幻想は、根拠を失ったわけではなかった。西欧と同様、日本でも隣人愛と救いの宗教が勝利した。その符合があまりにも衝撃的なので、かつてネストリウス教がアジアに浸透した痕跡ではないかと考える人々は今もいる。〔訳注・ネストリウスは、ギリシア式にいうとネストリオス。五世紀のコンスタンティノポリスの総大主教で、三位一体に反する説を唱えたことからヨーロッパでは異端宣告を受け、エジプトに逃れて亡くなったが、彼の教えはアジアに広がり、中国にも唐の時代に浸透し、「景教」と呼ばれた。〕

仏教

〔仏教の背景〕

日本の仏教はシナの仏教の流れを受け継いでおり、そのシナの仏教はインドからやってきた。したがって、仏教を理解するには、インドのブラフマニスムの形而上学的絶対者信仰に助けを求める必要がある。ブッダである釈迦牟尼は、前一千年紀の中頃すなわち西暦前五〇〇年ごろに、このブラフマニスムに対抗して立ち上がった改革者だったからである。

インドのブラフマニスムは、無限にして一なる神を立て、われわれが見ている有限なこの現実世界は幻影であり空（mâyâ）であって、永遠にして捉えることのできない海が生み出す波の束の間の形でしかない。われわれが知覚することのできないこの世界は、魂として《アートマン âtman》をもっており、その唯一にして非人格的な形が《ブラフマン brahman》である。各人は、魂を神（ブラフマン）に同化し、本来の海に回帰させることによって救われる。

しかし、このブラフマンとの合一を達成するには長期にわたる修行を要し、輪廻転生を繰り返すなかで幾つもの段階を登らなければならない。その間の生命の行動それぞれが善悪いずれかの果報を生み、それによって上昇できるか下降してしまうかが決まる。したがって、大事なのは、ブラフマンとの合一をめざして不断に向上するよう自らの生命を導くことである。そのためには、バラモン僧の教えに忠実に従うことで、バラモン僧こそ神と人間の唯一の仲介者である――というのがブラフマンの宗教の骨子である。

初期の仏教徒たちは、この特権貴族化したバラモン僧の教えに反対して、解放（解脱）は万人平等の手の届くところにあると主張した。シャカムニはベナレスの説教において、バラモン僧も生け贄の儀式も不要であるとし、魂の存在と唯一の神への回帰も否定した。彼にとって輪廻は因果の法に支配され、いかなる仲介も意味を成さない決定論的事実である。この輪廻の輪から脱出するには、四つの真理を覚知しなければならない。それは、第一に、生命は万物の無常のうえに成り立っているのであるから苦以外の何ものでもないこと。第二は、現実は欲望と生きる渇きを原因とする苦しみの集まりであること。第三は、苦しみから脱するには欲望を排することであり、そうすれば誕生も死もなくなる。そして第四に、ブッダが歩んだ道を辿ることによって欲望を無くすることができるのである。

インド思想に言わせると、われわれの感覚はわれわれを誤らせるものであるから、真の認識に到達するためには感覚から解放される必要がある。こうして、解放は信仰の成果であるよりも、理性の成果である。インドの初期仏教徒たちが勧めた道は、外から救ってくれる仲介者によるのでなく、教師あるいは導師として現れる人の助けによる万人に通じる生き方である。

そうした初期仏教は、多くの内容豊かなシャカムニの教えを伝えている。当時の仏教徒集団を構成していたのは、世俗の生活から逃れた人々で、彼らが唱えた言葉に「仏と法と僧の三つの宝にわが命を帰する」がある。「ブッダのもとに身を寄せ、ブッダの教えに従い、ブッダの共同体に従う」というのである。

出家の僧も在俗信徒も歩むべき道として示されたのが《八正道》である。「正しい見方によって正しい思惟、正しい語、正しい行動、正しい命を知り、それらを成就するために正しく精進し、正しい心の持ち方を維持し、正しい禅定を行い、涅槃に至る」というものである。要するに、正しい実践によってあらゆる欲望を排し、利他の実践によって善業を積み、冷静と静謐の心境を獲得して、最後に涅槃にいたるのである。しかし、瞑想自体にもたくさんの段階があり、最終的には感覚の支配からも脱して静謐そのものの涅槃の境地に至るのであるが、この涅槃（nirvâna）が至福の状態であるのか、無の状態であるのかについて、シャカムニ自身はいずれとも断言していない。ただ、あらゆる身体的意識、あらゆる思考、意思、情念が解消された状態であるとされる。

涅槃にいたる道は険しく、よく鍛えられた魂でなければ全うすることはできない。しかし、自身のみにより自分のためだけの救いを求める自己中心的な行き方は、あまり知的でない大衆の欲求には耐えられない。それを埋めるのが、ブッダを拝したいという彼らの自然な欲求に応えた聖遺物崇拝である。こうして、涅槃に到達した釈迦の存在を象徴化した車輪や足跡が礼拝の対象となり、さらに年月が経つにつれて仏像、菩薩像、弟子たちや英雄たちの姿を刻んだ彫刻群が現れる。シャカムニの説いた教えの解説・註釈も現れ、さまざまな人々が近づきやすい方法が工夫される。

このようにして、本来は無神論的であった仏教が、多くの神々を率いた仏の教えへと変貌した。長期にわたる孤独な修行の道を説いた教えは「小乗教 Hinayâna」の名のもとに一括りにされ、より幅広く、感受性に富み、理屈っぽさや実践の困難さを減じた「大乗教 Mahâyâna」が登場した。

これ以後、本来の教理が認可した入口として幾つもの教えが加えられ、地方的な宗教や神々を仲介者として採り入れることが可能となる。それによって、布教の可能性も広がり、仏教はシナを席巻し、ついでは日本へと広まってきたのであった。

〔近代日本の仏教〕

小乗教の自己中心的な傾向性は日本人の気性には合わなかったし、その修道士のような厳しい修行は日本列島の気候に適しておらず、日本人の多数派を惹きつけたのは、利他的で感受性を重んじ、シンプルで民主的な大乗教であった。

西暦六世紀の最初の到来から千年以上経ち、途中、何百年にもわたった沈滞期にもかかわらず、こんにちもなお日本では、仏教は社会的行事や家族的イベントと緊密に結びついて活力を維持している。江戸時代とは違って、いまでは戸籍管理は仏教寺院の管轄ではないが、死者が出た場合、弔い、埋葬するのは仏教寺院であり、年忌ごとの供養を行いながら代々の墓を管理することによって末永く家族との結びつきを保っている。

たしかに、日本仏教の姿は、初期仏教の教理とはかなり隔たりがある。悟りの道とは別に、幾つもの仲介的教えがあり、死後に赴くとされる浄土にもさまざまなものがある。家庭用祭壇である仏壇には、亡くなった人々の戒名を記した位牌や、最近亡くなった人の写真が飾られ、葬式や法事の際は、遺影を飾った祭壇の前で、亡くなった人の思い出が語り合われる。なぜなら、亡くなった人の魂は、完全に去っていってしまったわけではないからである。とくに毎年七月ないし八月〔訳注・地方によって異なる〕の「お盆」には死者の霊が帰ってくるとされ、遠く離れて暮らしている親族が一堂に会する機会となっている。このお盆は仏教のさまざまな行事のなかでも最も古くから民衆に親しまれた行事で、死者の霊を迎えるために、それぞれの家の入口に提灯が灯される。

もともと、お盆は、亡くなった霊の追善のために寺院で『盂蘭盆経 Avalambana sûtra』を読経する行事であったが、それにブッダの一人の弟子の物語にヒントを得た踊りが組み込まれるようになったのである。これは、ある弟子が雨期の終わり、ブッダへの感謝の気持ちから食べ物を僧団に寄進したところ、自分の母親が六道の苦しみから救われたというもので、この喜びを表すために踊りが行われるようになったというのである。

死者を偲ぶ日としては、お盆のほかにお彼岸〔訳注・春分と秋分の日前後に行われる〕があるし、一方、大晦日の夜には、行く年とともに煩悩も消えることを祈って、寺々で百八回、鐘が鳴らされる。百八というのは、人間の煩悩の数に由来しており、この鐘の音とともに、生きている人々の煩悩だけでなく死者たちが生前の煩悩の報いとして受けている苦しみも消えるとされる。

最後に、日本では、いたるところの道ばたに地蔵菩薩の石像が立てられている。この菩薩は生と死の二つの世界の仲介をしているとされるが、とくに幼くして死んだ子供の霊を導くと信じられ、石像は童顔で赤い涎《よだれ》掛けを着けていることが多い。

仏教の影響は、これらだけでなく、日常生活全体のなかに深くしみこんでいる。こんにちでも、いわゆる洋風建築であっても、日本的配慮がされた部分があり、それらは、禅が唱える《わび》《さび》《かるみ》の三つの規範によって、仏教的洗練の思い出を残している。《わび》は静寂、《さび》は古びていること、《かるみ》は平易であることを意味する。

室町時代に禅風の美を好んだ人々によって始められたお茶会は、ひけらかしのない美しさを示している物への嗜好を国民全体に浸透させ、修練を積んで練り上げられた所作への評価を高め、家のなかにも瞑想を助ける特別の一隅（床の間）を設けることが慣習化した。床の間には生け花が飾られる。これは、花を花瓶や水盤に巧みに活けて家のなかを装飾するものであるが、もともとは、仏前に花を供えたことに由来している。

仏教の痕跡は、文学・絵画そのほかあらゆるジャンルに残されており、徳川幕府が仏教よりも儒教を大事にするようになったのも、逆説的だが、もとは、シナの五山文化をもてはやした禅僧たちの影響による。事実、一貫して日本に中国の影響を運んだのは仏教であり、とりわけ上古には仏教が大陸の先進文化のシンボルとして、人々を大陸文化に順応させるために重要な役割を果たした。

大乗仏教の経典は晦渋で、註釈や解釈の余地を残していたことから、さまざまな解釈が行われ、日本仏教は中国仏教以上に多様な宗派に分岐して、こんにち公式に認められているだけでも十三宗五十六派に分かれている。ただ、奈良時代に成立し最も古い歴史をもっている奈良仏教は、もともと学派的存在であった倶舎宗・成実宗・三論宗はもとより、多くの崇敬を集めた法相宗・華厳宗・律宗も、いまでは全く影響力を失い、その後、平安時代に栄えた天台宗・真言宗も、往時に較べて勢力は弱まっている。とはいえ、古い歴史をもつ寺院は広大な土地を所有し、そこから得られる財力によって成り立ってきたし、そうした土地資産は、大部分が一九四五年の農地解放によって失われたものの、建物の歴史性、美術的価値から観光的に参詣する人々は多く、いまも勢力を維持している。したがって、現在の寺院の責任者たちは、僧侶として務めを果たして得る収入よりも、拝観料で生活しているのが実態であるが、彼らのほんとうの力は、教えの秘めている説得力と、とくに思想的質のなかにある。

第二次世界大戦が終わり、宗教活動が自由化されたおかげで、政府公認の新しい宗派は一挙に二百五十派、信徒数は約四千万人を数えた。仏教研究はすべての大学で花開き、講座数の二十二％を占めている。高度な仏教教育を施す仏教系大学は六つ、専門学校も六つを数え、それにたくさんの仏教系慈善組織、医学的・社会的・文化的センターが加わる。アジア全体の仏教再編の動きもあり、日本はそれにきわめて重要な役割を担っている。一九五二年には、浄土真宗の中心である東京の本願寺で大規模な仏教会議が開催され、二十八カ国の代表が参加した。日本の仏教運動を統括するために世界仏教協会の日本支部が創設されたのをはじめ、キリスト教のやりかたを手本に、全日本仏教青年会（ＪＹＢＡ）と全日本仏教婦人連盟（ＪＢＷＦ）が設立された。これは、偶然に実現したものではなく、日本人たちは、ずっと以前からキリスト教に対抗するためにはキリスト教のやり方を参考にする必要性を感じていたのである。

また、仏教哲学の研究においても、西欧哲学の光に照らすことが求められていた。というのは、日本人たちは、学問的方法論の面で欧米の後塵を拝していることを痛感していたからで、現在の仏教の再生は、インド学に習熟したフランスの東洋学者の功績に負うところが大である。たとえばビュルヌフ、シルヴァン・レヴィ、ルイ・ド・ラ・ヴァレ・プッサンなどがその代表であり、また彼らにパーリ語経典の存在と小乗仏教の資料を教えた多くの学者たちである。

すでに一八七三年（明治六年）、島地黙雷《しまじもくらい》（1838-1911）は、仏教の研究と布教の調査のために西本願寺によってヨーロッパに派遣され、フランスの教会と大学を訪れている。同じく十九世紀末、南條文雄（1849-1927）はオックスフォードでサンスクリットを学び、そこで行われていた日本仏教についての講義を聴いている。こうした研究と仏教再評価の動きが一種の精神的昂揚をもたらし、日本だけでなくアジア全体の仏教に大きく寄与したことは否定できない。

しかしながら、明治維新直後と両大戦間の時期は、ナショナリズムの高揚と神道復興の勢いに押されて、日本仏教にとって厳しい時代であった。明治になってからの神道の興隆は、江戸時代を通じて加速していた仏教の凋落と長期にわたる反仏教キャンペーンの結果もたらされたものであり、とくに幕末の水戸・会津・薩摩といった藩では、仏教はすでに空洞化した無用の宗教であるといった議論さえ盛んに行われた。

仏教が江戸時代を通じて宗教として空洞化していった原因としては、キリシタンを締め出すために住民の戸籍管理の任務が仏教寺院に託され、仏教寺院も、それに甘んじたことが挙げられる。しかも、徳川幕府が仏教寺院にそのような役割を与えたのは、仏教を信頼したからではなく、それによって寺院をコントロールしようとしたのであった。それを裏づけるものとして、十七世紀には仏教各宗派の再編が行われ、いずれの宗派にも二つの総本山が立てられた。その狙いは、内部抗争によってエネルギーを消耗させようとしたのであった。加えて、徳川幕府は、社会の階層的秩序を維持するために、君主への忠誠と親への随従を説く儒教倫理を重用し、儒教哲学以外の哲学研究を禁止した。

たしかに、徳川幕府の政策は、さまざまな意味で社会的安定と経済的繁栄をもたらした。農民も職人や商人たちも、宗教的な彼岸での救いを求めるよりも、現世の幸せを楽しむことを考えるようになった。現世的幸せを追求し、「浮き世 monde flottant」の生活を楽しめばよいという生き方が普通になっていったのである。「浮世絵」は、そうした世相を描き、また、人々の心を反映したものであった。

とはいえ、日本人が宗教的感情を全く失ったわけではなかった。ナショナリスティックな日蓮宗は、事あるごとに人々の精神を揺さぶったし、厳格さを基調とする禅宗は規律に縛られた寺院生活のなかで、思いやりを重視する念仏の宗派は庶民大衆との関わりのなかで、独自の色合いを発揮していった。しかし、その教義の枢要な徳目として結果的に広まっていったのは倫理的遺産であった。日蓮宗の信徒たちは、苦難に満ちた祖師の生涯を手本に、忍耐と強靱な情熱を共有しようとした。禅宗の人々は、瞑想によって精神集中に励むとともに、持久的鍛錬を重んじ、まわりの世界から超然としていることを尊しとした。それに較べて、念仏系の宗派は、阿弥陀仏の本願に身を任せることを根本としたことから、人間的努力の効力については軽視した。

日本人たち、とくに武士たちは、十五世紀から十六世紀にかけての戦国乱世の厳しさを記憶に刻み込まれるなかで、社会的倫理の軸として、緊密な君臣の絆を賛美する思想を練り上げた。侍は、自身についても他人についても、死を超越するよう仕向けられた。他方、僧侶たちの武力集団化は、すでに平安時代の末期から始まっていたが、とくに戦国時代になると、否応なく武力抗争に巻き込まれるなかで、雄弁の力よりも腕っ節を重んじる気風を強めた。事実、戦国乱世にあっては、いずれの宗派も、それ自体が武力集団化していたのであって、徳川時代になって、急速に仏教が凋落した根源は、この戦国時代にあったというべきである。世俗を超越して解脱に達することを目的としたはずのこの宗教が、逆に、社会の有為転変に巻き込まれたのは、あまりにも封建領主たちのドラマに関わり、世俗的歴史に加担したためで、その結果、最後には社会のなかに同化されてしまったのであった。

仏教は、織田信長と豊臣秀吉による十六世紀の暴力的な搾取と圧迫の打撃から完全には立ち直ることができなかった。哲学的刷新もないままに衰微していった何百年かのこのような歴史があったからこそ、こんにちの日本の仏教僧たちは、一方ではキリスト教の活力の根源を探ろうとし、他方では、鎌倉仏教の根源に立ち返って、日本の精神的生活と仏教に普遍的人間的価値を与え発展をもたらした秘密を、再発見しようとしているのである。

〔鎌倉仏教〕

現在の仏教の再生運動は、大きな変動から生じており、したがって、教理の本質を忘れて衰退を辿ったここ何百年の仏教よりも、哲学的深化をめざした鎌倉時代の仏教の探求に基盤を置いている。鎌倉時代の変動がもたらしたのは、それまでの洗練された朝廷世界からは排除されていた、非上流階級の人々の上昇であった。こうして実質的権力を手に入れた武士たちは、自分たちが野心で決めたことを力で押しつけたから、労苦と苦しみのすべては庶民にしわよせされ、いたるところ不安と恐怖が支配し、かつてないほど、生命は儚く、社会は苦痛に満ちた。

それに対する治療法はなかった。すでに、旧仏教の教えも、朝廷人のエネルギーも、現実離れした美の追求と魔術の実践にがんじがらめになっていた。そのような現実を前に一躍注目を集めたのは、経典の解釈や教理の探究よりも情感に重きを置くイデオロギーであった。こうして瀰漫《びまん》したナショナリズム的傾向、神秘主義的傾向、利他主義的傾向から形成されたのが日蓮宗、禅宗、阿弥陀信仰である。

一二二二年に生まれ、一二八二年まで生きた日蓮は、おそらく、一つの目的を貫くことに一生を捧げる、ある種の現代人に最も近い宗教的人物である。彼は、孤独であったが確信に満ち、強い精神力を掻き立てて、あらゆる妨害を乗り越えて人々と世の中を変えようとした。煩瑣《はんさ》な教理を排除し、日本的精神の特徴であるシンプルさを表した彼の主義主張は基本的に人を惹きつけるものをもっていた。青年期に旧仏教の天台宗の僧として受けた教えに触発されて、「法華経（sûtra du Lotus de la Bonne Loi）こそ真理を開示した究極の経である」と宣言し、他の仏教宗派と異なってこの法華経を唯一の聖典とする法華宗を立てた。

彼によると、法華経こそ、人間（凡夫）の本性と仏性を明らかにし、人間は善にも悪にもなり浄土にも地獄にも到りうる無限の可能性をもっていることを示した究極の経である。したがって、誰でも仏になれる可能性をもっているが、それには慈悲を行動の原理とする菩薩道を実践しなければならない。歴史上のブッダは、この永遠の真理をわれわれに教えるために出現したのであるから、阿弥陀のような、よその世界の仏やその浄土に救いを求めに行くべきではない。すべては主観的な外観でしかないのであるから、誰でも仏陀と一つになることによって世界の真実の本性と調和することができ、そのときは、世界は苦しみではなく歓喜の世界とすることができるのである。

この教理は、その根底においては、仏教の思想と完全に合致しているとしても、特殊な外観を帯びている。というのは、それには、宗教生活と国民生活が全面的に同化している世界を実現する必要があるからで、最終的には、この教えの実現を妨げようとする者に対しては情け容赦ない姿勢をとる可能性を秘めているからである。こうして、日蓮宗には全体主義的傾向性があるが、それを象徴しているのが、宇宙的イメージのもとに絶対的統一性の原理を表している《曼荼羅》である。

しかし、日蓮が遺したものは、権威主義的な教えと神秘的確信に基づいたナショナリズムの呼びかけだけではない。万人の救済をめざした彼の勇気と自己犠牲の精神は、もう一つの精神を形成している。法華経の一節には、悪世である末法にこの教えを広める人にはさまざまな迫害があると予言されているが、十三世紀には、多くの人々がまさにこの末法に入ったと信じていた。はたせるかな、日蓮がほかの宗派への信仰をやめて法華経を信ずるよう呼びかけたとき、彼の上には予言されているとおりの種々の迫害が襲いかかった。これを、自分が選び取った経典の正しさの証拠であるとした彼の言動は、ますます激しさを増した。幕府権力も抑圧に加わり、彼は、死刑に処されるところまで行く。だが、まさに首を斬られようとする瞬間、夜空に煌々と光る玉が現れたため、役人たちは恐怖におののいて目的を果たすことができなかったばかりか、その場で改宗する者まで現れた。死刑を免れた彼は、佐渡へ流されるが、そこでも、寒さと飢えに耐え、苦難にもかかわらず、崇高な情熱と希望をもって法華経の教えどおりに生きる手本を示し続けることができた。

また、日蓮は、いまや仏教は発祥の地のインドでは忘れられ、先輩仏教国のシナではモンゴル人支配下にほとんど消滅しているので、日本が仏教の中心になるべきであると考えていた。彼が『立正安国論』に記した、外国軍勢によって侵略されるであろうとの予言も、数年後、蒙古襲来という大事件によって、その正しさが証明されたことから、彼の没後、彼を祖国日本の守護者に祭り上げる動きが出てくる。その結果、彼が立てた法華宗は日蓮宗の名を名乗り、国家主義的感情を刻み込んだものとなり、やがて、神道の一部と混じり合った《法華神道》まで生み、武士たちも庶民も同じエネルギーの昂揚のなかで聖体を拝領した。こんにちでも日蓮系の宗派は庶民階層に信徒を獲得し、団扇太鼓でリズムをとって唱和する「南無妙法蓮華経」の題目の声は、人々の気分を高揚する力をもっている。また、日蓮の信徒たちは、宗教的・政治的活動における全体主義的性格と断固たる姿勢によって、強力な創価学会や、それよりは劣るが霊友会、立正佼成会のような政治に関心を示す団体を生み出した。

全般的に、日蓮の仏教に特殊な様相を与えているのが、自分たちの宗教生活を国民全体に拡大しようとする姿勢であり、他の教義に対する不寛容な態度である。その点で若干共通するものをもっているのが禅宗であるが、彼らの場合の宗教生活と日常生活の一体化は、あくまで個人的レベルにおいてであるところに、日蓮系との違いがある。また、多くの経典を積み上げたりさまざまな仏像を祀ることを拒絶したが、だからといって、それらの経典の価値を軽んじてのことではなかった。日蓮の信徒たちがナショナリスティックであるのに対し、禅宗の特色をなすのは世界主義であり、前者の不寛容に対して、禅宗はリベラリズムである。

要路にあっても権力への野心や人間的弱点に囚われない強靱な精神をめざす人々は、瞑想による鍛錬を勧める禅宗に惹かれた。そうした瞑想をサンスクリットでは「ディヤーナ dhyâna」、その音訳からシナ語で「禅」といい、彼らは、経典に説かれた長期にわたる修行とは別に、また他力による救いではない自力による救いの道を禅の実践に見出した。臨済宗と曹洞宗という形で栄西（1141-1215）と道元（1200-1253）がシナから持ち帰ったのがそれであり、のちに江戸時代に渡来する黄檗宗と合わせて、これらを禅宗と総称する。

彼らの教えは小乗仏教に似た個人の厳格な鍛錬を含んでいるが、自分だけのために修行するのではなく世界に利益をもたらすためであるとする点に小乗仏教とは異なる大乗仏教的精神がある。

禅宗も他の仏教宗派と同様、尊重すべき根本として仏法僧の三宝を立てる。しかし、禅宗においては、仏の宝は歴史的人物としての釈迦牟尼であるとともに、私たち自身のなかにある仏性でもある。僧の宝とは、その悟りに到達するのを助ける菩薩と羅漢、長老たちであり、法の宝は、悟りのために正しい方向を指し示している経典である。しかし、こうした悟りは言葉によって伝えられるものではなく、しかも理性ではなく精神に直接働きかけることによってのみ伝えられるという。〔訳注・禅宗では、「教外別伝、不立文字」「以心伝心」などと説いて、もともと釈迦は、言葉による教えとは別に、悟りを心から心へ直接に伝えられたとする。〕

そのため、禅宗でも、儀式では経典を読むが、それは心を整えるためであって、仏の思いに触れることと師弟の対話が重んじられる。その対話においては、論理の厳格さに対する治療法、非合理の世界に入る手段として逆説的公案が用いられる。この非合理の世界で答えをもたらしてくれるのは直観的悟り以外にない。同様にして、禅寺でも絵像や彫像を飾るが、それらは礼拝の対象としてではなく、瞑想に正しい方向性を与える道標としてである。あるシナの長老は、暖を取るために躊躇なく木像を燃やしたという。

このように表面的には経典も仏像も大事にしない無頼の行き方のように見えるが、それは「精神の自由」のためであって、禅を修する人も秩序を重んじるし、彼はあくまで厳格な修行と模範的な生き方によって万人の救済をめざす利他主義者である。修行によって悟りに到達するや、すぐさま俗世に戻って、生活を共にしながら、隣人たちも同じ悟りに到達できるよう助けるのである。

彼にとっては、日常生活のすべての行動のなかに仏道はある。そこから、たとえば茶道のように、すべてに正しい作法があり、それを厳粛に守ることが重要となる。また、侍たちは、この禅の作法から武道のなかに緩急自在の所作を汲み出し、とくに上級武士たちは、洗練された優雅さを、そこから身につけた。完全には定義できないが、そこで重んじられた謙譲・簡明・深み・力強さの四つの徳は日本文化とその芸術全体に浸透していく。

禅がもたらした影響全般を判断するには、具体的な個々の所作と禅の教理とは切り離されなければならない。教理は、インドの知的文化、シナの実利主義、日本の情念的文化を結びつけた、いわば物質主義と精神主義の綜合と定義づけることができ、具体的に現れる所作も、日本文明がインドやシナから、また禅宗が他の仏教宗派や儒教・道教から受け継いだものである。したがって、禅のなかには本来日本の文明を構成した要素の多くが見られるとともに、逆に、日本文明のなかにも、禅にあったものが、そのままではないが多く見られるのである。

このように、禅仏教の社会化と日蓮の仏教の政治志向は理解することがまだしも可能であるが、徹底した優しさと憐れみを特徴とする念仏の教えは、これらとはかなり懸け離れている。「阿弥陀」という名前は、「無量の寿命」ないし「無量の光」という意味のサンスクリットに由来している。この仏は、遠い過去、僧（法蔵比丘と呼ばれた）として修行したとき、人類全てが救われないうちは菩提の悟りに入ることを拒絶したとされる。この阿弥陀仏の名を称える念仏の教えが「専修念仏」と呼ばれる形で法然によって広められたのは十二世紀、平安時代の末であるが、この仏自体は、インドでもシナでもチベットでもずっと以前から知られており、日本へは、すでに平安時代の初め、法を求めてシナの各地を巡ったことで有名な円仁（慈覚大師、794-864）が修行の一つとして持ち帰っていた。それから十二世紀までの何百年の間、あとで述べるように念仏を勧めた僧は何人か現れたが、阿弥陀は重要性においてあくまで副次的な仏でしかなかった。

この十世紀から十二世紀の時代、あまりにも苛酷な災厄が続いたことから、死後の世界に幸せを求める思想的流れが強まり、死後、この世を逃れて再生を期待される世界として、はるか西方にあるとされる阿弥陀仏の極楽浄土がクローズ・アップされるようになった。そのために求められたのは、この仏の絶対的慈悲という特徴からして、修行を積むことではなく、阿弥陀仏の本願の力に全霊を託することであった。要するに、自らの無力を自覚し、阿弥陀の慈悲に縋《すが》る心が純粋であれば救われるというのである。

この思想は、世の終わり、すなわち《末法》が近づけば近づくほど広まった。当時の歴史認識では、現在の西暦で一〇五二年〔訳注・日本の暦で永承七年〕に末法に入るとされた。すでに十世紀には、比叡山の僧であった空也（903-972）が阿弥陀仏の慈悲に縋るよう説きながら、都や地方の隅々を回っている。同じく比叡山の学僧であった源信（942-1017）は阿弥陀仏に祈ることの有効性を論証する書を著して反響を呼んだ。それから少し経って、良忍（1073-1132）は、阿弥陀仏信仰を唱える新しい宗派（融通念仏）を興し、白河法皇から布教を認可されている。しかし、比叡山から訣別して独立し、一世を風靡し、現在も大きな勢力をもっているいわゆる浄土宗を一一七五年に設立したのが法然（源空、1133-1212）である。法然は、瞑想や思索の努力によるのではなく、ひたすら阿弥陀仏の絶対的救済力を信じて「南無阿弥陀仏」を称えることを勧めた。〔訳注・彼が、その教義の根本として著した書に『撰択本願念仏集』と名づけたのは、他の仏や経典・修行を一切排除して、念仏を選び取るとの意を表している。〕

法然がその教えの基盤にしたのは、のちに阿弥陀仏となった法蔵比丘（Dharmakāra）の生涯を説いた経典と、息子アジャータシャトル（阿闍世）に夫ビンビサーラ（頻婆舎羅）王を殺され、自身も殺されかけた王妃ヴァイデーヒ（韋提希）の悩みに答え、阿弥陀如来について釈迦が説いた経典、そして西方無量光明世界について説いた経典の三つ〔訳注・阿弥陀経と無量寿経、観無量寿経〕である。

法然の後、親鸞（1174-1263）は、法然の教えをさらに徹底し、浄土真宗と呼ばれる宗派を立てた。彼に言わせると、阿弥陀の慈悲にひたすら純粋な心をもって頼ることが大事であり、法然が必要性を認めた幾つかの戒律さえ不要である。その代わり、心を純粋に保つためには、方位の吉凶だの星占い、神々や聖霊への祈りといったことをすべて放棄することが必要で、生活の簡素化と心の純粋を守ること、そして人は互いに騙し合わないことが浄土真宗の基本であると説いた。

「……如来世に興出《こうしゅつ》したまふゆへは、ただ弥陀の本願海をとかんとなり。五濁悪時の群生海、如来如実のみことを信ずべし。よく一念喜愛の心を発すれば、煩悩を断ぜずして涅槃をう。凡聖逆謗ひとしく廻入《えにゅう》すれば、衆水、海にいりて一味なるがごとし。

「……（曇鸞教えていわく）報土の因果、誓願をあらはす。往還の廻向《えこう》は他力による。正定《しょうじょう》の因はただ信心なり。惑染《わくぜん》の凡夫、信心発すれば、生死すなはち涅槃なりと証知せしむ。かならず無量光明土にいたれば、諸有の衆生みなあまねく化すといへり。

「……（源信は）専雑《せんぞう》の執心、浅深を判じて、報化《ほうけ》二土まさしく辨立《べんりゅう》せり。極重悪人はただ仏を称すべし。われまたかの摂取のなかにあれども、煩悩まなこをさえてみたてまつらずといへども、大悲ものうきことなくして、つねにわれを照らしたまへりと。

「本師源空は仏教をあきらかにして、善悪の凡夫人を憐愍《れんみん》せしむ。真宗の教証を片州に興す。生死輪転のいへにかへりきたることは、決するに疑情をもて所止とす。すみやかに寂静無為のみやこにいることは、かならず信心をもて能入とすといへり。……」
（親鸞『正信念仏偈』）

自力によるにせよ、仏菩薩に仲介を頼む他力によるにせよ、こうした救済の教義は、弱い人々に慰めと希望をもたらした。平安以前の旧仏教が多くの神々を立てて日本人の信仰生活を分散化させていたのに対し、念仏は、一つの強力な一神教的流れを生み出したといえる。

〔奈良平安仏教〕

上に述べたような鎌倉仏教の教えと信仰のあり方は、日本人の日常生活と物の考え方や芸術にまで影響を及ぼし、日本的仏教の出現をもたらし、その結果、平安期と奈良期の旧仏教がもっていた中国的特殊性はほとんどが払拭された。「ほとんど」といったのは、なにがしかは、その後も残ったからである。たとえば日蓮は、天台宗や真言宗がもっていた中国的なものの影響を残していたし、禅宗の人々も《禅》の淵源である竺道生の哲学との緊密な関係を否定することはできなかった。念仏宗も、遠い昔から隣人の不幸を和らげてきたものにその感性を結びつけていた。

したがって、奈良平安の旧仏教は、形はさまざまであるが変わることなく存在を続けたのである。たしかに、旧仏教の煩雑で抽象的な教理は、上流階層の政治的エリートや高僧しか満足させることはできず、これらはあくまで宮廷仏教であり寺院仏教でしかなかった。平安時代を代表する天台宗と真言宗は、当時のシナではかなり民衆にも浸透していたが、日本では、新しい平安京に都を移した朝廷の庇護をほ

最澄像（一乗寺蔵）

とんど独占した王朝仏教であった。

天台宗を日本に創始した最澄（767-822）は、その精神的師であるシナの智顗《ちぎ》（538-597）と同様、釈迦牟尼の教えは聴く人の理解力に応じて低い単純な小乗教から次第に高度で難解な大乗教へと説き進められたのであり、最後究極の経が法華経であったと確信していた。彼は、インドにおける師、龍樹Nâgârjuna（二世紀ごろ）の説を引き継いで、精神活動にも確認と否定、そしてこの双方を超克する悟りの三種があるとする。

すべては、それ自体で独立して存在しているのではなく、相互に依存しあっているのであって、各要素は、それ自身では無であり空虚である。とはいえ、この《空》は非存在ではなく、絶え間なく変化を続ける仮りそめの存在であるという意味である。これが、「空・仮・中の三諦」（訳注・諦とは真理）である。したがって、覚りはあくまでこの人生のなかにおいて得られるのであり、「生死即涅槃」と証得するのでなければならない。この相反するものの共存と合一の考え方に、論理の遊戯に陥るのを避ける日本的特徴が現れている。

最澄のもう一つの大きな仕事は、僧侶の叙階（授戒）の改革であった。彼は、仏教において修行すべき教法は大乗仏教であるとする立場から、正式の僧としての授戒が奈良期と変わらず小乗によるものであることが承伏できなかった。日本では鑑真が伝えた小乗教である律宗が授戒の権限を独占していたからである。彼は、大乗による独自の戒壇堂を比叡山に築いて授戒する権限を要請し続けたが、ようやく認可がおりたのが八二二年、彼の死後七日経ってからであった。

最澄の弟子たちは、都の都会的世界が精神に及ぼす危険性を避けて、比叡山という豊かな自然の懐に聖域を築いて自然そのものを思考の寺院とすることに成功し、それが持続的活力と時代にあわせての飛翔を可能にした。そもそも、日本列島という地理的条件が、彼らに、インドやシナの教師たちを深く尊敬しつつも、その外国の宗教の要素を自分たちの必要に合わせて採用する権利を与えてくれた。比叡山は、それ以後も、豊かな宗教生活の中心として、法然・日蓮・道元といった人々による鎌倉時代の並外れた宗教的開花の淵源となったのである。

空海像（教王護国寺蔵）

平安仏教のもう一つの雄である真言密教は、シナの特定の宗派から来たものではなかった。密教的実践はインドやチベットからもたらされたもので、すでにシナのいたるところで見られ、天台宗も少なからず関心を寄せたし、最澄自身、その幾つかの要素を日本に持ち帰っている。彼の渡唐に同行した空海（774-835）は、とくに密教に大きな関心を寄せ、これを日本に持ち帰って広めた。もっとも、空海がシナ滞在で学んだものは、儒教・道教から小乗・大乗を含めた仏教全体、さらにはインド思想全般にまでわたった。

彼もまた、仏教は無教養な単純な人々を対象として社会的倫理を説くことから始めて、最後には、最も高い水準に到達させるように組み上げられたと考え、仏教を修行する人は、儒教と老子の教えから始めて、仏教のさまざまな教理を学び、最後には仏の秘密の教えを明かした真言に到達することができるとした。この最後の段階においては、精神は完全な休息の状態にあり、リズムある経（歌）と身体のさまざまな部分の所作によってのみ到達できるとする。また、さまざまな仏と菩薩を配列した宇宙的図像（マンダラ）を観想するやり方や、精神を高揚するための補助的手段として頭の頂きから水を灌ぐ儀式も用いたが、これらは、かなり早い時期から信仰というよりも迷信に属する魔術に堕落していった。

しかし、宗勢拡大という点では、真言宗は古い地方的信仰が示していた宇宙的イメージを教義に採り入れることによって天台宗を超える成功を収めていった。弘法大師空海は、天台宗の「山王一実神道」に加えて「神道の神々は仏の生まれ変わりである」とする教義を立てて「両部神道」と名づけた。しかし、天台・真言の両宗とも、やがて、哲学的要素よりも魔術的要素が優位を占めるようになり、悪鬼魔神の邪悪な影響力を退散させるための「息災法」、幸せを増幅させるための「増益法」、仏菩薩の力を引き出すためにその仏や菩薩の名を称える「口唱《くそう》」、敵を打ち倒す「降伏《ごうぶく》」、寿命を延ばすための「延命《えんみょう》」など、多様な加持祈禱や儀式に手を広げる。

こうした加持祈禱は朝廷生活でも大きな部分を占めた。特に密教が勢力を拡大することができたのは、貴族階層が公私を問わずあらゆる問題について、真言宗の祈禱に頼ったことによる。〔訳注・天台宗が都から少し離れた比叡山に拠ったのに対し、真言宗は都のなかの東寺を本拠とし、朝廷や貴族社会への浸透を図った。〕天台・真言両宗への公的庇護は、天皇に奈良の都を去らざるをえなくした奈良仏教の高僧たちの宗教的野心に対抗するためであったから、はじめから確保されていた。

平安時代から奈良時代に遡ってみると、奈良の都で仏教が勢力を確立することができたのは、五九二年、聖徳太子が大陸の先進文明を取り入れ日本の国の基礎とするために新しい宗教を採用したことに始まる。聖徳太子は摂政として叔母の推古天皇を補佐するとともに、みずから幾つかの経典〔勝鬘経・維摩経・法華経〕の解説書を著し、さらに四天王寺・法隆寺などを建立した。くだって聖武天皇は、国全体のレベルを向上させるために、七三七年〔あるいは七四一年〕に武蔵国・相模国などといった全国の行政区ごとに、国分寺と国分尼寺を建設するよう命じた。〔ただし、尼寺は、すべての国に設けられたわけではなかった。〕

ところで、聖徳太子の命令は宗教生活と世俗の生活を区別していなかったし、僧に独身生活を求めもしなかったから、この新しい宗教は今日の日本仏教を特徴づけている家門主義的様相を呈し、仏教を信仰した君主たちの宮廷においては、聖と俗は混然としていた。

その後、八世紀から九世紀にかけ十三回にわたって行われた遣唐使によって、シナ人の学者が次々やってきて、経論がもたらされ、それらの経論を研究するために、成実《じょうじつ》・倶舎《くしゃ》〔この二つは他の宗の伴宗〕、三論・法相《ほっそう》・華厳・律の諸宗〔訳注・合わせて南都六宗と呼ばれる〕が朝廷のコントロールのもとに成立し、僧たちの職務・階級分けが行われた。これらの宗派は、シナの宗派に倣って、それぞれに拠り所とする経論を別にし、扱う教理も異なった。

華厳宗がよりどころとした華厳経は、宇宙万物が菩提を達する可能性をもっていることを説いていた。律宗は特定の経典をよりどころとするよりも、戒律の実践、師匠への随従、親への感謝、他者への共感を深めること、鍛錬による人々の倫理的道徳的振る舞いの向上をめざした。六五三年に道昭《どうしょう》が持ち帰った法相宗は、ヒエラルキーの観念を重視したことで朝廷のなかで信奉者を獲得したが、それとともに火葬の風習を広めたことで知られる。その教理的根拠は、人間の身体も万物と同じく地・水・火・風・空によって仮に形成されているのであり、死ねば、それらの元素に戻るのが当然であるという点にある。この点からすると、かつて古墳時代の権力者たちが、自らの遺体と収奪した財宝を納めるために築いた巨大墳墓は、無用の長物となる。しかし、シナでは、当時も相変わらず、権勢家たちは壮麗な墳墓に囚われていた。大和朝廷は、全面的にシナの手本に従ったわけではなく、孝徳天皇は六四六年、墳墓の規模を制限する勅令を出している。その結果、高松塚古墳のような例外はあるが、仰々しい墓を造る例は滅多になくなっていく。

基本的にいって、仏教が日本にもたらしたものに謙虚さと相対性の観念がある。その影響で、それぞれの地域・寺院が特定の仏を保護者として仰ぐようになり、奈良は大毘盧遮那仏の加護のもとに置かれた。大毘盧遮那仏は大日如来と同一ともされ（異説もある）、無数の国土に分身して法を説いてきた根本仏とされる。こうした広大な宇宙観のなかでは、われわれが住んでいる世界は一粒の塵でしかなく、そこから根底的な謙虚さが醸成される。しかし、同時に、そのような宇宙的エネルギーの根源と一体化するということが傲慢さを生み出す可能性もあるが、そうした世界の多元性への仏教的見方は、長い間には、多様な形をもつ神道と結びついていく可能性をもっていた。

神道

神道は太古から常に日本人の心を支えてきたが、その外面的容貌はいまでは観光主義によって歪められ、本質を確定することはむずかしい。ただ、いずれにせよ、神道は誰かが啓示を受けて生まれた宗教ではなく、預言者も開祖もいないし、教義の基になった書もない。結局、それは自然の生命を前にしての姿勢、自然をその力と美において崇拝する心を体系化し表現したものである。

神道の神々は、現代日本の巨大都市のどまんなかでも、両側を並木で挟まれた参道を進んでいった奥の、木立に包まれた静かな聖域に鎮座している。それは、押し寄せる鉄筋鉄骨ビルの津波に辛うじて抵抗している緑の砦のようでもある。もちろん、都会から離れた僻地では、天を突く杉の巨木に囲まれて堂々と鎮座している神社もあるし、清流や荒々しい海のほとり、あるいは火山の噴火口の傍らに建っている小さな社にすぎないこともある。

なかでも伊勢神宮と出雲大社は、先史時代からの日本の発展を見守ってきた歴史的シンボルであるが、そこで大事なのは、原初の時代の茅葺きの屋根を再現した人工的な建物の細部でもなければ、ときに漠然とした多神教的複雑さが示す迷宮の匠でもなく、そこに宿る精神である。

その反対に、神道は、日本民族発祥の神話を包含する唯一の宗教であることから、つねに国家との関わりのなかで特権的地位を享受してきた。八世紀に遡る最古の文献である『古事記』と『日本書紀』は、現在では、その出所や意味を引き出すことの困難な、太陽神アマテラスを主役とする天皇家の歴史を説いた神話であり年代記である。そこに述べられている多くの神々や英雄たちの振る舞いと戦いによって日本の国と民族が誕生し、発展してきたという叙事詩には、あらゆる民族に共通する要素が見られる。

日本の天皇たちはさまざまな宗教に庇護を与えたが、神道はその祖国への愛、先祖を敬う心、自然への抑えがたい愛着によって日本人一人一人の心のなかに根をおろしてきた。歴史的国家としての日本の建設者といっても過言ではない聖徳太子は、外国の影響に従順すぎるのではないかという自分への非難に答えて、「神道は根であり、儒教は幹であり枝である。それに対し仏教は花である。もし、日本人の道徳的・感情的態度が外国の影響に揺らぐようなことがあっても、そのときは土台であり根が姿勢を正させるであろう」と述べている。

こんにち神道は、行政的に管轄されている。一八六八年から一九四五年までは国家神道として特別の庇護を受け、国家的行事における機能を付与されていたが、戦後はほかの宗教と同等になり、神社本庁のもとに管轄されている。各都道府県単位に組織化され、全体の中心を伊勢神宮が占めているが、これは、逆説的に八世紀の仏教の様相を思い起こさせずにおかない。しかしながら、現在の神道が直面している困難は、まさに物質的・政治的次元にある。神社に詣でて、神の注意を惹くために鈴を鳴らし、柏手を打つ信徒たちの姿は、いまも変わらず見受けられる。重要なのは、セレモニーの細部や頻度ではなく、神の遍在という理念と厳かな清澄さが健在であることである。

「仏教は、浩瀚《こうかん》なるその教義と、深奥《しんおう》なるその哲理と、海のごとき広大なるその文学とを持っている。神道には、哲理もなければ、道徳律もなく、抽象論もない。ところが、この実体がないということのために、神道は他の東洋のいかなる信仰よりも、西洋宗教思想の侵入を排撃することができるのである。神道は、西洋哲学に対してはよろこんで歓迎の手をひろげる。そのくせ、西洋宗教に対しては、依然として神道は、強力な敵なのである。これと戦おうとする外国ののぼせ屋連中は、ちょうど磁力のように、なんとも説き明かすことのできない、あるいは、空気のように破ることのできない、ふしぎな力が、彼らの必死の努力に対して、あっさり肩すかしを食わせてしまうのを見て、開いた口がふさがらないでいる始末である。……神道のほんとうの姿は、そうした書物のなかや、儀式や戒律などのなかにあるのではなくて、じつは、国民の心情のなかにあるのである。つまり、神道は、日本の国民的心情の、永遠不滅な、つねに若さに満ちた、最も高い感情が、宗教的に発現したものなのである。風変わりな迷信や、素朴な神話や、奇怪な巫術や、そうした国民のあらゆる衝動力と、力量と、本能とをそなえた、民族魂という一大精神が脈々として蠢動しているのである。したがって、神道の何たるかを知りたい人は、よろしく、その隠れたる魂——そのなかに、美的感覚も、芸術的力腕《りきわん》も、胆勇《たんゆう》の熱火も、忠義の磁力も、信仰の感情も、すべてうけつがれ、内在し、すでに自分では意識しない本能とまでなっている——そうした隠れた国民魂を、知るように心がけなければならないのである。」

（ラフカディオ・ハーン『日本瞥見記』平井呈一訳）

第七章　教育

日本は国民の識字率が世界で最も高く、《文化 culture》が魔術的な魅惑力をもっている国の一つである。いわゆる「世代間抗争」は諸外国に較べて決して低いわけではないものの、学校の教師は、必ずしも人格性においてではないが、家族のなかでの父親のそれよりも高い権威をもち、子供たちの愛情のこもった尊敬の的になっている。まして、大学教授、博士といえば、社会的ヒエラルキーのなかで最上位を占め、天皇と同様、人間でありながら神に近い立場の存在と見られる傾向性がある。これは、おそらく、人間を導き救うのは人間であるという古くからの日本の宗教的伝統、人間的連帯の伝統の名残である。

日本列島では、どの島にも学校児童がたくさんいて、さまざまな物や過去の歴史を熱心に調べており、この国では、物事を知ることが人間の情熱の対象であることを印象づけている。日本人の読書熱の高さは、出版物の質と量に表れており、簡易装丁本から重厚な装丁までさまざまであるが、大部分は一般の人々の手が届く値段で売られている。美術館や博物館の催し物に押し寄せる人々の熱気と混雑ぶりは、人口密度の高さだけで説明できるものではない。ペシミスティックな人々のなかには、日本人の付和雷同的な気質の現れに過ぎないと言う人もいるが、多くの人が文化的要素に接することに感動を覚えていることは確かである。

たしかに今日では、政治的文脈によって、技能教育と同じく知識の教育もその質は変わってきている。

現代の少なくとも連帯と博愛が標榜されている国では、人道主義者が逃亡しなければならないなどということは考えられないし、彼らの避難所などというものは存在しえないというべきであろう。とくに日本では、知識人たちが社会的力を手に入れるために派手な異議申し立てをする必要はなかった。漢字文化圏のアジアでは改革の主役は、いつの時代も、武装しているか否かを問わず、知識人であった。とくに江戸時代の上級武士は、儒学を身につけた学者でもあらねばならなかった。

したがって、最近も日本の若い知識層は、伝統的に文明の配分者であったシナからやってきた毛思想に敏感に反応した。しかし、現代日本で凱歌をあげているのは、毛沢東の主張とは逆に資本主義である。現代の日本で芸術と知識の通俗化を推進しているのは商業資本家たちであるが、そのやり方には寛容と適宜性が欠けているわけではない。教育の責任者たちは、哲学的な面でも物質的な面でも、革新をめざす文化を前にして、相対的平穏を保とうと努力しているが、これは容易なことではなく、何人かの教授も学生も暴力的行動に対して不安を覚えている。

不安は、現代世界に全般的に見られる一つの流れであり、とくに強まったのは第二次世界大戦後である。とくに日本では、それまで日本民族の優越性を信じて、国家のために命をも投げだそうと覚悟していた若者たちに敗北の幻滅がもたらした影響は深刻であった。

この精神的混乱に物質的困窮が加わった。学生たちは、経済的困難のなかで、未来だけでなく、いまの生活も保障されなかった。彼らの家族は、多くの場合、戦争によって凋落を経験した。占領軍当局は、若者たちが征服主義的愛国主義の妄想から解放されることを歓迎した。しかし、こうして提供された自由の恩恵に誰よりも浴したのは、二度の大戦の間ずっと禁止され迫害されてきた共産主義勢力で、彼らは、この自由を利用して、なんとしても遅れを取り返そうとし若者たちの間に浸透を図った。アメリカ政府は、とくに朝鮮動乱の勃発を好機として共産主義的勢力を抑え込もうとしたことから、学生たちのなかに反発を呼び起こした。

すでに戦後の混乱のなかで社会的矛盾にめざめた学生たちは、一九四七年〔昭和二十二年〕一月、労働者たちと統一戦線を組んで日比谷公園で集会を行い、一瞬だが、革命をさえ垣間見たのだった。翌一九四八年には、のちに「全学連」として勇名を馳せる学生同盟が結成され、闘争の目標を大学問題から占領軍に対する組織的反対運動に拡げていった。その緊張は、一九五一年〔昭和二十六年〕、世界大戦の交戦国間で平和条約〔訳注・サンフランシスコ平和条約〕が締結されたときに頂点に達した。しかし、派手な街頭デモや天皇の御料車包囲事件にもかかわらず、それらは、共産党の内紛のためにあまり効果のある運動にはならず、一九五四年には、運動は急に低迷し、この静けさが約十年つづいた。

現在、ふたたび極限に達しているように見える緊張〔訳注・本書がフランスで出版されたのは一九七四年で、ここで著者が言っているのは一九六八年から一九六九年の東大紛争や一九七〇年の安保闘争などであろう〕は、幾つかの予見できない不幸の突発によるものではなく、二十五年前に、その大きな方向性のなかで口火がつけられ準備されていた動きの論理的発展のように見える。こんにち、個別の立場に囚われないで見ると、これらの抗議運動がめざしているものは、新しい未知の世界の誕生を促すために現実の社会秩序を破壊し空無にしようという急進的であると共に単純なものであった。

そのために、多分、時間が有り余っている若者のエネルギーを解放し市街戦へと駆り立てたのが、何よりもヘルバート・マルクーゼの思想であった。最近、東京の上智大学副学長のルーナーがあるコラムで強調していたように、派手な色遣いで書いたスローガンを掲げ、音頭取りの音に合わせてシュプレヒ・コールをくり返し、長い列を組んで蛇のようにうねりながら街路を進むやり方〔これは、《龍の踊り》を彷彿とさせる）に頼るこの運動は、劇場型効果を狙う国際的な傾向性のなかで生まれた幾つかの行動の一つでしかない。

さらに重大なのは、理性を放棄した何人かの狂信ぶりから、最悪の《生け贄祭》に行き着きかねない学生たちの純真さである。そうした極端主義に欠けているのは、まだ、そのチャンスがないことだけである。〔訳注・原著の出版は一九七四年であるが、著者がこれを書いたのは、一九七二年の妙義山中での連合赤軍事件や浅間山荘事件以前だったのであろうか？〕

物質的不安も、容易に一か八かの行動に走る理由になりえた。そのことは、幾つかの国立大学の占拠事件が示している。一九六九年（昭和四十四年）八月三日に可決された法律〔訳注・「大学運営臨時措置法」〕は、大学が学生たちによる運動のために一時的に閉鎖された場合、教授たちの給料を三〇％減らすこと、しかも、解除の見通しがつかない場合は解雇することを決定していた。そのため、教授たちは状況の回復に貴重なエネルギーを注ぐことを余儀なくされたのである。

大戦後、知識人の立場がますます悪化しているのは世界共通の現象であるが、とくに日本では、とりわけ大学教授の立場は悪くなった。たしかに、日本教職員組合（いわゆる日教組）は、左翼政党の影響を強く示し、それに警戒心を強める政府は、なんとかコントロールしようとしている。とくに労働市場の枠外に置かれた大学教授は、全般的な経済的繁栄の恩恵に与らず、臨時的収入である原稿料を稼ぐために文章を水増しする例さえあるようである。

その結果、すでに一九四五年の敗戦で教育者としての道徳的威信を失っていた学部教授たちに対する学生たちの警戒心と懐疑的精神をますます増長させ、そこに進行性で伝染性の深刻な苦しみが始まる。一方の権威喪失と他方の不信感増大は、大学だけにとどまらず、教育に携わるすべての教師に及んでおり、これは、将来に大きな禍根を残すこととなろう。

他方、現在そうであるように、中流の日本人が、以前にくらべて安楽な生活を享受でき、重大な経済的・政治的危機に脅かされることがない限り、極端に過激なイデオロギーとその支持者たちは、限られた人々しか惹きつけることができないであろう。

現代の教育制度

最近（一九六八年六月）成立した法律によって、文部省の仕事が教育に関わる業務と文化の振興と普及に関わるそれとで分離され、後者は文部大臣の管轄から引き離されて、文化財の保護（一九五〇年に文化財保護委員会が設けられた）や外国との交流の業務（内容によって別々の省に託されてきた）を行うために文化庁として統合された。これ以後、宗教に関わる業務が文化庁の仕事になったことは興味深い。〔訳注・文化庁は、さらに二〇〇一年、文部科学省の外局になっている。〕
地方レベルでは、文化行政は都道府県教育委員会の仕事で、各都市、各町、各村に公民館があり、さまざまなテーマで社会教育が行われている。その対象とする人々によって「青年学級」「婦人学級」「成人学級」などがあるが、全般的にとくに活発なのは農村部で、村人たちは、聖俗を問わず、そこに集い、絵画やお茶、生け花、料理、俳句など日本の典型的な文化活動を展開している。
政府としても、一九六七年（昭和四十二年）ごろから、文化会館、総合センター、市民会館、県民会館などの整備を進めている。これらの施設には、目的によって展示ホールと教室が設けられ、なかには、結婚式場を備えたものもある。地方教育委員会の活動は、学校教育に関わる日常的業務の多さにもかかわらず、その地方の歴史の研究や考古学的発掘といったさまざまな方面にも関心を広げ、きわめて多忙である。とくに、市民図書館や美術館の拡大充実にも大きな努力を注いでいる。

そうした教育委員会のイニシアティヴで最近各地で実現されている最も顕著な事業として、歴史的・芸術的・民族学的資料を集めた市民博物館がある。また、中世の城でいまもそのまま残っている例は少ないが、かつてあった城をできるだけ忠実に再現し市民の自覚の要、観光の目玉にしようとしている都市や町もある。これは、ヨーロッパでいえば、趣味の悪い装飾を求めるようなものであるが、日本では、それほど驚かれない。おそらく、壊れやすく腐蝕しやすい木造建築が主なので、全面的・部分的を問わず定期的に修復することに慣れているからであろう。

そのようなモニュメントのなかに日本人が求めるのは、素材の古さよりも、形の永続性である。こうして、大阪や名古屋のような大都市でも、昔のままの石組みの基壇の上に、まわりの平野を見下ろすように木材と白い漆喰壁で出来た優美な天守閣が再現されている。上階へ行くほど狭くなる各階の部屋は、往時の生活を偲ばせるさまざまな道具や品の展示場になっている。

現代日本の教育の基本的精神を示しているのが、一九四七年の教育基本法の前文にある「われらは、個人の尊厳を重んじ、真理と平和を希求する人間の育成を記するとともに、普遍的にしてしかも個性ゆたかな文化の創造をめざす教育を普及徹底しなければならない。」の一文である。

教育は、国家的次元であれ地方的次元であれ、体系的に分権化されており、小学校から中学校、高等学校、そして大学（四年制と二年制とがある）または専門学校へと進むようになっている。現在の教育制度は、アメリカのそれを手本にしたもので、国の全般的行政からの自律性が法律によって整備・保障されている。

文部大臣〔訳注・現在は文部科学大臣〕は、総理大臣によって任命されるが、大臣自身は副大臣および省内のスタッフを自分で選ぶことができる。文部省は初等教育・中等教育・高等教育の三局と教育・科学・社会教育・体育・研究・行政の六部局から成っている。（生涯学習・初等中等教育・教育助成・高等教育・学術国際・体育に分けられることも。）これに付設機関として国立学校・国立教育研究所・国立特殊教育総合研究所・国立科学博物館・日本ユネスコ国内委員会・日本学士院などがある。

大臣の役目は理論的には諮問することであるが、財政的援助の配分ができるし、権利としては選んだ問題について報告を求めることもできる。したがって、教育のための無数の委員会を中立的な立場から調整することであり、地方の自由を尊重し、統治というより均衡をとるのである。これは、厳しく中央から枠にはめた明治以後戦前までの仕組みへの反省による。

明治体制における教育制度

明治体制のなかで組み立てられた戦前の教育システムは、典型的に中央集権的で、これが近代日本の飛躍をもたらした。この教育システムは一九四七年に放棄されたが、いまでも日本は、教育と文化に関する選択のかなりの部分を明治時代の円熟期に与えられた推進力に負っている。

かつては、精神的に飢えた人々は、よき師を求めて日本じゅう歩き回るのが普通であったが、明治以後、知識を求める若者たちは、遠くヨーロッパへ向かうにいたった。これに推進力を与えたのが、明治天皇の『五箇条の御誓文』の「知識を世界に求め大に皇基を振起す」であったことは疑いない。

ただし、すでに原則的に鎖国政策を採っていた徳川時代から、幕府も幾つかの藩も、欧米先進国に知識を求める動きを始めていたのであって、この明治新政府の方針は、それを正当化し弾みを与えただけであったともいえる。たとえば幕末の一八六二年、榎本武揚（明治政府で逓信・文部・外務などの各大臣を歴任。1836-1908）は、幕府が発注した開陽丸建造の監督を兼ねた留学のためにオランダへ派遣され、造船術、船舶運用術、砲術、化学、国際法などを学んでいる。他方、長州藩も一八六三年に井上馨（明治政府で財政・外務に関与。1835-1915）をイギリスに派遣、これには伊藤博文（明治政府で初代の総理大臣になっている。1841-1909）も同行している。さらに、その二年後、薩摩藩も、森有礼（初代文部大臣を務めた。1847-1889）をロンドン大学に留学させている。こうして、新国家建設に関わった重要人物たちの十二人中十人が数ヵ月とか数年、ヨーロッパやアメリカへ出かけて、青春期と成熟期に欧米文化に触れている。

逆に、開国後の日本にはかなりの数の欧米人たちが知的・技術的指導のために招かれてやってきており、一八七九年（明治十二年）には、工業省の予算の五分の三をそうした外国から招聘された技術者たちへの給与が占めたほどであった。しかし、これは長く続くことではなく、そうしたカネのかかる外国人たちは、彼らが育てた生徒たちによって次第に取って代わられ、十九世紀終わりごろには、現職に留まっている外国人教師は少ししかいなくなっていた。

それでも、カネのためだけではなく、日本の文明開化に貢献し、いまも感謝されている何人かの外国人がいる。アメリカのボストンから来たアーネスト・フェノロサは、維新の嵐のなかで失われそうになっていた日本の文化と芸術のすばらしさを世界に紹介するとともに日本人たちに思い起こさせた。またハーヴァードのモース教授は、大森貝塚を発見し、日本の人類学と考古学の基礎を樹立した。

こうして維新の指導者たちは、過去を一掃しながら、しかも、長い伝統によって豊かにされた土壌のうえで、自国を国際的レベルに引き上げるという困難な事業を成し遂げることができたのであって、そのために彼らが樹立したシステムは、その後も長期にわたって有効性を発揮した。

一八八五年（明治十八年。内閣制度発足）から一八九七年（明治三十年。帝国大学が東京帝国大学になり、京都帝国大学設立）まで、初等学校から高等学校、大学へと進む制度、師範学校などのシステムが、フランスのそれを手本に出来上がった。一八七二年（明治五年）に明治天皇が厳かに宣言した、身分を問わず万人に教育の機会を開く近代的学校制度が少なくとも原理的には実現されたわけで、初等学校の通学年数は、当初三年か四年だったのが、一九〇〇年には四年、一九〇七年には六年と定められ、就学率も、二十世紀に入るころには、該当する年齢の児童の九〇%、まもなく九五%に達した。それと同時に、私立学校とミッション系の学校のおかげで女子教育も進展した。その結果、日本は世界でも最も早く高い識字率の国になったのであった。

産業の発展と分化につれて、ますます、それを支える人材が求められ、たくさんの技術学校が創設されるとともに、九つの帝国大学が設立され、国家の高級官僚を輩出するとともに純粋学問の発展をもたらした。〔訳注・第二次世界大戦までにあった帝国大学としては、先の東京と京都の他に、東北、九州、北海道、京城、台北、大阪、名古屋のそれがある。〕この強力なピラミッド構造は、原則としては地方分権化に対立するものであった。

しかしながら、もともと教育の欧米化は、儒教と神道の反動に対抗して福澤諭吉が始めたもので、リベラリズムの道に進む可能性をもっていた。一八九七年（明治三十年）、福沢と森有礼がワシントン訪問から帰ってきて立てた計画は、教育の地方分権化の方向であった。これが採用されることはなかったが、現在の制度が敗戦によって外側から押しつけられた印象を与えているのに対し、これは古来のイデオロギーに基づいた内発的なものであったことを示す証拠になっている。

さらに付け加えていえば、日本では、中央集権が押し進められた明治時代においてさえ、自由主義が窒息したわけではなかった。自由主義は、福澤諭吉が設立した慶應義塾や大隈重信の早稲田などの私立大学、同志社のようなキリスト教系の学校においても採用された。しかし、これらの私立大学は、全般的にいって、帝国大学に較べ、より技術教育を目的として創設されたもので、事実、急速に専門化していった。たとえば早稲田大学を創設した大隈重信は、一九〇一年（明治三十四年）、国家に奉仕する官僚とは別の人材育成の必要性をこう訴えている。

「国家は、共通の教育のために大なる努力をなせるも、それが国家の諸機構にとって有利な教育であるか否かは大いに疑問である。国家のめざすところと政府のめざすところは、一致することもあるが、それが人民のめざすところを代表しておらず、国家のめざすところが誤っていることもある。もし国家が人々の集まって作ったものであるならば、ときに過ちに陥らないようにすることは至難である。したがって、私には、国立、公立、私立とあらゆる種類の学校が必要であると思われる。また、それらが真理の追求において競い合うならば、より正しく真理を照らし出すことができるであろう。ゆえに私は、早稲田大学は帝国大学そのほかにない特徴を発揮することにより、学問と研究の競争において力を発揮することができるものと確信している。」

（大隈侯八十五年史編纂会『大隈侯八十五年史』第二巻）

こうした自由を叫ぶ声は、国家主義が重みを増すにつれて次第に控えめになっていったことは確かである。第二次世界大戦が終わるまで、日本の教育の基本となったのは一八九〇年（明治二十三年）の有名な『教育勅語』であり、全国の学校で暗誦が義務づけられた。

「朕惟《ちんおも》フニ我カ皇祖皇宗国ヲ肇《はじ》ムルコト宏遠ニ徳ヲ樹ツルコト深厚ナリ　我カ臣民克《よ》ク忠ニ克ク孝ニ億兆心ヲ一ニシテ世世厥《そ》ノ美ヲ済《な》セルハ此レ我カ国体ノ精華ニシテ教育ノ淵源亦実ニ此《ここ》ニ存ス　爾《なんじ》臣民父母ニ孝ニ兄弟ニ友ニ夫婦相和シ朋友相信シ恭倹《きょうけん》己レヲ持シ博愛衆ニ及ホシ学ヲ修メ業ヲ習ヒ以テ智能ヲ啓発シ徳器ヲ成就シ進テ公益ヲ広メ世務ヲ開キ常ニ国憲ヲ重シ国法ニ遵《したが》ヒ一旦緩急アレハ義勇公ニ奉シ以テ天壌無窮ノ皇運ヲ扶翼《ふよく》スヘシ　是《かく》ノ如キハ独リ朕カ忠良ノ臣民タルノミナラス又以テ爾《なんじ》祖先ノ遺風ヲ顕彰スルニ足ラン

斯ノ道ハ実ニ我カ皇祖皇宗ノ遺訓ニシテ子孫臣民ノ倶ニ遵守スヘキ所　之ヲ古今に通シテ謬ラス之ヲ中外ニ施シテ悖《もと》ラス　朕爾臣民ト倶ニ拳拳服膺《ふくよう》シテ咸《みな》其徳ヲ一ニセンコトヲ庶幾《こいねが》フ

明治二十三年十月三十日　　　御名　御璽」

教育機構の近代化が徹底される一方で、その教育がめざした精神的目的は、この勅語に示されているように、いかにも古臭い伝統を引き継いだものであった。しかし、この伝統の古めかしさの根は、この教育機構の歴史的成り立ちを見ると明白である。東京大学が最初の《帝国大学》になったのは一八七七年（明治十年）であるが、その根っこは一八六九年（明治二年）に幕府の儒学校と医学校、そして外国の書を研究するために十三代将軍・家定が設置した「蕃書調所《しらべしょ》」にあり、これらが統合されて誕生したのである。

《帝国大学》に限らず、明治の教育機構においては、幕藩体制にあまりにも密接に絡み合った学校は別にして、多くは古くからの制度がそのまま再利用された。したがって、この分野で行われたのは、「革命」というよりも、それまでの幕藩体制のもとで細分化していたものに中央集権化を施し、これを天皇のもとに服従させることであった。すなわち過去の遺産を放棄することなく修正を加えたのであった。

江戸時代の教育制度

江戸時代の教育の仕組みは、明治のそれに較べるといかにも時代遅れに見えるが、それでも、そこで育成された人々が、開国後の日本をアジアで傑出した国にした事実を忘れてはならない。ただし、教育を受けることができたのはあくまで男子で、しかも、教育の内容とレベルは、属する身分によって異なっていた。江戸時代には、侍になれたのは侍の子であり、商人の子は商人にしかなれないのが社会的原則であったから、教育も身分上の必要性に応じた内容が施された。もっとも、そうした状況は日本だけ特別だったのではなく、産業革命以前には万国共通であった。

武士の子弟は、公的・私的のさまざまな学校に進むことができた。たとえば幕府の膝元の江戸では、林家によって設立された昌平坂学問所があり、地方の藩でもそれぞれに藩校があって、漢籍、兵法、医術が教えられた。とくに幕末になると、それと並行してさまざまな専門学校が設立された。一七九三年(寛政五年)には日本の文学や伝承を研究するための和学講談所が塙保己一《はなわほきいち》の建議により設立され、一七六五年には和漢の医術を研究するための医学館(当初、奥医師の多紀元孝が設立し、一七九一年に幕府直轄となった)、また、オランダ人が伝えた西洋医学を研究する医学所(一八五八年、幕府直轄で種痘所が設置されたことから始まり、これがのちに東大医学部となる)、さらに、陸戦を教えた陸軍所、海戦のための海軍操練所も設置された。最後に「蕃書調所」は、当初は西洋の著作の翻訳を目的として一八一一年に設けられたが、さまざまな外国語を教える学校になっていった。
〔訳注・蘭書の翻訳機関として《蕃書和解御用》が設けられたのが一八一一年で、ここから洋学研究機関として《洋学所》が一八五五年に独立、一八五六年、《蕃書調所》と改称されて、蘭学を主に英学を従、さらに仏・独・露語が加わり、一八六二年には《洋書調所》と改称された。〕

各藩も、大名の個人的性向によって熱の入れ方はさまざまであったが、幕府から割り当てられた役目によって、それらを専門とする学校や研究所を設置した。とくに水戸、薩摩、尾張、肥前、長州、越前の大名たちは、藩校の質的向上に熱意を傾けた。

侍の子弟は、六歳ごろから学校へ通い始めた。教師は生徒の手をとって文字の書き方を教え、子供たちは紙が真っ黒になるまで筆と墨汁で文字を書き、筆の使い方とそれぞれの文字の筆順を習得していった。読み方の手引き書には、シナの古典から引用された簡単な文章を集めたものが用いられた。そこから次第に難解な本へと進み、それらを日本語で解釈できるようになることが目標であった。しかし、実際には、九歳になるまでの教育は、暗記することが主で、それらを通して、礼儀や道徳を身につけ、とくに詩や短文を暗誦することによって、将来、考察を進めていくための素材となる知識を蓄えた。九歳になると、哲学を主とする中国の古典の学問へと進んだ。

授業は、朝七時か八時ごろに始まり、午後四時ごろまで行われた。一日の始まりには、普通三百ないし四百人の全校生徒が一堂に集まり、そこで、教師の一人が、選んだ一文を読み、それに関連する道徳的教訓を付け加えながら講義した。このときは、生徒たちは、使われる文章の写しをもっていなければならなかった。そのあと、それぞれの教室に分かれ、教室ごとに担任する教師から学んでいった。教師たちは、合間合間に質問を生徒たちに投げかけた。ついで、習字、和歌、漢詩の授業に移ったが、これらの教科を教える先生は、社会的にも重みをもっていた。というのは、これらの授業を通して生徒一人一人の資質が判定されたからである。

一日の終わりは、弓、槍、剣術、馬術、徒競走など武術で身体を鍛錬することに充てられた。本来、武士の子弟の教育の主眼は、優れた戦士を育成することにあったから、これは、当初はとくに重視されたが、江戸時代はずっと平和が維持されたので、そうした実戦の能力よりも、医術、道徳、文学への関心が大きい比重を占めるようになっていった。

定められた就学期間が過ぎて学校を卒業し成人してからも、人間的豊かさを増すために学問を持続する人が少なくなかった。最も広くまた頻繁にテキストとして使われたシナの哲人、孔子は、ただ尊敬されただけでなく、聖人として宗教的崇拝の対象となり、春と秋には、孔子を祀るセレモニーも広く行われた。

こうして、実用主義が教育全体の出発点になっていたことを考えると、ヨーロッパの諸技術を伝えた《蘭学》が、なぜ盛んになったか、そして最後には、実践的な知への誘惑が、教理の非妥協性を凌駕して欧米への窓を開かせるにいたった理由が理解できる。人々は、優れた技術に単に驚いているだけでなく、そこから、そうした知識の探求へと移っていった。

徳川時代初めの一六三九年、ポルトガル人たちが排除されて去っていったあとを引き継いで長崎に駐在したのが、シナ人たちとオランダ人であった。オランダ人の居留地として定められた出島は、日本人たちにとって、唯一、非アジア世界へ開かれた窓となり、それが、長い目で見ると、明治以後の日本の飛躍のための土台となった。

キリスト教は、島原の乱の敗北のあと、十八世紀には決定的に排除された。この島原の乱では、キリシタン信者を中心に、一万とも二万ともいわれる人々が、ほとんど全員死んでいったが、このとき、オランダ人たちは幕府軍に味方して、籠城する人々に砲弾を浴びせている。新井白石は『西洋紀聞』のなかで、ヨーロッパの学問の進歩に率直な讃辞を呈する一方で、一七〇八年に日本に密入国しようとしたイタリア人神父、シドッティと面会し取り調べている。〔訳注・シドッティはイエズス会士で、屋久島に上陸したが、捕らえられて長崎に送られ、江戸の小石川宗門改役で白石から訊問を受けたのである。〕

幕府は、不法入国の西洋人だからといって直ちに処刑するのでなく、情報を得るために、当時の日本でも最も傑出した知性人と対談させたのであった。さらに一七二〇年、八代将軍吉宗は、全ての外国書籍を排斥したそれまでの法令を改め、排除対象を純粋に宗教関係の書に限定したばかりか、西洋文明の研究を奨励さえした。その結果、一七四五年には最初のオランダ語辞書が現れ、また、何人かの学者は、長崎の公認通訳に加わり、この新しい文明の研究を始めている。とくに関心の的になったのが医学で、そこから、杉田玄白（1733-1817）の有名な翻訳書『解体新書』が生まれるにいたる。〔訳注・杉田玄白は小浜藩の医師であったが、幕府医官、西玄哲から蘭方医学を学び、オランダ語を習得。実際の解剖に立ち会って、オランダ語の解剖学の書が精緻であるのに驚き、翻訳を決意したという。〕

しかし、日本人の好奇心は医学だけにはとどまらず、さまざまな分野にも広がり、オランダ人とは直接に接触のない人々にも何か新しいことに取り組んでみようという意欲を駆り立てた。その一つが、たとえば、実際に自分の足で歩いて測量して完成された伊能忠敬（1745-1818）の日本最初の全国地図作成である。

もっと決定的な進歩を見せたのが天文学の分野であり、とくにコペルニクスの太陽中心説は、意想外に日本の宇宙開闢神話を裏づけるものとして注目された。これによって西洋と日本の間の壁が堅固さを減じることとなり、平田篤胤（1776-1843）のような国粋主義的哲学者でさえ西洋の学問を称賛する文章を書いている。

「ヨーロッパ人たちは、国境など無関係に世界を航海している。オランダはヨーロッパでは小国だが、天文学と地理学を修めて、自在に世界を闊歩している。船長たるもの、これらの知識なくしては航海できないからである。しかも、オランダ人たちの長所は物事を忍耐強く突き詰めて学ぶところにあり、彼らが天体望遠鏡と太陽観測器、また天体の大きさと距離を測る道具を考案したのは、そのためである。このよう

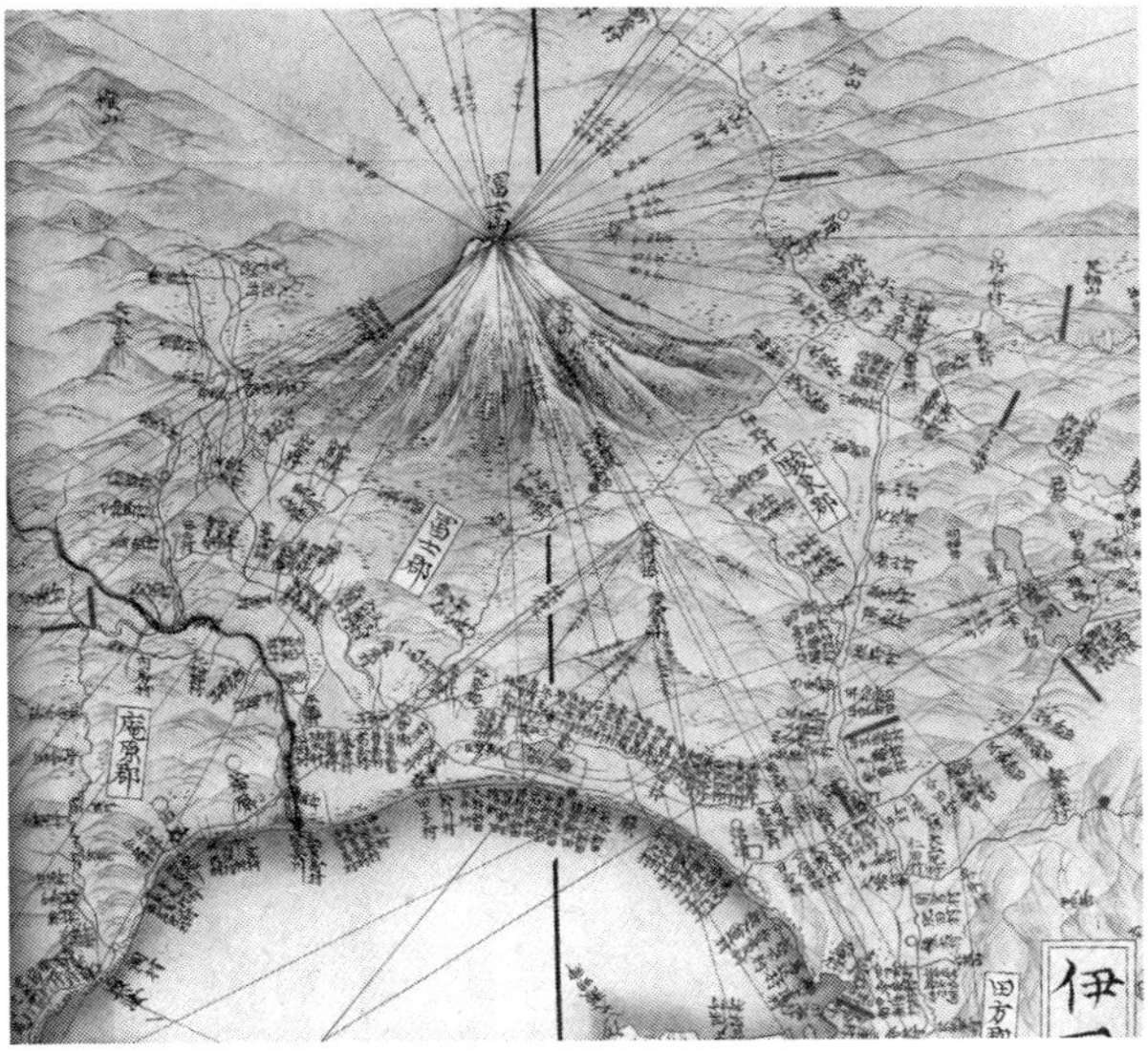

伊能忠敬「大日本沿海輿地全図」より「甲斐・駿河」（国立国会図書館ホームページより転載）

な研究のためには、一生では足りないが、そのときは、書物に記すことによって、解明の努力が子孫や弟子たちに引き継がれていくのである。

……オランダ人たちは、その科学的道具を駆使して事物の属性を確定する。彼らは、どう努力しても理解できない事象にぶつかったとき、これは人智を超えたゴットの問題であるというが、だからといって曖昧な仮説で満足することはしない。彼らがもたらした書物に含まれているのは、千年二千年と幾多の人々が積み重ねた努力の結果である。」

（内外書籍『平田篤胤全集』第一巻）

しかしながら、西洋についての情報は、とくに幕末には、体制批判の精神を呼び起こす恐れありとして幕府は警戒心を強めた。たとえば高野長英（1804-1850）は、『戊戌《ぼじゅつ》夢物語』のなかで幕府の対外政策を批判したため、悲劇的な最期を遂げなければならなかった。〔訳注・高野長英は長崎でシーボルトに学んだ蘭学医で、幕府の対外政策を批判して投獄され、脱獄したものの、追い詰められて自殺を遂げている。〕同じく開国論者で才能豊かな画人でもあった渡辺崋山（1793-1841）も、自殺に追い込まれている。このような江戸幕府の弾圧政策による犠牲者を一々挙げると際限がないが、だからといって、外国への門が完全に閉められたわけではなかった。だからこそ、明治の開国後、日本は急速に躍進を遂げることができたのであって、日本は、すでにこれより三百年前から近代科学の知的酵母を育てていた、アジアでも稀な国の一つであった。とくに日本人たちの知的好奇心は旺盛で、とくに具象的なものを好んだことから、シナの病弊の一つであった古めかしい教条主義と狭隘なナショナリズムを免れることができたのである。

しかしながら江戸時代の初期には、学問は、あくまでエリートのものであった。十八世紀ごろから、商人たちが裕福になり、また、事業のために知識を必要としたことから、金持ちの商人たちを中心に教育への関心が高まり、それが文化と社会を大きく変えていく。仏教寺院のなかには、かなり早くから、子供たちへの教育に取り組んでいた例があるが、寺子屋として広がる原動力になったのも、豊かな商人たちであった。僧侶たちは、授業料と引き換えに、日常生活で助けになる「読み・書き・ソロバン」の実用的知識を教えた。幕末のころには、こうした寺子屋が全国で約一万五千を数え、近代の初等教育の先駆となる。これと並行して、もっとたくさんの私塾があり、そこでは、儒教が教えられた。これは身分を超えた子供たちの交流の場になり、日本人としての精神的一体性の形成に寄与した。

女性教育に関しては特定の機構はなく、比較的裕福な庶民階層の間では、貴族や武家の家庭に下働きとして預け、言葉遣いや作法を習得させる、いわゆる《行儀見習い》の慣習が広がった。その一方で、家庭の切り盛り、裁縫や刺繡などを身につけることのできる私塾のようなものもあった。

したがって、江戸時代には、経済的に中流の住民たちは、自分の子供たちに、規格化はされていないがそれほど差のない教育を受けさせることができたのであって、その本質をなしていたのは仏教寺院の寺子屋や私塾であり、それ以前のシナ式の古い制度はなくなっていた。

平安時代から室町時代まで

中世の日本においては自治的な《市民共同体》といったものはなかったが、その状況を補い、騒擾と戦乱、全般的貧困に覆われた中世の時代（室町から戦国時代）にあって思索と知的鍛錬の伝統を維持したのが僧侶たち、とりわけ京都五山の禅僧たちであった。ヨーロッパの場合、ギリシア・ラテンの古典が文字教育において不可欠の役割を演じたのに対し、日本でその役目を果たしたのが中国の詩や歴史書であった。

有名な足利學校を主宰したのは漢詩やシナの歴史書に蘊蓄のある禅僧たちで、この学校は、一一九〇年ごろに鎌倉の建長寺に設けられた図書館が、鎌倉幕府滅亡のあと権力を掌握した室町幕府の将軍家の出身地である下野〔現在の栃木県〕の足利に一三九四年に移されたものである。足利學校はいったん衰退したが、十五世紀に、関東管領の上杉憲実（1410-1466）の保護のもとで、漢籍と禅、医学を教える学校として復活する。ここには、シナの学者たちも招かれてやってきたし、一五五〇年ごろには、生徒はかなり遠方からやってきた若者たちを含めて三〇〇〇を数えたという。十六世紀に日本に来ていたキリスト教の宣教師たちは、京都より東には行かなかったが、「坂東の大学」として、この足利學校のことを記しており、この事実は、足利學校の名声がいかに轟いていたかを物語っている。

同じ上杉憲実が復興したものとして金沢文庫がある。これも、一二七〇年ごろに北条実時が武蔵の金沢〔訳注・現在の横浜市〕に創設したもので、漢籍を集め、称名寺を開基して管理に当たらせ、鎌倉時代の古典文化の最後の砦となった。これらは、社会的大変動期にあって、文字文化と哲学の伝統がいかに守られたかを物語る注目すべき事例であるが、全般的にいって、それまでの日本史上のいかなる時代にもまして、文字文化が重視された時代であったことも事実である。

封建的支配者が出す法令一つ一つが証文によって認証されるか、あるいは慣習法と照合された。こうした慣習法を集めたものは、西洋でいえば、しばしば純正語法主義者が難癖をつける中世ラテン語に似ていて、古典の漢文と日本語の話し言葉の折衷で書かれていた。それが、封建領主たちの理解できるものだったのである。統治権を行使したのは武士で、多くは自分では書くことができないので僧侶を祐筆に使ったが、この極東アジアの国で、実質的権力者が文字を書けなかったというのも、これがはじめてのことであった。

封建制の進展のなかで古くからの文化的価値は宮廷生活の狭い枠のなかに閉じ込められ、しかも、その宮廷生活が空疎化していったこの時代、かつて大陸から受け継がれた教育も、人々から関心をもたれなくなっていった。かりに源頼朝一人がそれなりの教養人であったとしても、まわりの人々は所詮、剣によって立つ武士であり行動人であり、ペンの人たちはその手助け役でしかなかったから、文化や教養より力が優位に立ったとしても自然のなりゆきであった。

とはいえ、この暴力優先の時代にも、最初の文人グループの開花が見られる。あまりにも洗練されたエリートは新しい世界に適応できないで硬直化し、京都という古くからの大学は閉鎖されて、それまでの教育機構が価値を失ったこの鎌倉時代を救いにやってきたのは、シナ哲学の思考形式と宗教を媒介にした新しい知識欲であった。京都の禅僧たちが、かつて飛鳥時代と奈良時代に導入された儒教の変革に取り組んだのである。その典型的な事例が一一九九年に宋へ渡って儒教の書二五六巻を持ち帰った俊《しゅん》芿《じょう》（1166-1227）である。〔訳注・十三年に及ぶ遊学で天台・禅・浄土教を学び、東山の仙遊寺を泉涌寺と改名し、天台・真言・禅・律を兼学する道場とした。〕

封建制の勝利によっても賢くも穏やかにもならなかった武士たちは、文字を自分の軍事的勲功を讃え子孫たちに伝えるためにしか役立てようとしなかったが、教育そのものは、思想や行政の分野だけにとどまらず、民衆のなかに広がっていった。ある種の僧侶たちは、社会全般の風潮に染まって堕落し、僧兵化する者も少なくなかったが、なかには、社会の底辺へと関心を向け、民衆に働きかけようとする人々もいた。そのなかから、民衆を啓蒙するために書物や経文を仮名文字で書き直す人も現れ、仮名文字の普及もあって、新しい形のシンプルな文化が芽生えた。それまで知られていなかった社会的・国家的状況に合わせたこの方法は、すばらしい効果を発揮した。

遡って平安時代についてみると、上流家門の首長たちは、社会的変動が激しさを増すなかで、自分の家門が厳格に守ってきた知識や技能を子孫に伝えるために、京都の《大学》や大宰府の《国学》のような古くからの国家的教育機構を補完する《家学》をつくっていた。

〔訳注・《大学》は正しくは《大学寮》といって、教育と官吏養成を司った式部省の被官。大宝律令によって本科（明経道）と算科が設けられ、神亀五年に文章・明法、平安初期に紀伝道・明経道・明法道・算道の四道が確立。官僚の子弟は大学寮の学生となって学問を修め、秀才・明経・進士・明法・算・書などの国家試験を受け、成績に応じて位を与えられ出仕した。平安後期には学問の家学化によって各道を修める家門が固定化した。《国学》は地方の国ごとに設けられた教育機関で、郡司の子弟を選んで儒学・医学を教育した。国博士一人、国医師一人を教官に任命し、雑務は国司が行った。《家学》は平安中期以後、特殊な知識・技能を家職として世襲する家が明経道の中原・清原、紀伝道の菅原・大江、明法道の惟宗《これむね》・坂上・中原、算道の小槻・三善、歌道の三條・冷泉《れいぜい》・飛鳥井、書道の世尊寺、武家故実の小笠原・伊勢のように固定化し、各家において独自の「累代家説」を伝えた。また、そのほか、陰陽道・医学・暦学・音楽・儒学なども生まれた。それぞれについては、次節を参照していただきたい。〕

八世紀には、京都の《大学》、地方の《国学》とも、急速に衰える。このことは、教師と生徒たちの食事として供給された米がもはや作られなくなり、施設も荒廃したことが記されていることから明らかである。代わって、生まれたのが《私学》で、なかでも独創的なのが空海によって八二七年ごろに設けられた《綜芸種智院《しゅげいしゅちいん》》である。空海はこれを、シナでの見聞から、儒教と仏教の基礎を教える学校として設立したのであったが、残念ながら、空海が亡くなるとまもなく廃止されて長続きしなかった。

逆に、もっと長く続いたものも幾つかあり、そこでは、幅広い選択のなかで貴族の子弟の育成が行われた。《弘文院》は八世紀末から九世紀にかけて和気弘世《わけのひろよ》によって大学寮のなかに設立されたもので、おそらく朝廷のそれがあまりにも外国風であったのに対し、日本風に改めることに狙いがあった。《勧学院》は八二一年設立で、同じく大学寮のなかに出来た藤原氏出身の学生のための寄宿施設であった。《学館院》は橘氏出身の皇后、嘉智子〔訳注・原著ではDammoriとなっているが、彼女は檀林《だんりん》皇后と呼ばれた〕により、橘氏出身の学生のために創られたもの。《奨学院》は《勧学院》に倣って在原行平《ありわらのゆきひら》〔訳注・原著ではNarihiraとなっているが、業平の兄の行平が創設した〕によって八八一年に創られた。

これらの教育機構では、中国式の規範が採用されたが、仏教も、大陸におけるよりはずっと重要な役割を果たしたことは、最古の私学である吉備真備《きびのまきび》（695-775）の二教院が示している通りである。いずれも、本来は平安貴族の子弟の教育のための施設であったが、やがて単なる寄宿舎に変質していった。

これらの学校には、個々の特色はどうであれ、思想的傾向性や思考力の優劣よりも生まれを重視する日本独特の伝統があった。このことを踏まえると、知的鋳型と社会的流動性が均衡を保っていたシナの《科挙》の試験制度が日本ではなぜ広く採用されなかったかが明確になる。日本では、重要なのは、その家門が社会のなかでどのような位置を占めているかだったからである。

奈良時代の教育

とはいえ、平安時代の《家学》の土台になったのは、奈良時代の教育制度であり、その奈良時代の制度は、そのほかの日本の歴史時代最初の種々の制度と同様、中国の機構を手本としたものであった。まだ先史時代からそれほど進んでいなかったこの時代の日本が、シナのそれのような複雑な文化と文字を摂取するには、教育機構を整える必要があった。これは、明治の開国の際に行われたことを考えてみると明白で、明治時代の場合はヨーロッパに手本を求めに行ったように、奈良時代に求められた模範はシナであった。事実、当時の日本にとってはシナが世界の頂点であった。

シナへ行くには玄界灘の荒海を越え命がけの航海をしなければならなかったが、知的渇望はそれをすら上回る強さをもっていた。事実、八世紀から九世紀にかけて行われた十数回の遣唐使派遣のうち、往復とも難を免れて帰国したのは半分以下であった。海難事故に遭わないこと自体、例外的であったから、中国で学んで持ち帰ったものはきわめて貴重で、直接、朝廷に採り入れられたことのほかにも、さまざまな形で人々に教えられた。こうした学校教育を統括する責任者として「文屋司守《ふみやのつかさのかみ》」が天智天皇（668-671）によって任命された。

それからまもなく、天武天皇（673-686）は都に《大学》を設置する一方、地方にも《国学》を設けるよう命じた。さらに七〇一年の《大宝律令》では、各氏族に対し学問の重視と学校設立への協力を呼びかけている。都の《大学》の入学定員は四五〇人で、空席が出た場合は、平民階級の子弟で埋めることもありえた。教えられた教科は、「国博士」によるシナ哲学（明経道）と「医博士」による医学のほか、歴史（紀伝道）、法律（明法道）、算術（算道）、書（書道）である。

成人すれば国家の官僚となることが決まっていた上位五階級の貴族の子弟は、《大学》で教育を受けることを義務づけられたが、「史部《ふひとべ》」の子供たちもこれに加えられた。史部とは日本書紀によると、五世紀初めに朝鮮から渡来し「ふみのおびと（書首または文首）」として文字と文章についての責任者に任じられた阿直岐《あちき》と王仁《わに》の末裔をいう。彼らが実在の人物であったかどうかは定かでないが、日本で文字が使用されはじめたのが五世紀ごろであることが、考古学的調査によって裏づけられている。漢字が記された最古の物が五世紀の江田船山古墳〔熊本県〕で出土した剣であり、ついでは六世紀の隅田《すだ》八幡宮〔和歌山県橋本市〕から出た鏡である。そして、この「史部」の子孫たちが初期の日本において、書を専門とし、その実践的知識を伝えた「部」の集団で、彼らは、文字に関わる知識において絶対的威信を誇った。このほか、医術に関しては「典薬部《くすりべ》」、天文学の知識と卜占に関しては「占部《うらべ》」が権威者であった。

《大学》の呼称は現在の日本語でも使われているが、内容的にははかなり違いがある。大和朝廷時代の《大学》は、行政官つまり国家の役人を養成する機関であって、そこで若者たちが習得したのは、純粋学問ではなく、国家機構を動かすための《実際的知識 savoir-faire》〔訳注・英語でいう《know-how》〕であった。

その意味で、当時の《大学》に暦の作成と研究を専門とする部局があったのは意味深い。その根底には、よい政治は月の満ち欠けを精査し、正しい暦を作ることから始まり、国の長と人民が宇宙の正しいリズムに同化することが大事であるとする中国思想があった。占星術もシナに由来し、未来に対してよりよく働きかけるために欠かせない知識を与えてくれるものとして教育のなかでも特に重視された。

しかしながら、古代中国においても、よき行政官は理論家であり百科全書的知識人であるとともにユマニストでもなければならなかったから、その限りでは、文化教養と行政的知識とは全く相反するものではなかった。

〔訳注・このことは、明治時代に創設された帝国大学も、国家の高級官僚を養成することを重要な任務として

いたから、この点では、逆の意味で奈良時代の《大学》とそれほど離れていないということもできる。〕

初期の日本文化の仕上げにおいてシナと朝鮮半島の人々が果たした役割の大きさは、幾ら強調してもしすぎることはない。日本が何百年にわたりこれらの師から受けた恩恵を考えると、今も日本が彼らに対する尊敬心を失っていないことに驚くべきではない。とはいえ、外国の美点に学び吸収する過程には断続があるし、さまざまな変容が生じるのが常である。古代の日本は、朝鮮半島のいずれの国と同盟するかによって、もたらされるシナの思想や芸術にも変異が伴った。戦いが勃発し、同盟関係が変わると、渡来する文化も変化したり渋滞したり、まったく途絶したりした。シナ本土でも王朝は何度も交代したから、歴史的変転ごとに違ったイメージを日本に与えた。結局、生徒であった日本は、その都度、思想の目新しさ、技術の活用領域や有用性を選別しながら受け継いだのであった。

この借り入れと人材育成の政策を体系的に始めた聖徳太子は、ヨーロッパでいえばシャルルマーニュ（カール大帝）が果たした役割を思い起こさせる。朝鮮からやってきた一人の僧侶を師と仰ぐとともに、自身すぐれた思索家であった彼は、自ら仏教経典（法華経・維摩経・最勝王経）の註釈書を著した。また、それまで朝鮮を仲介して行われていたのを、六〇七年、その背後のシナに直接、使節（遣隋使）を送って交流を始めたのも彼である。この遣隋使とそのあと王朝交代に伴って継続された遣唐使は、両国政府の間を政治的・外交的に結んだだけでなく、日本とシナの間の文化を繋いだ使節であり、それが日本の文化と教育の進展の出発点となった意義の大きさは、幾ら強調してもしすぎることはない。

第三部　日本文明の物質的側面

第八章　空間

いまや日本の首都・東京は、みずからの増殖で窒息せんばかりである。この活気に満ちた巨大都市では、日々、奇妙な外科手術が行われている。建物は、完成したときは、すでに流行遅れで、商業や娯楽の急速な変化についていけず、たちまち死んでもっと高い斬新なビルに場所を譲る。自動車道路網は進路を妨げるものすべてを絶滅させながら、休むことなく延びていく。これは、休むことなく全てを破壊しながら膨張をつづける驚くべきマンモス都市である。

はるかな昔、《能》によって不死の命を付された隅田川や港の静かな水さえも、いまでは埋め立てられて姿を消したり、両岸を無機質なコンクリートで固められて橋や高架下の暗闇に追いやられ、さらには地中の暗渠のなかに姿を消している。空も大地も不健康な工場の噴煙のなかでぼやけ、画一的なビルの稜線のなかで縮こまっている。東京駅や新宿駅の複雑に入り組んだ地下通路のなかで、自分がいるのが地下何階であるかを正しく言える人がどれくらいいるだろうか？　いつも同じ光に満ち、生暖かい空気が淀む巨大な器のなかで、同じ街路、同じレストラン、同じ商店が先祖からの生活条件を再現している。ここに現れているのは、地獄の世界だろうか、それとも楽園だろうか？

この「未来学 futurologie」とか「工業化以後 post-industrielle」としか言いようのない閉じた空間とは対照的に、そのすぐ近くでは、雑然とした不統一な小住宅の集合体、伝統的な木造家屋がひしめき合っているかと思うと、スーパーマーケットがあり、大事に手入れされた樹木を庭に植えた邸宅から成る奇妙な郊外地が広がっている。それが、東海道線や中央線、私鉄各線の鉄道に沿って四方八方に延々と延び、途中、ブルドーザーによって突き崩され新しい住宅地が造成されているかと思うまもなく、列車は、いつの間にか次の町へと入っている。その町も、建設作業場の囲いがあちこちを占拠している。そのなかで、人間は、めまぐるしい変化にうまく適応できないで、古い田園の夢に郷愁を求めている。

それでも、山脈によって守られている北日本やずっと遠い九州へ行くと、広がる水田や山のふもとに蹲《うずくま》っている昔ながらの農家や、杉の木がびっしりと植えられた人工の森と、その奥には原生林が広がる深い森の世界が見られる。宮崎の草原を吹き渡る潮風、吉野の谷を流れる急流のざわめきは、この空間が植物と鉱物によって占められていることを思い起こさせてくれる。この自然は、時として牙をむき、大きな被害を与えるにもかかわらず、人々はそのなかに融け込むことを愛してきた。このような二重性をもっているのが日本の空間だからである。古い空間は、すべてが自然によって始まり自然によって終わっていた。現在の空間は派手で、時としてまやかしもあるが、自然の何かを今も保持している。

同じ漢字圏アジアでありながら、自然崇拝は、シナと日本では異なる運命を辿った。大陸では、自然は理論的には崇拝されながら、実際には容赦なく人間に侵害され、剝き出しの大地と化してきた。それに対し日本では、生あるあらゆるものへの慈しみから侵害は抑制され、あるいは消耗したぶんを補われてきたため、国土の大部分は植物に覆われている。

同じ原理が、本来の（あるいは再生された）外界への順応性をもって造られた日本建築に生気を与えている。なぜなら、そこには、材質は変わっても、長い経験から出てきた特色が現れているからで、立地条件や受けたさまざまな影響、使用目的の多様性にもかかわらず、驚くような均質性が感じられる。

こうして、日本の建築は、ときに荒々しいが常に美しく恵み深い自然のなかに生きる人間の幸せを暗示

法隆寺夢殿（上）と日本武道館（下、山田守建築事務所提供）

するかのような雰囲気を醸している。もっと単純化していえば、家は雨風を防いでくれるものである以上に、なによりも一つの風景をつくり出している。

　木の葉は毎年落ち、草は年ごとに枯れ、花は風に散る。日本の建築には自然の法則が刻み込まれていて、材質の恒久性への崇拝はない。器物であれ建物であれ、その価値は材質の耐久性には結びついていない。大事なのは物質よりも精神であり、これを芸術でいえば、貴いのは素材よりも形なのである。

　こうして、近代の東京では、新国立劇場（1966）が正倉院の輪郭線と比率のもとに造られ、武道館（1964）は、デザインの責任者になった作家の三島由紀夫の発案を受けて、法隆寺の夢殿をモデルにしている。それは、インスピレーションの悲劇的な涸渇のせいではなく、遠い昔に奈良の都で花開いた規範が永遠の若さをもって、工業時代の都市空間のなかに現れているのである。

　建築家の丹下健三（1913-2005）は、東京オリンピックの体育館と屋内プールが、鉄とコンクリートとガラスという現代的材質に縄文土器の曲線とを結びつけることによって実現したものであることを自ら述べている。彼は、中世の時代に生命の大海原に乗り出した帆船（nef）の現代版として東京カテドラルを、鳥あるいは飛行機にヒントを得てデザインしているが、そのときは、日本の伝統的な美はそれほど意識されなかったのであろう。

前川國男（1905-1986）の東京文化会館のようなそれほど斬新的でない作品にさえも、彼が学んだル＝コルビュジエから借りたものだけではない、日本の建築家としての何かが表れている。ル＝コルビュジエ自身、東洋と西洋の知的共同作業から生まれる豊かさの感動的な手本であり、かつて日本の建築家たちによって均衡を与えられていた構造と形、機能と美しさの間の関係を国際的領域のなかに移したのであった。

東京は、一九二三年の恐るべき大地震で破壊を蒙り、また第二次世界大戦でも爆撃で破壊され、明治以来、欧米世界に適応しようとした苦労の痕跡の多くが消滅しただけでなく、その後も高度経済成長のなかで、「洋風建築」の最初の試みの証拠物件は、日に日に姿を消している。当時日本に輸入されたモデルは、美の伝統からいっても、欧米の偉大さをなしていたもののそのままではなかった。旧帝国ホテルは、フランク＝ロイド・ライトが地震にも耐えられる技術の秘密を中央アメリカへ探求に行き、その成果として《インカ様式》で建てられたものであったが、経済的効率主義のために最近（1970）姿を消し、一部が歴史的骨董として、よそに移設されているはずである。

日本様式と西洋様式とが、さいわいにも醜悪さをまぬかれて融合している証拠物件は、いまでは、最終的にはムダでなかった努力の感動的な思い出になっている。なぜなら、現代建築の大部分は、侵略的で俗悪、場違いなけばけばしさによって余りにも有名なものたちであるが、それらも過去と現在の総合の成果であるからである。

空間に関して現代に起きている本当の激変は、これまでは、貧しい農民の藁葺きの家から将軍の威信を表した京都の二条城にいたるまで、日本の住まいの主役は地面に沿って水平方向に流れる線であったのに対し、垂直方向の線が優位を占めつつあることである。

第二の革命は、伝統的建築の基本を成していたのは松や杉、檜のまっすぐな線がつくり出す直線であり四角形であったのに対し、円形が出現したことである。日本の伝統的な建築においては、有名な法隆寺の夢殿のような多角形プランは例外的であり、また、シナ風に湾曲した屋根も少数派でしかない。風景を構成する要素のなかでの日本人の出現を読み取らせてくれるのは、自然の柔軟で多様な曲線のなかでの直線の存在であるといって過言ではない。逆説的なようであるが、木材は石材に較べて形の柔軟性に対応できない。ヨーロッパのカテドラルの丸天井のアーチ、柱頭の曲線などは、石材だからこそ造り出せたものなのである。西洋では、木造部分は、ロシアにおけるように、ある空間を吹雪と寒気から完全に保護しなければならない場合以外は、建築の要素としては、骨組み、軒蛇腹、垂直方向の柱と横断方向の梁、コンソール（軒などを支える渦型持ち送り）など厳密に必要なものだけに減らされた。これらの残った要素も、日本ではさらに単純化され、唯一、コンソールだけが欄間として、幾何学的増殖の可能性をもっていて、その装飾的効果が近年ことに多用されている。

日本建築では、骨組みが組み上がると、あとは柱と柱の間を練り土や板、真壁などで埋めるが、これらは建物の支えにはなっていない。建物のいたるところにある開口部は、とくに住居建築では、応接間や台所といった一部が洋式になっている以外は、ほとんどの場合、襖や障子など引き戸式で、その開け閉めによって採光を調節するようになっており、基本的に日本の住宅には窓は少ない。

現代世界からすると驚くべきことだが、日本の伝統的建築で用いられている長さの単位である「間《けん》」は、同じ日本国内でも地方によってその実質の長さに違いがある。そのため、たとえば京都のいわゆる《京間《きょうま》》と、地方の《田舎間》（江戸間も、その一つ）では、敷く畳の枚数によって表す部屋の広さが違う。たとえば同じ「六畳間」でも京都と江戸では異なるのである。〔訳注・京都の一間が六尺五寸であるのに対し、江戸の一間は六尺である。〕

このように地方によって多様な伝統的度量衡は今も用いられているが、工業の規格化は、都市でも田舎でも進行しており、この現象が進めば進むほど、地方的差異は重要ではなくなるであろう。地方によって微妙に異なる素材の特性と自然への適応のニュアンスも、日本では本州の北部から南九州にいたるまで基本的に同じままであるので、日本の田舎の家は、どこでも互いに外観が似通っている。しかし、そのなかで、たくさんの地方的多様性や独自性があり、個々の家々の非対称性を体系的に調べていくと、地方的伝統の活力の前に、画一化された一つの文化の古い伸展から生まれた不変性と単調さは吹き飛んでしまう。

最後に、日本の家の内部は、多様な可能性を包含した空間になっている。台所と風呂を別にすると、それぞれの部屋は明確に用途が定まっているわけではない。食事をしたり家族が団欒するための茶の間と客間、主人の寝間はかなりはっきり決まっているが、これらも最初から造りの上で区別があるわけではなく、いずれの部屋も、多様な使い方ができるようになっている。寝具は寝る前に敷き、朝起きると畳んで押し入れに仕舞われるし、食卓も、低くて軽く、簡単に折りたたんで部屋の隅に片づけることができる。

したがって、居住空間は変更が可能であり、唯一しっかりした境界をなしているのは、ほとんど建物の外壁だけで、その内側では、居住スペースは襖や障子で変えられるし、採光も室内の模様も自由に変えられる。この自在さにこそ、西洋建築の場合とはまったく異なる日本建築の独自性がある。

また、日本建築では、天井は板張りで、その色合いは年月とともに黒ずみ、木目は古色を帯びてくる。その反対に、床に敷かれている畳は定期的に表替えが行われ、新しくなる。したがって、部屋の明るさは下から来るのであり、人は明るさを求めて畳の上に坐る。

城と石垣

武士という軍事的社会組織を軸に形成され維持されてきた国でありながら、日本の風景のなかでは、戦いの痕跡はきわめて少ない。ヨーロッパでもシナでも、都市は外敵による侵略を防ぐために頑丈な石壁で囲まれ、それらは今もたくさん遺されているが、日本には、戦国時代のように激しい内戦時代を経験したにもかかわらず、そのような城壁はまったく存在しない。まして外国からの侵略という点では、島国である日本は、二十世紀になるまで外国によって軍事的に征服される憂き目にあうことがなかった。

国内は早くから、大和朝廷の精神的権威のもとに統一され、中世には戦国乱世の時期があり、その後、十七世紀から十九世紀半ばまでの徳川時代には、いわゆる《藩》ごとに分裂したが、武力で互いに侵略しあうことはなかった。戦国時代に各地で繰り広げられた流血の抗争も、基本的には武士たちの個人的野心と力比べに過ぎず、庶民たちは、そうした領主同士の争いに加担することはなかった。

そうした古典的な戦いにおいて作戦の要になったのは、土地の自然的条件をいかに活用するかであった。起伏に富んだこの国では、険しい高台を利用して石垣を築き、柵を設けることによって難攻不落の砦にすることができた。平地の場合は、土地を掘り下げて濠にし、その残土で高台を築き、石垣で防備力を強化した。それらは、ヨーロッパでいえばローマ時代の《堡塁 vallum》に近いものである。

このように日本人が戦いのために土地の起伏を活かすことを学んだのは朝鮮の人々からであったようである。七世紀、九州の行政の中心、大宰府を朝鮮人の襲撃から守るために、防御施設として、大野城〔訳注・大宰府と大野城市にまたがる山城で、朝鮮式といわれる〕、基肄《きい》城〔訳注・佐賀県基山町から福岡県筑紫野市にまたがる山城〕、怡土《いと》城〔訳注・福岡県福岡市と糸島市の境にある〕があったが、いずれも、山の中腹を走っている長い線でしかなく、ところどころ、空積みの石垣が見分けられるだけである。

九州の北部海岸には、十三世紀に蒙古軍の上陸を阻止するために築かれた《防塁》の跡が残っている。それらは、この未曽有の国難にあたって各地からやってきた人々が、分担範囲を決めて築いたものであることが、その多様性によっても分かる。この防塁も、事件以来の長い年月の間に、いまでは砂に埋もれ、松が生い茂って、ほとんど見分けられないくらいになっている。それが、あやうく日本の歴史を一変させたかもしれない大事件の唯一の痕跡である。

過去の英雄たちの思い出を残している背の高い草たち（上流階級）のメランコリックなざわめきというべき古典文学の一テーマである戦いが宣揚しているのは、城攻めよりも、武士道倫理がいかに貫かれたかということと、いかに巧みな戦術が駆使されたか、である。貴族政治の終焉、武士の時代の開幕を決した壇ノ浦における源平の戦いをはじめ日本史上でも重大な戦いは、すべて、水陸を問わず、長期にわたる追跡の動きにほかならず、城攻めのやり方は、挿話的に入ってくるだけである。そもそも、地震国である日本では、石で高く築いた重々しい城も大きな地震にあうと一瞬で崩壊したから、築城にエネルギーを注ぐこと自体、ナンセンスであった。そのため、戦乱の世に終止符を打った徳川幕府は、城を軍事施設としてではなく、将軍の代理として藩を治める大名の権威の象徴として一藩に一城だけを認めたのであった。

遡って十五、六世紀の南北朝時代には、後醍醐天皇が吉野山中に籠もったのをきっかけに日本全体が一種の無政府状態に陥り、各地に城が乱立し、そのなかで築城技術も発展した。その知識と経験の蓄積から生まれた「名城」が大坂城であり姫路城、桃山城、安土城などである。これらの城の古典的プランは、天守閣と、土地の起伏を作戦的に利用して配置された石垣と内堀・外堀の何重もの防御システムである。

各地で行われるようになった復元作業のなかで、しばしば立った姿勢のまま埋められた男の骸骨が基礎部分から発見されているが、これは、建物に霊力をもたせるための《人柱》であったことが分かっている。とはいえ、このような迷信的で野蛮な風習は、日本に特殊なものではなく世界各地で見られる現象である。

日本の城の多くは、土壁が石灰と貝殻の粉で白く塗られている。ヨーロッパと違って跳ね橋は滅多に見られず、木製の固定橋によって濠を越えて入城するようになっていた。固定式の橋は、攻城戦で、いよいよ危なくなると、敵軍の侵入を防ぐために、切って落とされた。城門は、外側に向けたのと内側に向けたのと二重に設けられ、この両者の間を《枡形》にして、敵兵を閉じ込めて殲滅するようになっていた。攻撃軍は、天守閣に到達するには、鉄の鋲を打った木造の重い門で閉じられた二層構造の入口を突破し、守備側が四方から弓矢を浴びせることのできるよう設計された中庭、両側を石垣で挟まれた狭い通路を通っていかなければならなかった。

城の東西に設けられた隅櫓からは、作戦上の主要ポイントをすべて監視できるようになっていたうえ、互いの間を土塀や廊下で結ばれていて、敵兵が防衛側の矢や弾丸、石落としから放たれた石を運よく避けて侵入してきたとしても、目的地には容易に辿り着けないよう建物全体が一種の迷宮になっていた。

遠目から見る城は、灰色のキュクロプス式石積み〔訳注・巨石をモルタルを用いないで積み上げる方式〕の石垣の上に五層とか七層の白壁の天守閣が聳えていて、美しいシルエットを描き出している。水平方向の線を好むこの国には稀なその高さは、周りに広がる町やさらに外側の田園まで見晴らせる眺望台になっている。城のまわりに広がった町は、無秩序なやり方で形成されたわけではなく、権威主義的手法で幾何学的プランのもとに造られた中国の都市と同様、厳格な階級的配列に従っており、城にすぐ近いあたりには武家屋敷が配置され、それらはさらに身分によって配置が決められていた。その先は市民の家々になるが、武器職人の町、大工町、酒屋町、魚町など、同業種ごとに集められ、町全体が産業経済の見本市の観を呈していた。

姫路城

城自体に戻って言うと、京都の二条城と兵庫県の姫路城は、平和になった徳川時代を象徴する名城で、かつての要塞の趣は影を潜め、内部は金箔を贅沢に使って躍動する虎や太い幹の老松などを描いた襖をめぐらした、豪華な宮殿になっている。すでに室町時代でも応仁の乱が終熄したころから、城は規模も大きく、素材も強靱、プランもより複雑になり、さらに十六世紀に入ると、ポルトガル人たちがもたらした火器を活用して国内統一を実現した織田信長や豊臣秀吉によって、さらに贅美を極めた城が建設された。

このおかげで日本の建築は、それまでは本質的に宗教的建築が主役を占めてきたのに対し、世俗建築が牽引役を引き受けるようになった。しかし、これ以前の日本において主役を占めていたのは、中国の伝統を引いて様式上では宗教的と世俗的の区別のない建築であった。

武家屋敷

今日の日本建築は、徳川三代将軍家光（1623-1651）による格付けが行われた大名屋敷（これ自体、城の影響を受けている）や武家の屋敷から来ている。大名たちの江戸屋敷は、徳川家との関係によって配置が定められ、その格は門構えに示された。したがって、門は、主人の社会的地位のシンボルで、大名や格の高い武家の屋敷の門は、上に屋根がのっていて、脇には門番の詰め所があった。身分が少しさがると、二本の柱の間を横木を渡しただけの冠木《かぶき》門になり、さらに身分が低いと左右の長屋と接続している長屋門になる。一般庶民の場合は門を建てることもないし、屋内の客間も、付け書院はなく、鴨居の上の長押《なげし》や金屛風の衝立《ついたて》も、葉飾り入りの襖もなかった。

現在の個人の家の状況は、江戸時代からそれほど変化しておらず、豪華で古風な屋敷には、武家屋敷に禅寺起源の書院造りを結びつけた跡が見られる。

個人の住居は、十八世紀には、大名屋敷の厳めしさと茶室の簡素さを結びつけることによって進展を遂げていた。この傾向は広く支持されたようで、自分の家を手早く建てたがっている素人が大工に注文するために《雛形本《ひながたほん》》が出版されていたほどである。家を建てたくても、設計は誰でも簡単にできることではなかったから、これは独創的な解決法であったし、とくに近代に入って都市化が加速するにしたがって有効性を高め、その結果、かつての大名屋敷が、その必要不可欠な要素だけに縮減され、民衆の手に届くものになったのである。

この《住居の民主化》が広がったのは、近世になって江戸や大坂といった都会で成功をおさめた商人や職人のおかげであるが、同様の現象は、一足早く中世末には近畿地方で、村の長者たちの間でも見られた。彼らは、その役柄上、位の高い武士たちを接待しなければならないことが多く、そうした訪問者の身分にふさわしい客間を用意しておかなければならなかったからである。

上流貴族の屋敷は、室町時代には二つの部分に分かれていた。一つは、家族の日常生活が営まれる北側の部分で、もう一つは、客を接待したり儀式を行うための南側の部分である。後者にあっては、眼前に庭園が開け、室内は迎える客人の身分によって接待の豪勢さも変えられるし、たとえば宴の規模と派手さも、襖によって変えられるようになっていた。したがって、装飾的要素は、この南側に集められていた。その中心になったのが《床の間》で、そこには掛け軸が掛けられ、《違い棚》《ちが》には、主人自慢の芸術品が置かれた。手回りの道具などを載せておく《二階棚》や扉付きの《厨子棚》が設けられるようになったのは、恐らく十五世紀のことである。《付け書院》が設けられるようになったのも、同じころと思われる。

書院タイプの部屋は、仏教の僧侶の房が洗練度を高めて出来上がったもので、障子から採り入れる外光を利用して、書き物や読書をするための机が設けられ、この机に向かって坐るために、床を少し高くしたのが《床の間》である。しかし、年月を経るにしたがって、書院は読み書きのためというより、その家の裕福さ・品格を誇示するための部屋になり、天井は格間《ごうま》で飾られ、襖には豪奢な絵が描かれ、欄《らん》間《ま》には彫刻が施された。

部屋部屋は障子一枚で縁側に繋がっているので、江戸時代から比較的明るかった。縁側の外側の戸は、今日ではガラス戸になっているが、昔は障子で、風雨を防ぐために板張りの雨戸が付けられ、昼間は戸袋にしまい、屋内に光を存分に採り入れるようにした。

首都——江戸と京都

江戸は実質的統治者である将軍がいる政治の都として、全国から富も集まり、あらゆる点で美しく整備されていった。多くの建物は二階建てになったが、木造建築ばかりであったため、「火事と喧嘩は江戸の華」といわれたほど火災が頻繁に起き、そうした火災への安全対策も進められた。延焼を食い止めるために緑地が設けられるとともに、町屋の壁は漆喰塗りになり、屋根は瓦葺きになった。とりわけ、防火対策強化の機縁になったのが一六五七年の《明暦の大火》〔訳注・三つの大火の総称で、町屋四〇〇町、大名屋敷五〇〇、旗本屋敷七七〇、江戸城天守閣・本丸・二の丸なども焼失、死者数万に及んだ〕で、同じ瓦葺きでも、それまでの《本瓦葺き》〔訳注・平瓦と丸瓦を交互に組み合わせたもの〕に代わって、より安価で庶民にも手の届く一枚一枚が波形になった桟瓦《さんがわら》が普及した。屋根は瓦葺きにすると、当然重量が増すため、建物もより堅固に造られるようになった。しかし、江戸の町全体を防火的視点で改造するにはいたらず、東京になって久しい今も、不規則な道路が迷路のように入り組み、燃えやすく壊れやすい木造住宅が密集している区画があちこちに広がっている。

江戸に初めて居館を設けたのは十一世紀の江戸重継であるが、城を築いたのは十五世紀の戦国武将の一人、太田道灌で、そのころは、隅田川河口の島と武蔵野の湿地帯の一画を占めるだけの小さな集落でしかなかった。徳川家康が豊臣秀吉によって関東に移封され、さらに徳川氏が勝利をおさめて政治的首都となってから江戸の町は急速に膨張し、少しずつ海を埋め立てて広がっていった。現在の皇居は、家康が引退して住むつもりで一五九二年に建てさせた西の丸があったところに建っている。江戸城は、二代将軍、秀忠によって大きくなり、高さ六〇メートルの本丸は、鉛の瓦が葺かれ、隅がはねあがった優雅な屋根は、尾びれで空を打っている金色の鯱を棟の上に載せていた。しかしながら、一六五七年の火災で焼失したあとは、財政難から、ずっと慎ましいものになった。今日も往時の面影を遺しているのは濠ぐらいで、近代都市東京のまんなかで静けさを保っているその水面は、かつてのよき時代を偲ばせてくれる。

徳川幕府は全国の大名たちを江戸に集めて屋敷を建てさせ、参勤交代の制によって定期的に住まわせたから、江戸の町は、神社仏閣も増え職人や商人の町としても発展していった。将軍は、火災やときどき起きる暴動に備えて、江戸の町を幾つかに分け、職人組合ごとに割り振り、互いの間に仕切りを設けさせた。警備のために、町全体の地図を明らかにすることも忌避したから、町民たちは、住んでいる狭い範囲から一歩出ると、どこにいるのかもよく分からなかった。主な目印になったのは神社仏閣の大きな建物、著名な大名屋敷、あとは川や森、池、沼などで、それらは、今も地名にその跡を残している。

富士山は、どこからでも見ることができた。東京から滅多に富士山を見ることができなくなったのは、二十世紀後半に入り、高いビルが林立し、スモッグのために空気が不透明になってからである。それまでは、江戸すなわち東京は、美しい富士山に見守られた都市であった。

街路が複雑に入り組み、不規則な街区が広がっていた江戸とは対照的に、直線道路によって幾何学的に区画されているのが京都である。明治維新まで天皇が住んでいた御所が北の要の位置を占め、街区は碁盤目状に南のほうへ広がっている。京都はさらに古い都であった奈良と同じく、シナの首都をモデルに断固たる計画性をもって建設された政治的都市であるだけでなく、町自体が宇宙論的シンボルである三次元的曼荼羅になっている神聖都市でもあった。

京都では、計画段階から町自体に魔術的力が秘められていて、当初、神社仏閣は、周辺部の山懐に押し詰められていた。それは、先輩の奈良の都が大寺院のために種々の難問を突きつけられた経験から、意図的に排除しようとした結果でもあったが、この配置自体、聖と俗が適正な調和を保って、よき知性をもって生きることができるようにと構想されたものであった。

庭園

庭園は伝統的な住まいには欠かせない存在で、《日本庭園》は世界的に有名で、それを構成する幾つかの要素はエキゾチックな夢を生むシンボルとなっている。その一つは木造や石造りの橋で、下を舟が通れるようアーチ型になっているのや平らな橋、橋脚から橋脚へジグザグに曲がっている《八つ橋》、さらには屋根付きの橋もある。また、下の水は流れになっている場合もあれば、流れのない水面にせり出して設けられている橋もある。

水（とりわけ海）は日本の風景に欠かせない存在であり、庭園においても、複雑に入り組んだ水辺が織りなす調和を再現することが重視された。この原理を極限に押し進めたのが源融《みなもとのとおる》（嵯峨天皇の皇子。

822-895）の六条河原院で、そこでは、毎日海水が運ばれ、湾の奥の小さな村で行われているやり方で塩焼きが行われた。〔訳注・河原院は平安京の六条北・東京極の西にあり、広さは四町ないし八町あった。〕

名勝地の景観は、九世紀、十世紀のころから好んで模写され再現された。松の木が生えた島々が海面に点々と散らばっている松島、松に覆われた長い砂嘴《さし》が海中に延びている天橋立《あまのはしだて》は安芸の宮島とともに日本三景と称えられ、これらの絶景は好んで多くの庭園に採り入れられた。庭園の池自体、シンボリックな形に造られ、たとえば京都の西芳寺《さいほうじ》〔訳注・天平年間、行基による創建。庭園は十四世紀、夢窓国師によって造られ、枯山水と池泉庭園とから成る〕のそれは、上から見ると「心」の字の形をしている。島も自然のそれを写して、山の形をした山島、平らな野島、木々に覆われた森島、磯の形をした磯島などがある。

造園には中国の道教の伝説を踏まえたものも多い。道教の伝説では、海の彼方に不老長寿の薬を持った仙人がいるとされ、音楽が演奏されるなか、その島をめざして行くのが舟遊びの趣旨であった。池の静けさに滝の音を加える工夫も凝らされた。たとえば江戸時代初め、徳川光圀（1628-1701）がデッサンして造らせた小石川後楽園では滝が重要な要素になっていた。これは、こんにちも、近代的遊園地と電車の喧噪に囲まれたなかで、静寂な別世界を遺している。

水とともにあって、水によって生気を帯びるのが石である。日本庭園では、石や岩山が水辺を縁取り、あるいは滝の水しぶきを浴びながら重要な役割を演じている。その淵源となったのは、平安時代にとくに好まれた唐の白居易（772-846）の詩で、日本では歴史を経るにしたがって、その洗練の度が深められ、安土・桃山以後発展した茶道における必須の美的要素となった。石は、古代の神道においても、なんらかの魂を宿す存在として崇拝されていたが、仏教でも、石にも魂が宿っているとする考え方があり、

龍安寺の石庭

罪を犯した魂が閉じ込められていることもあれば、逆に、有徳の人の不可侵の魂を宿すものとして崇められもした。

石を扱う職人の僧団（石立僧《いしだてそう》）は、すでに平安時代初期から存在し、石は細工され磨かれることによって輝きと優雅さを獲得したが、自然のままでも宗教的象徴として崇拝の的になったり、宗教的意味を付されたりした。そうした到達点を示すものとして忘れることのできないのが大仙院〔訳注・京都の北区紫野にあり大徳寺の塔頭の一つで一五〇九年に創建〕の枯山水《かれさんすい》や龍安寺《りょうあんじ》（一四五〇年創建）の「虎の子渡し」と呼ばれる石庭である。

これらに加え、極東全域において古い魔術信仰と結びついて存在していた石への嗜好が、道教の思考と結びついて発展した。道教においては、石は長寿と結びついているとともに、母胎の象徴でもあった。道教の伝説では、シナの神話上の王、禹は石から生まれ、この世に出るためには母の腹を自分で開けなければならず、彼の息子の啓も同じようにして生まれたとされる。

石は、手を加えて灯籠にもなる。この灯籠も庭園の欠かせない要素となった。日本の灯籠は、ただ光をもたらすという物質的効用だけでなく、精神的な要素も秘めていた。神社の参道の左右に並ぶ灯籠は、人々を神域へ導くという神秘的役目を帯びている。池のなかに三本の足をふんばるように立てられ、笠が大きく背の低い灯籠は「雪見灯籠」という詩的な名で呼ばれている。このタイプの最古のものは、桂離宮（十七世紀前半）に見られ、夜どおし行われた風流な茶会を照らすために使われた灯籠の姉妹であるとされる。灯りが入る花托《かたく》は精霊を表しているとされ、仏教建築とともに入ってきたもので、仏教と神道の融合に助けられて早くから広がった。

神社仏閣の灯明に使われる油は信徒たちの寄進によったし、灯籠の一基一基が信徒の寄進の賜物であり、供養した人の名前が刻まれていることが多い。したがって、灯籠の出来の良さは信徒の真心の現れであり、数の多さはそうした篤信の信徒の多さの誇示でもあった。とりわけ、奈良の春日大社は、境内の入口から本殿まで通路の両側に豪勢な灯籠が並んでおり、この社の氏子である藤原氏の権勢と財力がいかに大きかったかを示している。

春日大社の参道

石は、庭園のなかを貫く通路にも用いられた。といっても、車が通れるような舗装としてではなく、土や砂利が広がるなかに、飛び飛びに平らな石が置かれている、さりげない通路のことが多い。

こうした日本の庭園の構成要素は、重々しすぎると自然さの欠如につながりかねず、あくまで庭園という劇場の一つの装飾でしかないところに、そのすばらしさがある。なぜなら、庭園自体、静的に眺めるのでなく、そのなかを移動しながら動的に視ることによってこそ、その本質が捉えられるからである。建築師も庭師も、一つの固定的な枠組みを造るのではなく、散策する人の歩調によって風景の展開のリズムが変化するよう工夫する。

したがって、こうして整備された自然のシーンのそれぞれは、遥かな旅を想起させるよう詩的な名称が付けられている。たとえば後楽園は、渡月橋、大堰川《おおいがわ》、白糸の滝、竹生島《ちくぶしま》といった名所(いずれも、平安の昔、天皇や貴族たちが訪れ、歌に残している)の名前が付けられた石組みや築山《つきやま》、橋などを巡る回遊式の庭園になっている。しかし、こんにちでは、便乗商法の弊害も大きく、たとえば京都の龍安寺では、隣接する公園のいたるところに巨岩が配置されたため、この有名な石庭を見ても、感動が薄れ、味気ない驚きのなかに融解して、その意味を失いかねない事態に陥っている。

現在の日本の代表的な回遊式大庭園は徳川氏が遺したもので、屋内から眺めるためだけの風景式庭園とは異なる。それらは、茶道の宗匠でもあり、貴族的美学をもって建築や造園に才能を発揮し、桂離宮の庭もデッサンした小堀遠州(1579-1647)の流れを引いている。彼は近江の小大名であったが、徳川家康に重用されて伏見奉行に登用されるなど、徳川政権に用いられたが、京都の貴族たちとの交友も深く、古典文化に養われた伝統技能を駆使して古都の美化に尽くした。シンプルでしかも威厳を湛えた桂離宮には、自然を愛した彼の資質が現われる。

伝説によると、彼は、この仕事を始めるにあたって三つの条件を提示したという。それは、カネに糸目を付けないこと、期限を区切らないこと、完成するまでは人に見せないこと、である。こうして、全面的に委嘱されたからこそ、これだけの傑作が生まれたのだという。

とはいえ、この自然賛歌以上に人工的なものがあろうか? その精神は根本的に違っているが、本来の自然に徹底的に手を加えて自然を再現している点では、ヴェルサイユのそれと共通するものがある。この建築家が求めたのは、空間を哲学的に組み立て直すことと同時に、繊細な象徴主義と、注文した君主以上の古への感傷的追慕を表現することであった。

たしかに、植えられた草木は、こんにちでは生長し、世代を重ねるなかで、往時のイメージはぼやけているものの、木々も石も、道筋も、模範とされるにふさわしい価値を保っている。その第一は、風景式庭園モデルの活用であるが、それ自体が驚くべき逆説になっている。これらの庭園のなかでは、石造りの橋や通路などが人間の手によるものであることを示している一方で、建物には、加工していない材質が好んで用いられている。その意味では、桂離宮ほど建築物と自然の根底的結合を実現しているものは、どこにもない。そこには、十四世紀に禅宗の五山の一つである西芳寺（通称・苔寺）の庭を造った夢窓疎石《むそうそせき》（1275-1351）の教訓が失われず活かされている。同じく夢窓の教訓が活かされたものとしては、書院、床の間、床全面に畳を敷いた建築の草分けである銀閣寺（慈照寺）、さらに古い十四世紀の金閣寺（鹿苑寺）がある。

それらは、禅寺らしい厳格さを帯びながらも、死後に赴く阿弥陀の浄土のイメージをこの世に表現している。あの世の幸せをこの世に実現することは、阿弥陀信仰の隆盛に伴って十二、三世紀から盛んに行われるようになり、その礼拝のための特別な場所や建物が造られ、とくに貴族の間では、夢の世界のような庭園のなかに専用の寺を建てることが理想になった。それが宇治の平等院であり、いまでは無くなってしまったが鳥羽離宮である。〔訳注・鳥羽離宮は白河上皇が造営し、そのあと鳥羽上皇がさらに充実させたものであるが、現在は、東殿・北殿・南殿三区画のなかの東殿が安楽寿院として残っているだけである。〕

どちらも、建物のすぐ足許に池が迫り、水面に映る像と二重になるよう工夫されている。訪問者は、島から島へ移動するにつれて変わる新しい展望のなかで、建物とその水面の像の此の世のものと思えない美しさを目にして、瞑想の喜びに発見の喜びが加わって、聖なる世界へと誘われていく感覚を覚える。こうして、池の水とそこから流れる川の優しく波立つ水の表面が、長い廊下の閉じた空間に生命を吹き込むところで、この庭園の精神化は頂点に達する。

古代の都

平安時代の天皇の宮殿や貴族の館は宗教建築の趣を湛え、モデルとなったシナの建物の幾何学的均衡を保っていた。天皇の正式の御座所である紫宸殿は南向きになっており、居住部分である清涼殿は後涼殿と東西に「対の屋」になっていて、屋根付きの廊下で結ばれていた。他方、紫宸殿の北側には仁寿殿と承香殿が設けられた。いずれも、柱は朱塗りで、屋根は銅瓦で緑青を吹いて青みを帯びた灰色または緑色をしており、荘厳さとともに、まわりの風景の色合いの柔らかさとコントラストを成していた。

このように控えめな色合いのまわりの景色に建物の鮮やかな朱を対峙させる手法は、平安・平城の古代の都から今日にいたるまで宗教的・公的建築に引き継がれている。聖武天皇の時代の七二四年には、高位の役人だけでなく、財力のある全市民は、粗末で地味な木造・藁葺きの家を捨てて色鮮やかなシナ風建築に建て替えるよう、勅令が出されている。大陸の長安の都を手本に計画され建設された奈良の都の輝きは、先史時代から引き継がれた伝統をまさに一変させるものであった。

しかし、日本では、哲学や宗教もそうであるように、すべてが新しいものになるわけではなく、古いものも生き残り、審美的効果を補う働きをする。とくに建築の進展をリードした宗教においても、仏教寺院がこの新しい様式で建てられたのに対し、古来の神道は先史時代のままの様式を再現しつづける。たとえば、最も驚くべきは、古墳時代の小国の王たちや弥生時代の農耕民が住んだ高床式のつつましい家を進展させただけの神社である。

仏教文明渡来の影響を受けていない最古の神社は幾つかのタイプに分けられる。天皇家の先祖を祀っている伊勢神宮は、日本書紀によると、神々と天皇が同じ家にいるのはよくないとの判断から建てられたという。おそらく五世紀末か六世紀初めのことと考えられている。その最も神聖な建物は、相等しい二つの場所に交互に建てられ、定期的に移される。つまり解体されては建て直されるのである。したがって、神がいる場所といない場所があるわけであるが、不在の場所にも短い柱が象徴的に立てられる。これは、再生の希望への神道の信仰と生命のサイクルの持続性を示している。

伊勢神宮は二つの建物（内側に内宮、外側に外宮）を含んでいて、現在（一九七四年時点）の外宮は一九五三年に建てられたもので、基礎杭の列柱で支えられた本体に厚みのある急傾斜の藁屋根が載った建物が列なっている。屋根の簡素な飾りである千木《ちぎ》と梁の葛尾木《かつおぎ》は、古墳時代の戦士たちの雄々しさを想起させる。この神社は先史時代の蔵が発展した形をしており、壁の外側の支え柱が特徴的で、《神明造り》と呼ばれる。

これと同じくらい古く重要なのが、大和と出雲の戦士たちの苛烈な戦いの神話伝説を宿す出雲大社である。日本の神社のなかでも最大級のこの神社の本殿が最後に建て直されたのは一七四四年で、大和朝廷にとってライバルであった「八重雲たつ北国」の文明の力を反映して、もともと壮大な規模をもっていた。『日本書紀』には「即ち千尋の栲縄《たくなわ》を以て結ひて百八十紉《むすび》にせむ、其の宮を造る制は、柱は則ち高く太く、板は則ち広く厚くせむ……」（巻第二、神代下）とある。

それは、十世紀の文書によると、奈良東大寺の大仏殿よりもさらに大きかった。しかしながら、規模の大きさの割りに、あまり頑丈ではなかったらしく、十一世紀から十二世紀にかけて七回も倒壊している。そこで、一二四八年には、規模を小さくして頑丈に造り直された。四角い主殿は三本ずつ三列に並べた柱で支えられた。これがいわゆる《大社造》である。出雲大社には、ほかにも幾つかの特徴がある。四角い囲いのなかにさまざまな建物が非対称に配置されていることであるが、これは、計画した人に才能が欠けていたため、原初のそれが有していたはずの美しい均斉が失われたためとも考えられる。しかし、量感に満ちた建物は、まわりの木立の豊かさとあいまって、素戔嗚尊が大蛇を退治した伝説を髣髴させる威厳を湛えている。

神明造の伊勢神宮（上）、大社造の出雲大社（中）、流造の伏見稲荷大社（下）

ラフカディオ・ハーン（小泉八雲）は『日本瞥見記』のなかで次のように記している。

「参道にはしめなわのかかったたくさんの鳥居が次々と建っている。鳥居は、この祀られている神の力にふさわしく大きく立派である。しかし鳥居以上に堂々としているのが両側の節くれだった松の並木で、その多くは樹齢何千年で、梢はもやのなかに消えている。とくに立派な何本かには縄が幹に巻かれて神聖さを際立たせている。あらゆる方向に地面に伸びている太い根はあたかもねじれ這っている大蛇のようである。」

京都の神山と鴨川の間にあって、いまも大きな森に囲まれ守られている上賀茂神社は、《流造《ながれづくり》》のよい手本で、その平面図は長方形になっている。

こうして、伊勢神宮を代表とする《神明造》、出雲の《大社造》、そして、この《流造》が大陸から仏教とともに彩色建築が入ってくる以前の神道の精神を象徴する三様式である。これらの神社建築は、鉄器時代からの森林文明の伝統を引き継いで専ら白木を用い、神道が、生の素材の簡素さを好む伝統の源流になっていることが分かる。

空間についての神道的観念にも神社を見守る森との融合への志向性が現れており、その点では、日本は中国大陸の単なる衛星的存在ではなく、そこには、北アジアや東南アジアに広がる森林の民の文化の影響が強く感じられる。日本人の生活は、冬はシベリアから寒風が吹きつけ、夏は熱帯の猛暑に包まれるという厳しい自然的条件に悩まされるなかで営まれ、神道的観念も、そのなかで形成されてきた。しかしながら、同じく神道に種分けされるが、住吉大社の《住吉造》や八幡宮の《八幡造》、伏見稲荷の朱塗りの柱、白塗りの壁の建築には、都会化されシナ化された、半ば仏教的な派手な対照性が表れている。

仏教が人々を惹きつけ、インド、シナ、東南アジアに広がり、日本でもかなり大きな比重を占めているのは、輪廻の苦しみに囚われる人間に解決法を示そうとしたことにある。仏教建築は中国でもすでに長い時間をかけて成熟していたが、日本には周期的にもたらされ、日本化されて、その風土に合った特徴を育んできた。こうして日本化された仏教建築の本質的なものが最も容易に感知されるのが、とくに鎌倉時代に導入された臨済宗の寺である。

鎌倉の円覚寺（一二八二年、無学祖元が創建）の舎利殿は、白木の温もりに梁の持ち送りの多様な装飾性と花綱で飾った楣《まぐさ》の洗練ぶりを結びつけていて、「唐様」と呼ばれてはいるが、かさばった藁屋根の膨らみと青みがかったスレートの輝きを結びつけたエレガントな繊細さは、アカデミックな中国様式とも天竺様とも対照的である。その一方、建物と建物を結ぶ道の複雑な象徴性、そこにひしめいている付属的な小建築は、禅宗の特徴である簡素さとも対照的である。また、京都の禅寺は、大徳寺のような大規模な寺院も、それよりつつましい南禅寺でさえも、それだけで一つの世界の要約を示している。

この禅寺に対して念仏の寺院は、《能舞台》があり、宗教的部分よりも住居部分が重要性をもっていて、どちらかというと、大名屋敷に近いものをもっている。宗教的部分を成しているのは、阿弥陀如来を拝むための本堂と開祖の思い出を偲ぶための別棟であるが、基本的には、阿弥陀を拝むための配置になっている。阿弥陀如来は、人が最後の息を引き取ったときに迎えにきてくれる慈悲と光に満ちた仏として、広く信仰を集めた。

全般的に仏教寺院の基本的配置は、平安時代の初め、天台宗と真言宗で信徒たちによって利用されたものから発展した。天台宗や真言宗から求められて建築に携わった職人たちは、はじめて不規則な山岳地の地形に合わせた配置を工夫するとともに、僧侶たちも、都の政治の世界から離れたところで、古くからの神道の野性味に満ちた魅力を再発見することにより、それに哲学的・道徳的論法を加え、支えとしていった。加えて、大勢の人々が招かれて集まったので、彼らが祈るための大広間、その一方で僧侶たちが瞑想するための部屋も求められた。三重塔や五重塔も日本式で、その頂きに飾られた半球体がシナ＝インドに淵源があることを偲ばせているのみである。こうして平安京に君臨したのは日本的に鋳直された精神であったのに対し、奈良のそれは、大陸から導入されたそのままで、日本的な特徴は見られない。

奈良は、六世紀中頃の仏教到来以後、幾つもの寺で占められ、寺々の重々しい鐘の音がこの都の時間の流れを支配した。奈良盆地の平野には、六つの宗派の七つの大寺が建てられ、それぞれが、その用途によって容姿を異にする建物群によって構成されていた。一つの寺のなかでは、塔と主要な建物を含む伽藍院が敷地の西南部分を占め、その外側に僧侶の共同体生活を支える業務の行われる部分（眠るための棟、食堂、事務所、道具置き場）、そして畑、奴婢たちの住居が並んでいた。これらの全体を築地《ついじ》が囲み、何箇所かの門が外の世界と繋いでいた。歴史の変遷とともに、こんにちでは、多くの寺が廃寺となり、そうした付属的建物は跡形もなく消滅しているうえ、本堂や中心部分も多くは畑や水田の地中に痕跡を遺すのみとなっている。

聖域部分でもとくに重要だったのは、本尊が祀られている本堂（金堂）と仏舎利が納められている塔である。この二つを囲んでめぐらされていた回廊は南側が中門によって外に開かれ、北側は講堂に繋がっていた。講堂のさらに背後が僧侶たちの生活ゾーンになっており、これに鐘楼と鼓楼が付いて完璧

東大寺大仏殿

となる。この古典的配置は、たしかに、歳月の経過とともに変化し、有数の大寺院でも、元のままの姿を留めているものはない。

たとえば東大寺は、七四一年に全国の国ごとに建設されることが決まった国分寺の総国分寺として七四五年ごろに完成したが、当時の本堂は一辺が一五〇メートルの正方形で、当時の建築師たちにとっては未曽有の、世界最大の木造建築である。建設には二十年の年月と延べ五万人の大工、三十七万人の労働者（鍛冶屋や鋳造工も含む）を要した。この建物に鎮座している青銅の大仏は座像ながら高さが十七メートルあった。今日見ることのできる建物は十二世紀に、当初のそれよりかなり小さく建て直されたものである。

〔訳注・東大寺は十二世紀に平氏によって焼かれ、いったん再建されたものの、十六世紀にも兵火にあって焼失し、こんにち見ることができるのは、十八世紀初めに再建されたもので、当初のそれに較べて小さくなっている。〕

東大寺の建設に注がれた労力は、西欧のカテドラルに比肩し、発掘調査の結果、回廊が巡らされ、東には塔が建っていたことが分かっているが、すでに舎利より仏像の崇拝が主になっていたので、塔のなかに安置されていたのは仏像であった。祭壇は奥のほうに押し詰められ、信者たちは遠慮なく本堂に侵入してきたし、本来そうであったような僧侶たちの瞑想のための施設ではなく、雑多な民衆が参詣する聖地で、東大寺全体が一種のキャラヴァン・サライ（隊商宿）の趣さえ湛えていたと考えられる。

本堂の仏菩薩が集められた《パンテオン》も、ますます賑やかになる。これは哲学的厳格さよりも信者たちの好みや信心に合わせてさまざまな仏や菩薩が祀られたためで、シナからやってきた鑑真によって七五九年に創建された唐招提寺では、この聖なる部分を大きくするために、回廊の後方部分と聖域とを合体させなければならなかった。

最も初期の仏教寺院は、多くの民衆の参詣を想定したものではなく、君主たちの宮殿の聖職者版で、もとになったシナの公的建造物の優雅だが威圧的な威厳を引き継いでいた。しかし、この生徒は師匠が示した枠をまもなく覆してしまう。法隆寺（六〇七年に建設されたといわれる）の塔と金堂は、四天王寺（五九三年建設）では尊重されていたシナ的プランを打ち破った大胆な配置になっている。

こうして生まれた日本的観念が、七世紀から二十世紀にいたるまで無数の花を咲かせたのであるが、そこには、不均衡なものを結合することによって一つの安定性を生み出す、巧みな昇華のプロセスが見られる。なぜなら、日本的均衡は《間》あるいは《余白》を活かし、水平方向の線と垂直線の組み合わせの妙を追求し、多様な色彩を釣り合いを取ることにあるからである。

第九章　道具

「少女等《をとめら》が少女《をとめ》さびすと、唐玉《からたま》を手本《たもと》に纏《ま》かし、白妙の袖振り交はし、くれなゐの赤裳《あかも》裾引き……
丈夫《ますらお》の壮士《をとこ》さびすと、劒太刀《つるぎたち》腰にとり佩《は》き、猟弓《さつゆみ》を手握《たにぎ》り持ちて赤駒に倭文《しづ》鞍《くら》うち置き……」

（山上憶良）

日本ほど日用の道具と装飾芸術とが相互に浸透し合っているところは、おそらくどこにもない。素材の簡素さ、使い方の率直さが、芸術家に創造的力を発揮させ、ほんのありふれたお椀一つにも、その時代の天分が要約されている。

情念が知性に優先するこの国では、逆説的に、人々はつねに一つの道具の物質的特性よりも素材と線の抽象的美しさに心を配るし、無益なものを崇拝することもない。純粋な芸術作品自体、容易に道具になる。たとえば、伝統的な絵画は、それを愛好する人にとっては、空白の壁に掛けるための巻物である。

事実、日本では作品はただ静かに置かれているわけではなく、人は開いたり閉じたりして、それが形と素材を超えて内包している美的・情動的力を鑑賞する。そうした品が飾られている《床の間》のある部屋は庭に面しているが、ガリヴァーのリリパット王国を思わせるような自然を縮小したこの庭は、一日のうちでも太陽の動きにつれて色合いを変え、一年のうちでは四季のリズムによって様相を変える。それが表しているのは時の流れであり、自然のサイクルの永続性である。

ここ数百年、とくに徳川政権が成立してから以後、芸術は広い意味での《職人 artisan》の仕事である。平和が続き、富が増大し、都市が拡大、産業が発展するにつれて、風流人となった封建領主たちと豊かになった商人たちは身の回りのあらゆるものに贅沢趣味と粋を織り込むようになり、そのおかげで、職人の仕事も増え、過去から引き継いだ技を発揮する機会に恵まれた。そうした技が活かされた生活の小物のなかで、近代になって西洋人から珍重されている一つに《根付け》や《生け花》がある。

現代において《生け花》を世界に知らしめた勅使河原蒼風は、こう述べている。

「わたしにとって生け花は、花を使って美しい形を創造することであります。この目的のためには、萎れている花まで使うことがありますが、わたしは、花だけが美を作り出す素材だとは考えていません。わたし自身、まったく別の素材も使います。」（勅使河原蒼風『蒼風——花と形の果てしない世界』）

ジャンルと流派を超えて重要なのは、形とそれが生み出す美である。この特質は日本の歴史を通して息づいており、こんにちも特別の価値をもっている。いまや世界的舞台で繰り広げられている芸術のコンサートのおかげで、さまざまな様式とモチーフが競合し、そこから無限のヴァリエーションが生まれている。十七世紀初め、イギリス、オランダ、フランスなど西欧諸国の東インド会社の船がシナの磁器をもたらしたときからヨーロッパの装飾芸術のレパートリーや色彩が大きく変わったように、日本人の生活も、ヨーロッパやアジアのさまざまな伝統から提供されたものに囲まれて営まれるようになっている。

美しさを生み出すのは形であるが、その形を現実化してくれるのは素材である。日本では、数百年の年月をかけて、深みのある光沢の漆器、珍しい木目を活かした木工品、微妙に凹凸のある鋳鉄製品、陶器、繊細な絹織物など、さまざまな素材の活用が追求されてきた。とりわけ絹織物や陶器の色彩のあでやかさ、その凝り具合や豪華さは、日本の家屋の自然の簡素さにそぐわず、むしろ、欧米の金持ちの豪華な室内を飾るのに適しているのではないかとさえ思われるほどである。

とはいえ、皿にしても、茶碗にしても、日本の最も美しい伝統工芸品は、ヨーロッパでは、ようやく評価され始めたばかりである。その形の簡潔さ、しばしば暗い調子を帯びた色合いの見かけ上の慎ましさは、装飾のなかに先ずきらびやかさを求める浅薄さからは遠いところにある。「東インド会社の妖精」は、まだまだその魔力を失ってはいない。

陶器

陶器は、日本人にとって、先祖から受け継いだものにせよ、自分で手に入れたものにせよ、また簡素なものであれ高価なものであれ、馴染みの芸術品である。轆轤を自分で回し自分の好みの湯呑みを作ってみようというアマチュアを相手にした陶芸教室もたくさんあり、昼間は会社や役所に勤めながら、夕方になると、そうした教室に通って、土を捏ね轆轤を回して焼物作りに夢中になることで単調で無機質な都会生活の疲れを忘れることができる。

捏ねた土の塊が、指先の動きにしたがって波打ち曲がって陶器の素地《きじ》になっていく様子は、母なる原初の大地との太古以来の親近感を蘇らせてくれる。なぜなら神話は、原初のカオスのなかから世界を創り出したのが太古の神々の最初の仕事であったと教えてくれているからである。人類の歴史において、容器の最初の目的は食糧の貯蔵にあり、轆轤の発明は、人類の歴史に重要な一歩を画した。

日本では、多くの人が陶器に関心をもち、知識も詳しいので、あちこちで陶器の展示会が開催される。昔の有名な名工の作品は破片しか遺されていないこともあるが、通人は、そうした小さな断片からも、元の作品のすばらしさを充分に偲ぶことができる。シナの美学を引き継いだこの国では、完成品よりも未完成のもの、欠落したものが詩的価値をもつことも少なくないし、壊れた断面によって、その作品のすばらしさを評価し、小さな部分から全体のありさまを想像で補って描く喜びを味わうことさえできるからである。

とくに万物の無常性を当然とする哲学からすれば、陶器は脆さによって心を惹きつける。温和で優しいノスタルジーを刻み込んだ日本文明にとって、そして、社会的取り決めの厚い壁に囲まれているものの、常に熱気を湛え、ときどき我を忘れる日本人の心にとって、それはぴったり合致する存在である。元来、過度にきらびやかなもの、これみよがしの豪奢さは、日本的世界にはマッチしていない。陶器も、華やかな色遣いのものは、一時の気晴らしではあっても、わびとさびの伝統の本道から外れた脇道のように考えられている。この三百年間、日本の陶器は、シナのそれに対抗するつもりなどないまま、世界で大きな名声を獲得した。十八世紀ごろからヨーロッパでは、柿右衛門や仁清《にんせい》といった陶工、九谷や有田の窯の名が、セーヴルやリモージュのそれと同じくらい有名である。

日本で陶器がまず発展したのは、豊臣秀吉の朝鮮遠征のときに連れて来られた朝鮮人陶工たちが定住した十七世紀の九州においてであった。その後、大陸では、康熙帝《こうき》(1661-1722)、雍正帝《ようせい》(1722-1735)

の奨励のもとに、素地作りと色づけの技術がめざましい発展を遂げ、彩色磁器の制作が始まる。
〔訳注・白磁の製作は元代から始まっていたが、その後、民間の窯で作り続けられていたのを康熙帝のころから官窯《かんよう》として復活し、技術的にも改良進歩が行われたのである。〕
この分野に挑戦した九州の陶工たちは試行錯誤を重ねた末、ついに成功を収め、それまで珍重されていた唐物に伍して柿右衛門を始めとする日本の窯の作品が豊かな商人や大名たちに珍重されるようになる。
〔訳注・いわゆる柿右衛門様式の作品には、壺、蓋物、鉢、皿、人形など様々あり、文様は白地を多く残し、花や鳥などを描くが、描線は細く鋭く、彩釉はとくに赤の鮮やかさが特徴的である。十七世紀以後、オランダの東インド会社を通してヨーロッパに輸出され、ドイツのマイセン、フランスのシャンティイ、イギリスのウースター、オランダのデルフトなどで模造が作られた。〕
日本の磁器の草分けである酒井田柿右衛門の人物像については、よく分かっていない。分かっているのは、十七世紀初め、肥前の大名・鍋島氏から有田の窯の指導を託され、朝鮮渡来の染め付けの装飾を入れた磁器が急速に成功を収めたことである。柿右衛門と叔父、そしてその息子たちは、比較的小さな焼物で傑作を生み出し、その評判が高まって、十七世紀中頃には有田周辺のあらゆる窯が真似をするようになった。このため、こんにちでは、柿右衛門の窯で作られた本物とそうでないものを見分けるのが困難なほどである。
いわゆる「柿右衛門」にも二種類ある。一つは乳白の素地に赤・緑・青で上絵付けしたもの、もう一つは半透明の染め付け磁に上絵付けしたもので、これはコバルトの酸化物が使われるのが特徴である。岩山や花鳥をテーマにした柿右衛門のデッサンは、より直接に絵画からヒントを得ているのに対し、彼の叔父のデッサンは、壺の腹や皿の内側に色鮮やかな織物のモチーフを繰り返している。
この異なる磁器は、すぐ近くの伊万里のセンターの作品と交じり合い、正保年間（1644-1648）からヨーロッパ向けに盛んに輸出され、オランダのデルフトの商人たちによって模造された。こうして、柿右衛門様式は、ヨーロッパのサン＝クルー、シャンティイ、ヴァンセンヌ、ウィーン、ウースターの窯業者たちに刺戟を与えた。日本国内でも、備後《びんご》（広島県）の窯では有田を引き継いだ赤の釉薬による《姫谷焼《ひめたに》》が現れた。

しかし、より日本特有といえるものを生み出したのが、京都の御室《おむろ》に窯を開いた仁清《にんせい》である。彼は、柿右衛門様式の革命的技法を再現するとともに、それに並外れた手腕をもって桃山時代の屏風に見られるような繁茂した植物の世界を彫刻的量感をもって描き、深みをもつ傑作を生み出した。

同じように柿右衛門を手本としながら、それを超えたものに《九谷焼》がある。加賀の大聖寺藩藩主、前田利治《としはる》が家臣の後藤才治郎を有田へ派遣し、新しい技法の秘密を突き止めさせたのが、その始まりと言われている。〔訳注・前田利治は加賀藩主、前田利常《としつね》の三男で、才治郎は彼に命じられて窯を開いたが、優れたものが作れず、利治の養子、利明《としあき》のときに命じられて有田へ学びに行ったとされる。〕

こうして、九谷の窯からは十七世紀末にいたるまで約六十年間、形も色合いもきわめて多様な作品が生み出されたが、その後、中断があり、十九世紀になって再興されたことから、十七世紀の作品は「古九谷」と呼んで区別される。古九谷は、その装飾様式によって大きく二つに分かれる。一つは花や鳥、昆虫などを、白地の上に、ほとんど女性的といってよい繊細さで描いた《シナ様》であり、もう一つは曲線や三角形といった幾何学的文様を描いた《日本様》である。

上質の日本の磁器生産は、上記の古い中心地に限られるが、江戸時代には、繊細さや自然的表現とは対照的なある種のだまし絵が好まれるようになる。時代も物の見方も変わって、こんにちではあまり重視されなくなっているが、江戸時代末期に作られた小物には過度とも見える洗練への固執が現れる。こうした傾向は、広がりにおいて失ったものを濃密性において確保しようとしたのであろうと思われる。こうした小物への愛着とそこに発揮された日本人の手先の器用さは、世界的に人気を呼んだが、それがおそらく外国人の日本についての誤解のもとになった。

魂の力は、《気取り》でしかない装飾や、洗練ぶりだけをめざす芸術のなかには現れない。日本の本当の伝統は、そのようなものではなく、茶会の主人がさりげなく扱うシンプルなもののなかにある。自然を愛するすべての日本人に共通している、そうした感性を端的に示しているのが《楽焼》の茶碗であろう。この呼称は、十六世紀末、秀吉がある陶工に与えた印璽の文字に由来すると言われている。〔訳注・楽家の初代は長次郎。二代目の常慶が赤楽と黒楽を作ったところ、秀吉の気に入って楽字の印を与えられたという。〕長次郎の父は阿米夜《あめや》という恐らくシナか朝鮮から来た瓦職人であったが、千利休(1522-1591)の注文で茶器を焼くようになり、千利休もその作品を評価し、自分の家門の田中姓を与えたとされる。

《楽焼》の名声が高まったのは、信長と秀吉の引き立てによるが、瀬戸では志野《しの》焼と織部《おりべ》焼がその後を追った。そのほか、地方的独自性を示したものとして、伊部《いんべ》(岡山県)、丹波(京都府)、信楽《しがらき》(滋賀県)、伊賀(三重県)、常滑《とこなめ》(愛知県)などがサビの利いた名品を生み出した。

前述したように、日本の陶芸の歴史に大きな変革をもたらしたのが、秀吉による朝鮮出兵のとき何人かの陶工が連れて来られ、九州の唐津に定住して李王朝の製陶技術を教えたことであった。不透明な釉薬をかぶせた灰色や黄色の素地に、酸化鉄を使って春の花や葉を浮かび上がらせたその陶磁器は「絵唐津」と呼ばれて新風をもたらした。こんにちでも、唐津の焼物は日本の茶道具のなかで高く評価されている。

このように日本の陶器の開花をもたらした桃山時代より以前の十三世紀から十五世紀、鎌倉時代から室町時代の日本を席巻したのは、宋元時代のシナの文人たちが好んだ渋い色の陶器であった。とくに一四〇四年にシナとの交易が再開された〔訳注・この年の五月、足利義満が明使を引見し、永楽帝の勘合を受領〕ことによって、大陸の陶器が大量に輸入されるようになったが、そのなかで最高級の唐物は、大名たちや将軍から宝物として大事にされるようになった。鎌倉の海岸でも大宰府近辺でも、無数の青磁のかけらが見つかっているが、それらは、多くは水色の釉薬をかけたもので、なかには紺の混じった灰色や薄青、白もある（本物の青磁は叩くとクリスタルのコップのような音を発し、質がよいほど振動が長く続く特質をもっている）。

当時の人々のシナの青磁に対する熱気を裏づける数々の文書が遺っている。鎌倉・円覚寺の寺宝目録（仏日庵公物目録）にはたくさんの宋元代の焼物や絵が記されているが、とくに高く評価されているのが「天目茶碗《てんもく》」（浅くて開いた擂り鉢状の茶碗）と磁器で、尾張・瀬戸の窯は、これらの曇った乳白色の作品を真似ることによって、鎌倉時代から今日にいたるまで変わることのない名声を維持している。高温で焼かれる陶器は、焼成中にふりかかる灰と素地に含まれる鉄分のおかげで緑や浅黄、黒、茶色といった独特の色を帯びるのである。装飾は、轆轤で均《なら》された陶器の腹に直接に切り込みを入れることによって施されたが、その歪《いびつ》な線状の装飾様式は、鎌倉時代の甕の厳めしさと力強さにマッチした。

この形態と色合いの見事な同化に先立って、さらにその前の平安時代には一つの試みが行われたが、これは成功しなかった。平安時代は日本の多くの芸術にとって黄金期を画したが、陶器に関しては、あまり見るべきものを生まなかった。シナとの交流も断ち切れ、独自に技術を向上させ、美しさにおいても、軽くて丈夫である点でも人気が高まったのが、あとで述べる漆器である。この時期の陶器は、たとえば儀礼用の甕や骨壺、皿、鍋など庶民が日常的に使う食器などに限られ、その作り方も、轆轤ではなく、捏ね棒による古代の手法に逆戻りしている。

シナの陶器の最初の同化吸収が試みられたのは奈良時代のことである。唐代のシナに特徴的な緑、黄、白の三彩による陶器で、優雅ではあるが焼成温度が低いため脆い。恐らく新羅（Silla）か渤海（Po-hai）経由で伝わったと考えられる。それらは、その美しさからも、また正倉院御物に記されている文字からも、基本的には儀式用の道具であったと推定されるが、これによって色彩に関する秘密が日本にもたらされたことは確かである。

陶器については、日本でも先史時代からの長い歴史があるし生活には欠かせないものであるだけに、人々の心を強く捉えた。五世紀ごろに新羅から来た須恵様式の甕には、シナの形と技法が見られ、このおかげで弥生土器の直接の末裔である素焼の土師器《はじき》は、少々影が薄れた。これらの先史時代からの焼物は、腹の張り出した甕にせよ、杯（脚の有無にかかわらず）にせよ、貯蔵用あるいは柩用の大型の壺にせよ、その単純な曲線は、縄文時代末期の土器にインスピレーションを与えた大陸の金属器をモデルにしたもので、機能的であることに特徴がある。

しかし、縄文末期には轆轤はまだ知られておらず、縄文土器とそれ以後の陶器との間には大きな断絶がある。縄文土器が注目されるのは、その呼び名のように縄を押し当てて付けられた文様によってであるが、縄文土器の本当の独自性を成しているのは、縄文中期に作られた、世界全体が海へ向かってあふれ出ているかのような印象を与えるその形態である。わたしたちは、そこに、太古の日本の誕生と芸術の曙を感じる。なぜなら、そこには、大きな断絶にもかかわらず一つの繋がりがあるからで、わたしたちが現代人の丹下健三の大胆な建築デザインに、このアルカイックな土器の線のリズムを感じるのは理由のないことではない。

金属具

茶道の愛好者たちは、茶会で出された陶器の茶碗を嘆賞するとともに、主催者の脇でチンチン音を立てて湯を沸かしている茶釜にも無関心ではいられない。こうした金属製の道具も、十六世紀以来、芸術的鑑賞の対象になってきた。なかでも有名なのは、福岡の近くの蘆屋《あしや》や栃木の佐野で作られた茶釜で、陶器と同じようにシンプルなものと対照的に表面に飾りを施したものとに分かれる。日本人の好みは両方に分かれるが、全般的には素朴なものが好まれる。おそらく象眼や彫金、透かし彫りなど、装飾に凝ると、素材の純粋性が二の次になってしまうからである。

十八世紀の最も優れた金工としては、江戸の村田整珉《せいみん》（1761-1837）、佐渡の本間琢斎《たくさい》（1812-1891）、長崎の亀女《かめじょ》（一七七二年没）などがおり、とくに亀女は、鶉をきわめて写実的に象った香炉で有名である。金属作品はあらゆるジャンルにわたるが、とくに印籠《いんろう》を帯に留めるための根付けは日本的特徴とユーモア感覚で世界的に人気が高い。しかしながら、浮世絵と同じく、これらの作品は日本では一部の愛好家以外からはあまり注目されないできた。

これは、矢立てや文鎮などの文房具についてもいえることで、その多くは日本的というには余りにもシナ的である。この分野で知られている人としては、十九世紀初めに京都で仕事をした四方安之助《しかたあんのすけ》(1780-1841)とその弟子の秦蔵六《はたぞうろく》(1806-1890)がおり、とくに蔵六は古代中国の銅器の模造に優れ、その作品は今日も美術館を飾っている。〔訳注・蔵六は孝明天皇の銅印、徳川慶喜の征夷大将軍の黄金印、また明治政府のもとで御璽、国璽を鋳作した。〕

茶会用の鉄器にもまして重要な金属芸術は、仏具や神道の鏡といった宗教上の器物、鎧や刀剣、鍔などの武具である。明治時代になって神道が重んじられるようになると、困窮した仏教寺院は生き延びるために寺に伝えられてきた仏具などを手放した。それがヨーロッパに流出して、西洋人たちから注目を浴び、十九世紀末には《ジャポニスム》と呼ばれる現象が起きた。

しかし、建築装飾用の金属工芸は別にして、仏像などは、鎌倉時代を頂点にして、それ以後は全般的に青銅の材質も技術も低下していたから、《ジャポニスム》の熱気に乗ってヨーロッパ世界に溢れた品々は、日本人の芸術的資質や嗜好性について誤った情報を与える結果になったことは否めない。

日本の金属工芸の頂点を極めた作品としては、鎌倉時代(十二世紀)の仏教ルネサンス当時の天蓋(幡)、杖(如意)、五鈷鈴《ごこれい》、華鬘《けまん》、舎利塔、導灯に施された彫刻、経典を納める笈《おい》の透かし金具の彫りなどである。しかも、それらのさらに原点を成していたのが八世紀から九世紀の奈良・平安時代で、この時期、中尊寺の鳥の形をした守護神たちの華鬘、東大寺の灯明に彫られた楽人たちなど、唐様を日本的好みに合わせて修正した日本のブロンズの傑作が生み出された。

神道の象徴であり三種の神器の第一である《鏡》は、最古の時代から未知のものを明らかにする神秘的機能をもつとして、とくに大事にされた。

「かくいひて眺めつづ来る間に、ゆくりなく風吹きて、漕げども漕げども、しりへ退きに退きて、ほとほとしくうちはめつべし。楫取《かじと》りのいはく『この住吉明神《すみよしのみょうじん》は例の神ぞかし。ほしきものぞおはすらむ』とは今めくものか。さて『幣《ぬさ》を奉《たいまつ》り給へ』といふ。いふに従ひて幣をたいまつる。かく奉れど、もはや風やまで、いや吹きに、いや立ちに風浪のあやふければ楫取り又いはく『幣には御心のいかねば御舟も行かれぬなめり。猶うれしとおもひたぶべき物たいまつり給べ』といふ。又いふに従ひて、いかがはせむとて『眼《まなこ》もこそ二つあれ、ただ一つある鏡を奉る』とて海にうちはめつればいと口惜し。さればうちつけに、海は鏡のおもてごとなりぬれば……」

（紀貫之『土佐日記』）

そのように大事にされた銅製の鏡も、ここ四百年はますます簡単なものになってきて、裏面の構図は磁器の皿のそれや漆器の蓋を写しただけの創造性のないものになり、中央の取っ手は装飾の構図の要の役割もなさなくなる。他の場合と同様ここでも、十六世紀以後は、技術的工夫と素材とがマッチした装飾は失われ、さまざまなジャンルが混じり合い、他方、精神的活力の欠如のため、インスピレーションも涸渇ぶりを示している。

遡って鎌倉時代の金属作品は、仏教にヒントを得た飾りとともに、シナを手本にしたものが好まれ、鏡にも宋の芸術を特徴づけた動物や植物の豊かなレパートリーが見られた。この時代の銅製鏡には、縁に漢代を手本にした鋸歯様の飾りを施したものなど、懐古趣味とともに独創性が見られるものがある。それにさらに新味を加えたのが、絵柄に呼応した詩文を挿入したものである。

しかし、鏡の真の傑作を見つけるためには、八世紀から九世紀の平安時代に遡る必要がある。たとえば、渦巻く雲に囲まれ、菊の花が咲き誇るなかに鶴が優雅に舞っている様を彫った鏡、漆のなかに金箔・銀箔を埋め込んだ《平文《ひょうもん》》や螺鈿《らでん》や瑠璃鈿《るりでん》の大きくて重い鏡などである。これらはシナで作られたものが手本になったと考えられるが、シナでは実物は失われてしまった。日本に輸入されたものが残っている可能性はあるが、日本の職人が作ったものとシナから輸入されたものを識別することはさらに困難である。

三世紀から六世紀の歴史時代黎明期の墓から見つかっている銅鏡は、日本の職人たちが才能を発揮して模造したものであったとしても、根本的にシナの様式をそのまま模写したものであることは確かである。

明治の開国とともにガラスが入ってきてから、古くからの銅製の鏡は日常的有用性を失ってしまったが、神道の神社では、相変わらず、銅鏡が御神体として祀られており、はるか昔、弟の乱暴に気分を害して洞穴に籠もった天照大神を洞窟から引き出すために一役買った八咫鏡《やたのかがみ》を偲ばせてくれる。

「故《かれ》、命《みこと》を受けて罷り行《いでま》す時、伊勢の大御神の宮に参入《まいい》り、神の朝庭《みかど》を拝みて即ち其の姨《おば》、倭比売命《やまとひめのみこと》に白《もう》したまはくは『天皇《すめらみこと》既に吾を死ねと思《おもお》す所以《ゆえや》乎、何とかも西の方の悪しき人等を撃ちに遣わして、返り参上《まいりのぼ》り来し間、未だ幾時も経ねば、軍衆を賜は不《ず》て、今更に東の方十二道の悪しき人等を平らげに遣わすならむ。此に因りて思惟《おも》へば、猶吾既に死ねと所思看《おもおしめ》すぞ』と、患《うれ》へ泣きて罷ります時、倭比売命、草那藝劔《くさなぎのつるぎ》賜ひ、亦、御囊《ふくろ》賜ひ而、『若し急《すむや》けき事あらば茲の囊の口を解きたまへ』と詔《の》らしき。……故、而して相武《さがむ》国に到ります時、其の国造《くにのみやつこ》詐りて白さく『此の野の中於《なかに》大沼有り。是の沼の中に住める神は甚道速振神《いとちはやふるかみ》』とまをす。……於是《ここに》、其の神を看行《みそこなわ》しに其の野に入り坐《ま》しぬ。而して、其の

国造、火其の野に著けり。故《かれ》、欺かれぬと知らして、……先づ其の御刀以て草を苅り撥《はら》ひ……還り出で
て皆其の国造等を切り滅ぼし……」
（『古事記』）

日本武尊《やまとたけるのみこと》が叔母の倭比売命《やまとひめのみこと》から授けられたこの草那藝劔は、かつて素戔嗚尊《すさのおのみこと》が出雲の国で八岐大蛇《やまたのおろち》を退治したとき、その尾の中から手に入れたもので、元の名を天叢雲劔《あまのむらくものつるぎ》と言った。右に引用した文にあるように、この劔は日本武尊の東征で用いられたあと、尾張の熱田神宮に納められたが、その後、源平の壇ノ浦での決戦（1185）のとき、幼い安徳天皇とその祖母の腕に抱かれて瀬戸内の海中に没したとされている。この劔が《三種の神器》の一つとして、仮に後世に伝えられたとしても、あくまでシンボルであって、実物がそれほど重要性をもっているわけではないし、それがどのような形をしていたかも詳細は不明である。

西洋でもそうであるが、古い時代にあっては、《劔》と《刀》（つまり湾曲していたか直刀か、両刃か片刃か）は、あまり区別されず混同されていることが多い。しかし、呼び方としては、日本の場合、神話時代は「劔」（フランス語でいうと「épée」で直刀）で、歴史時代は、湾曲した「刀」（フランス語では「sabre」）がほとんどである。日本刀は、すぐれた武器として、今も中世の時代からの威光をまったく失っていない。《武士道精神》は、日本の歴史のなかで良きにつけ悪しきにつけ集団的モラルのために奉仕してきたし、とくに戦時中はあらゆる人に対し、日本人の魂の最後のよりどころというべきものを保持していた。刀はその武士道の象徴として、戦場で散った将校たちの貴重な遺品となっている。

実際には、日本でも一八七六年（明治九年）、平和時の刀の携帯を禁じられた。〔訳注・庶民については一八七〇年に禁止されていたが、士族のなかには守らない者が多く、一八七七年に士族についても帯刀が禁じ

られたのである。」今日でも、刀剣や鎧兜《よろいかぶと》の熱烈な蒐集家が少なくないが、この愛着が昂じたのは、徳川氏による太平の世になり、もはや武器の出番がなくなってからである。とくに刀の携行を唯一認められた武士階級は、剣術の技を磨くこととともに、というより、それ以上に、いかなる名工が鍛えた刀身か、その付属品の細工の良さはどうかなど、刀をめぐる嗜好に夢中になった。

日本刀は、全般的に幾つかのカテゴリーに分けられる。いわゆる大刀は、実戦で敵と戦うための武器で、刃を上向きにして鞘に納め、帯に差して携行する。大刀とともに、もう一本差した少し短い刀を「脇差」といい、あわせて「大小」ともいう。他人の家を訪ねたときなど、大刀は腰から外したが、脇差は、そのまま腰に差して対座した。武士が名誉を守るために《切腹》するのに用いたのが脇差のほうである。通常、切腹の際は、本人が脇差か短刀で自らの腹を掻き切るや、苦しみを長引かせないために「介錯《かいしゃく》」の武士が大刀で首を一太刀で切り落とした。

時代は遡るが、吊り紐が鞘に付いていて刃を下向きに水平に腰に下げた刀は、儀礼用であって戦闘用の刀とは区別される。そのほか、戦国時代には両手でなければ扱えない長い刀もあり「陣太刀《じんだち》」と言った。また、鞘と柄に金銀で細工を施した豪奢な刀や肉弾戦で使われた短刀（馬手差《めてざし》あるいは鎧通《よろいどお》し）、とくに女性が身につけた懐剣もある。懐剣は相手を倒すためというより、自分の名誉を守るための自害用である。

刀は武士階級のしるしであり魂であって、親から子へ伝えられた。十六歳〔満年齢では十五歳〕で一人前の武士になる元服の儀式のときに親から譲られ、それまでの実用というより飾りであった小さな刀（裃差《かみしもざ》し）に代わって大小を差すようになる。

これらの刀は、その身分と家柄にふさわしい重みのある装飾が付されていた。刀の鍔《つば》、笄《こうがい》、小柄《こづか》、また刀身を柄に固定している目貫《めぬき》には独特の装飾が加えられ、笄・小柄・目貫は同じ作者によって同じ意匠で造られているのが正式で「三所物《みところもの》」と呼ばれた。そうした飾り職人として名を知られた人物は数知れないが、その一人、横谷宗珉《よこやそうみん》（1670-1733）は、もと幕府の大判鋳造の座頭であった後藤家で彫金術を修得した人で、野に下って「町彫り」となって、独自のスタイルを編み出した。埋忠明寿《うめただみょうじゅ》は象眼で細かい布地模様を浮き出した鍔や文様を立体的に見せる《高肉彫り》で名声を博した。この種の需要はきわめて高く、さまざまな地方で工房が発展した。九州の肥後、長州の萩などでは、銅に金銀を加えた赤銅、金銀を主成分にした「四分一《しぶいち》」と呼ばれる合金、銅と真鍮による本象眼の名品が生み出された。

もとより刀の本当の値打ちを決めるのは刀身自体である。切っ先と刃は、いうまでもなく鋼であるが、日本刀の刀身は切れ味の鋭さとともに折れにくい性質を持たせるために、軟質の鉄と鋼を何層にも重ね、隙間や不純物をなくすためにしっかり鎚で打って鍛えあげた。刃は回転砥石は使わず、平らな砥石で五十日以上かけて研ぎ上げられた。優れた刀は、何枚も重ねた銅板を一太刀で切断できなければならなかった。

こうして造られた日本刀は、早くから近隣のアジア諸国でも評判を呼び、十五世紀から十六世紀にかけては何万本もの刀が輸出された。十七世紀初めのシナの技術書『天工開物《てんこうかいぶつ》』は日本刀を讃えて「翡翠も断ち切れる」と書いている。〔訳注・翡翠は、その硬度の高さから「硬玉」と呼ばれていた。〕

動乱が相次いだ足利時代には、とくに刀剣がもてはやされ、その所持について、たとえば位の高い武士は銀造りの鞘の刀（白太刀《しろだち》）、下級の武士は漆塗りの鞘の刀（黒太刀）を差すなど、細かく規定された。大小二本を差すようになるのもこの時代である。また、下級武士は鍔のない短い刀に限定され、高貴な身分の人は、これ見よがしに長刀を差した。このことから、長刀は儀式用の刀になる一方で、普通の武士たちも鍔付きの大小を差すようになっていく。それにともなって、鍔の重要性が増し、鍔と目貫と笄に新技法を編み出した金工の後藤祐乗《ごとうゆうじょう》（1440-1512）は、十九世紀にいたるまで十七代にわたる繁栄の基盤を築いた。高彫りの装飾で有名な金家《かねいえ》は、その傍系の一つである。十二世紀以来朝廷に仕えた明珍《みょうちん》派は、刀身の鍛造に用いられた層重ねの技法を鍔に応用したが、とくに傑出しているのが信家《のぶいえ》（1485-1564）である。〔訳注・ただし信家については、明珍派とは別の流れであるという説が有力になっている。〕

武具の黄金時代とされるのは室町時代から戦国時代にかけての十五世紀と十六世紀であるが、刀身についていえば、平安時代までは、ほとんどまっすぐな直刀だったが、湾曲した優美さと強靭さを備えた刀身になり、腰に吊るための帯取りが鞘からなくなるなど、基本的な形が完成されたのが鎌倉時代である。ただし、鐔に関しては、まだ奈良時代のままの、小さな四角の唐様の《粢《しとぎ》》形か、または、輪切りにした何枚かの革を膠で重ね合わせた《練り鍔》であった。

奈良時代の武具の例としては、正倉院御物がある。刀身は幅広でまっすぐ、鞘には腰に吊るための環が二つ付いており、鞘と柄《つか》には、シナや朝鮮の特徴を示す装飾文様が施されている。有名な「聖徳太子像」では、中央の太子がまっすぐな太刀を佩いているのに対し、左右のまだ若い人物は、少し反りのある刀を下げている。剣の柄頭《つかがしら》は環になっていて、鍔の飾りから、漢代のシナの刀であり、その多分、鳥か龍が向かい合った姿の装飾は朝鮮の様式であることを想像させる。〔訳注・ただし近年では、この有名な絵像は聖徳太子を描いたものではないとする説が有力になっている。〕

三世紀のころ、大和朝廷に百済から七本の剣が贈られたという伝承があるが、これは漢代の墓やシナの浅浮彫にたくさん見られる片刃の剣であり、シナの戦国時代に使われていた両刃の剣ではないと思われる。反りのある刀がいつ生まれたかを確定することは困難で、極東地域における最古の例は万里の長城に近い、おそらく、オルドスの平原で見つかっているものである。この形の剣は朝鮮半島でも知られていて、それが日本に伝えられ、何世紀もかけて改良が加えられ、技術的にも芸術的にも比類のない今日の日本刀となったのである。

織物

豪奢な貴族たちの着物にせよ、質素な農民の作業着にせよ、日本の伝統的な織物は、繊細な文様や、ときに驚くべき大胆な色遣いでデッサンが施されている。機織りは女性たちの手作業によるものであり、正倉院にその手本が遺されているササン朝ペルシアのモチーフを遺している豪華な錦織も、彼女らの爪を鋸状にすり減らした手で織り出されたのである。平和が続いた江戸時代には、着る物に華美を競う風潮が一般庶民にも広がった。井原西鶴の書いたものには、江戸時代の大坂町民の女性たちに流行した衣装が生き生きと描写されている。

「白繻子に墨形の肌着、上は玉虫色の繻子に孔雀の切付け見え透くやうに、その上に唐糸の網を掛け、さてもたくみし小袖に、十二色の畳帯……。」　（『好色五人女』）

何ごとも釣り合いが取れていることが条件であるが、よい趣味には斬新さがなくてはならない。日本の職人たちは、先祖伝来の意匠を継承しながら果敢に斬新なデッサンに挑戦したのであろう。

機織りの技術は古くシナから伝えられ、この日本列島で特別の発展を遂げた。素材として今日最も一般的に用いられている綿が栽培されるようになったのは十七世紀ごろからで、それまで普通に利用されていたのは、亜麻や麻であった。装飾文様は、型染めが一般的であるが、糸の段階で染め、それをデッサンにしたがって織る手法も用いられた。染料は藍、紅花、紫根《しこん》、茜《あかね》など植物を原料にしたもので、深みと渋みを出した。

文様には各地方ごとに独特のスタイルがあるうえ、家族ごと、職場ごとに秘密があり、伝承されてきた。そうした独特の文様と色調の織物が、人々の生活に彩りを添え、素朴な魅力を付与してきたのであって、同じく縞模様や碁盤目模様といっても、動物や植物のモチーフを採り入れてさまざまなヴァリエーションを示した。その版型は膨大な数にのぼるが、使われるモチーフのそれぞれが象徴的価値を表しており、たとえば「米」の字を用いた文様には、豊作と繁栄への祈りが込められている。松の枝ぶり、竹の葉、梅の花を用いた文様が最も広く好まれたのは、いずれも、長寿や多産、生命の躍動など特別なニュアンスを表しているからである。松は、冬も青々としていることから永続性、長寿を表し、竹は曲げても折れないことから苦難に挫けない魂の力を象徴する。梅は、花々のなかでもまだ冬の最中から咲き始めることから再生力を表している。この三つは、併せて「松竹梅」として、いずれも寒さに耐えることから「歳寒の三友」と呼ばれた。これらに較べると頻度は落ちるが、夏の花である牡丹、秋の菊も比較的好まれた。

動物では鳥や魚がよく用いられ、西洋のように哺乳動物が用いられることは滅多にない。鶴は長寿と幸せを象徴し、亀も同じく長寿を表すが、それ以上に宇宙開闢の力を含意している。また、鯉は滝を遡行し登りきると龍になるとされ、とくに男の子の未来の出世を象徴している。生き物以外では、なんといっても富士山が、その雄大さと整った形、頂きを覆う純白の雪から、最も広く支持される。

織物のなかでも、制作にカネと労力のかかる最も豪奢な金襴緞子《きんらんどんす》は、一般庶民にとって手の届くものではなかったが、それに似せたデッサンが珍重され、布の全面に文様を施すために型紙による染色が普及した。特殊な紙を何層も重ねて作られた型紙は、それ自体、労力と緻密な作業の賜物で、親から子へ、師匠から弟子へ何代にもわたって受け継がれた。

日本の伝統的な織物に華やかさをもたらす基盤になったのが十七世紀末の今﨑幽玄齋《いまざきゆうげんさい》によるモチーフにおける変革である。幽玄齋は米糊を用いて余白を残す捺染《なっせん》の技法を発展させ、絵画に比肩する大胆な染色の領域を開いた。

たしかに、この革命を可能にしたのは、江戸時代になってからの着物の形の簡略化である。それまでは、とくに朝廷の公式の衣装は、襞や折り返しなど装飾的要素がたくさん付いていて、絵柄を映えさせるだけの広がりがなかった。それが形の簡略化によって広い余白が生まれ、花や蝶、鳥などを配した華やかな着物（辻が花染め）が現れる。近年では、化学染料によって色彩が多様になり、小さな幾何学的文様が好まれる一方、大胆な構図は姿を消した。そのうえ、装飾のレパートリー全体がシナの明から輸入された重厚な刺繡の影響を受けたものや、ヨーロッパの布にヒントを得たストライプが大流行している。

十世紀から十五世紀までは、織物に大きな発展は見られなかった。この時代は、武力が物を言った時代で、武器や武具に関連して冶金の分野ではさまざまな進展が行われたが、織物の分野では、あまりよき時代ではなかった。したがって、十六世紀の桃山時代とその後の江戸時代に匹敵する変化を求めるとすれば、八世紀の奈良時代に遡る必要がある。

正倉院御物のなかには、蠟纈《ろうけつ》染め、摺り染め、絞り染め、鎖縫い、羅、綾、錦織りなどの布が見られる。こうしたシナ的あるいはペルシア的織物が日本独自のものに変容していったのが次の平安時代で、そうした変革で主役を担ったのは、三世紀ごろからシナや朝鮮から移住してきた技術移民たちであった。百済王が派遣した織り工の真毛津《まけつ》や、日本の機織りの祖といわれる秦《はた》氏がやってきたのも、このころである。

同様にして、五世紀には、陶器作りの陶部《すえつくりべ》、馬具など皮革を扱った鞍作部《くらつくりべ》も渡来している。『日本書紀』雄略記には、「手末才伎《たなすえのてひと》」の名で知られる職人が百済から来たことが記されている。〔訳注・「才伎」とは手先を使う技術者の意。〕

日本列島における織物の起源は、おそらく新石器時代の大陸からの技術伝来に遡る。前三世紀ごろの弥生時代には麻、桑が、くだって一世紀ごろには絹が伝わってきていたと考えられる。

「いたはしやな小町は、さも古《いにしえ》は優女にて、花の貌《かんばせ》輝き、桂の黛青うして白粉をたえさせず、羅綾《らりょう》の衣多くして、桂殿《けいでん》の間に余りしぞかし。歌を詠み詩を作り、酔いを勧むる盃は、漢月袖に静かなり……」
（観世作『卒都婆小町』）

こんにちでは、京都の舞妓や舞踊家など以外の一般庶民が伝統的な着物を着ている姿は、祭りや祝い事の機会にしか見られなくなっている。成人式を迎えた若い娘たちの華やかな振り袖や、結婚式での花嫁の色鮮やかな衣装、葬儀に参列した人の黒の喪服など、状況と季節に合わせて着分ける風習が一般化したのは明治以後とされるが、男女の伝統的な着物は、途中、多少の変形はあるものの、鎌倉時代に遡る。鎌倉時代は、すべてについて簡略化が進んだ時代であり、そのなかで女性の着物が基本的に現在のような姿になり、それが男性にも当てはめられて、羽織りや袴が着用されるようになったのである。

それ以前の平安時代の上流階級の衣装は豪華絢爛そのもので、とくに貴族階級は男女とも、豪華さを競い合った。そのころの上流貴族の女性たちの衣装を代表するのがいわゆる「十二単《ひとえ》」で、その重ねた十二枚の重袿《かさねうちぎ》の色の組み合わせは身分と状況によって厳密に決まっていた。重ねられた絹が擦れ合う音、波打つ長い髪の毛、剃り落として額に高く描き直された眉、辛うじて袖から覗いていて扇子を広げたり閉じたりする慎ましやかな手の動き……こうしたものが、謎に満ちた絵巻の魅力を構成している。

男性の狩衣姿

女性の十二単姿

男性の衣装は、束帯《そくたい》や膨らんだズボン、肩のところで留められた襟つきの着物（これには単《ひとえ》の直衣《のうし》とダブルの狩衣《かりぎぬ》または水干《すいかん》がある）など、さらに複雑に構成されており、女性のそれ以上に、絹の柔らかさと輝きを活かしている。これらは、あまり身体を激しく動かさない人々のための衣装で、その元は奈良時代の衣装であり、さらにその淵源はシナの唐代の衣服に遡る。

奈良時代の男の衣装は、首もとで締めて膝まで覆う上着を着し、下半身にはズボンを着用した。このタイプは古墳時代の戦士の土偶にも見られるが、古墳時代のそれは更にシンプルだったようである。

ここ何百年かの間、日本の着物は細部においては変化が見られるものの、基本的な形とスタイルは受け継がれたので、とくに良質の素材で作られたものは、家族の宝として親から子へ、孫へと引き継がれている。これは、かつてのヨーロッパでも、婚礼衣装や聖体拝領で着た衣装は素材も豪華で、事実上、一種の財産であり、結婚する娘にとっては持参金と同じ意味をもったのと共通している。

漆器

「万《よろず》の調度はさるものにて、女は、鏡、硯こそ心の程見ゆるなめれ。おき口のはざめに塵ゐなど打ち捨てたる様、こよなしかし。男はまして、文机《ふづくえ》清げに押しのごひて重ねるならずば、二つ懸子《かけご》の硯の、いとつきづきしう、蒔絵の様も、わざとならねどもをかしうて、墨、筆の様なども人の目とむ許り仕立てたることこそをかしけれ。」　（『枕草子』）

〔訳注・懸子とは他の箱の縁に懸けてそのなかに嵌るように作られた箱。〕

漆器は、シナの場合、時代がくだるにつれて評価が落ちるのに対し、日本の漆器の技術は、時代を問わず、高い評価を得てきている。奈良時代の日本で際立っているのは、正倉院御物の剣の鞘である。奈良時代には漆は彫像の材質としても重んじられたが、その後は、さまざまな祭具や身の回りの道具を美しくするために多く用いられてきた。こんにちでも、高級な道具の塗料として用いられており、その色合いの深み、手触りなど、他に代え難いものがある。

漆は、漆の木の幹や枝に切れ目を入れて採取される樹液を原料とし、檜や桐などの木地に塗り重ねられる。漆の質は、原木の樹齢や採取された部位によって微妙に異なるが、まず何より、木地の出来が良く、完全に乾いていること、表面が滑らかに磨かれていること、罅や傷がないことが重要である。幾つもの層に塗り重ねるが、第二層は米粉を加えたものを塗って紙や麻布、絹布で表面を磨き、そのうえに、今度は粘土を混ぜた《錆び漆》、酸化鉄・マンガンなどを含む粘土を混ぜた《地《じ》の粉》を塗り、最終的に、鹿の角を焼いて造った《角粉《つのこ》》とか木炭の細かい粉を使って磨き上げる。こうして出来た赤や黒の漆地を土台にして、装飾が施されるのであるが、それぞれの層の塗りのたびに乾燥用の棚に入れて乾燥させなければならない。ただし、その場合、空気は、温度が三十八度から四十四度あって、湿度が適切であることが要求される。ヨーロッパにもってこられた漆器の多くがひび割れたりするのは、この湿度などの条件の悪さによる。

漆塗りは、繊細な神経を要する手作業で、日本国内でも、地域ごとに独特のスタイルと技法によっている。鎌倉彫は、偉大な彫刻師、運慶の孫とされる康円が創始した伝統を引き継いでいる。出羽(秋田県)の能代の春慶塗《しゅんけいぬり》は、透明な漆を使って木地の木目や瘤を装飾的に活かすやり方が特徴である。〔この技法は堺の漆工、春慶が編み出したもので、その名前ともども飛騨高山や出羽能代に受け継がれた。〕

彩色漆では、緑、赤、黄はシナにもあるが、朱と紫は日本独特である。塗り重ねた漆に彫りを施す手法も、シナの《存星塗《ぞんせいぬり》》から始まって、《堆朱《ついしゅ》》《堆黒《ついこく》》など無数にあり、この手法が頂点に達したのは十九世紀のことである。金箔・銀箔を埋め込んで文様を出す手法が最も流行したのは十八世紀、印籠などにおいてであるが、この手法そのものはすでに秀吉より以前から盛んに行われていた。

漆塗りの作品は、制作に長い忍耐を要する割りに、衝撃などに弱いため、戦乱の時代を乗り越えたものは稀である。秀吉は、銀閣を建てさせた室町幕府の将軍、足利義政（一四九〇年没）が築いた東山文化全般を大事にし、茶会を盛大に催したが、茶会に彩りを添える最も優雅な華の一つとして漆塗りを大切にし、各地の漆塗り工を庇護して途絶えそうになっていた技術を復興させた。

東山文化とは、銀閣を中心に栄えた文化で、造園、書院造りと、それに伴って蒔絵、茶の湯、華道、雪舟の水墨画、能、連歌が興隆した。彩色絵画においても、大和絵の感覚を加味した狩野派、蒔絵の五十嵐派などが、花鳥を描いた装飾に風景、建物、動物、人間のシルエットを配し、無数の他面的な世界を開いた。

これに匹敵する豊かな華を咲かせたのが、遡って平安の王朝文化であった。平安文化は、誕生地のシナではまもなく消滅した漆器を日本で保存して発展させ、一酸化亜鉛に桐油を混ぜ顔料を加えて描いた《密陀絵《みつだえ》》、貝殻を加工してその光沢を活かした《螺鈿《らでん》》、金箔や銀箔を使った《蒔絵《まきえ》》と《研出し蒔絵《とぎだしまきえ》》などの多彩な手法を編み出した。これによって、本来は身近な実用の品々であったもののなかから、貴族文化に特徴的な絢爛たる美しさを帯びた芸術品が生み出されていったのであった。

第十章　三次元芸術――彫像

一九五〇年に井の頭公園で開催された彫刻展の経験を踏まえて彫刻家の井上武吉のデザインで「箱根彫刻の森美術館」が箱根の二ノ平《だいら》に造られ、開設されたのは一九六九年のことであった。その名のとおり、ここでは彫刻作品は野外展示が主であるが、フランスの女流彫刻家、マルタ・パンの作品が置かれた池を囲む形になっていて、彫刻と自然環境が見事なハーモニーを奏でて、都会では味わえない開放感を満喫しながら鑑賞することができる。公園のなかの屋根付きの小さな美術館では、ロダンからマイヨールにいたる近代彫刻の大きな流れが辿れるようになっている。同じ年には、ここで第一回国際彫刻展が開催され、日本人ではイサム・ノグチ、外国人ではケネス・アーミテージなどの作品が展示された。

普通は大衆から見向きもされない抽象的な作品が、日本では多くの人々から好まれているのは、一時的流行によるのではない。近代彫刻が日本で容易に根を下ろしたのは、絵画における伝統的作品から抽象的作品への移行とは別の理由からである。そもそも、日本でさまざまな彫刻の流派が成立したのは、日本人が、この芸術においても、外国の従順な生徒であることに満足していなかったことを物語っている。日本人芸術家たちの横溢する創造性は、生け花の繊細な曲線と同時に泡立ちに似たアルカイックな縄文土器に触発された勅使河原蒼風《てしがわらそうふう》の芸術や一九五〇年以後では二科会の人々の作品にも見られる。

明治時代から戦前まで、東京では、煉瓦と石の建物の間や広場などに民族の誇る英雄や偉人たちのブロンズ像が見られたが、鉄とガラスでできたビルが林立する現在では、それらに代わって夢や平和の理想を表現した抽象的な彫刻作品が置かれている。

少なくともここ三百年、日本人は、楽茶碗のような凸凹した形の道具や、紙を平行四辺形に切った神道の御幣のような抽象的なものには慣れてきている。建物も非対称性にこだわったものが普通で、庭師は手間暇かけて木々の幹を歪《いびつ》に曲げる。風景画で好まれる岩山、あらゆるものにおける空虚への感覚……これらすべてが、日本には抽象的芸術の広大な淵源があることを教えてくれているようである。

日本人は、抽象的彫刻のなかに自分の求めるものを探し出すのに苦労をしない。抽象的彫刻は、広々とした空間や庭園の緑あふれる環境と共鳴するや、精神的意味を帯び、人間のリズムと自然のそれとを結ぶ絆となり、ミクロコスモスとしての人間とマクロコスモスを媒介するものとなる。この超絶的な作用には宗教的彫刻がもっている働きに通じるものがあるが、これは明治以来の社会経済的変革の予期せざる帰結である。

明治の改革は、芸術に関わるあらゆる職業に影響を及ぼした。それまでの芸術的作品は、すべての芸術を包含する共通の規範のゆえではなく、その実用的機能のゆえに役割を与えられて作られた物が、宗教人や封建領主の豪奢嗜好に応えた結果として芸術性を帯びたのであった。ところが明治の激変によって、そうした宗教人や領主たちの贅沢は終わりを告げ、芸術的創作は急激に萎んだ。

そうしたなかで、国を豊かにするためには輸出によって収益を増やすことが重要であること、とくに日本の伝統的工芸品が欧米の人々に求められていることに気づいた明治政府は、手工芸品の商品化に力を入れ、一八七三年〔明治六年〕にはウィーン万国博覧会への出品を全面的に推進した。これは、一八六七年のパリ万博〔訳注・このときは、まだ幕藩時代で、日本からは薩摩と幕府とが別々に出品した〕にも、一八七一年〔明治四年〕のサンフランシスコ万博、ロンドン万博にも無関心だったのとは大きな違いであった。

これを機に、日本の工芸品を売る店が一八七七年（明治十年）にはニューヨークに、一八七八年にはパリにというように増えていった。一八八一年（明治十四年）には、木工、漆、刺繍、七宝、ブロンズのそうした輸出品を扱う「起立工商《きりつこうしょう》」という会社が自前の製作所を設立し、古い漆器の模造や象牙品など骨董品のまがい物を製作し、ヨーロッパの市場に流した。それはそれで、アマチュアの人々を熱狂させたが、本物を求める人々には日本製品への疑心を植えつけることにもなった。

これに較べると、彫刻や絵画が歩んだ道は、まだ幸運であった。一八七一年に設立された工部寮は、一八七六年にはイタリア人美術家たちの助言で工部省工学寮付属の日本最初の官立美術学校、「工部美術学校」となった。ここには、絵画の指導のためにアントニオ・フォンタネージ（1818-1882）、建築とデッサンのためにカペレッティ（一八八七年没）、彫刻の指導のためにラグーザ（1841-1927）の三人のイタリア人が招かれた。こうして、西洋美術を志す若者の教育が始まったのであるが、伝統的芸術にこだわる抵抗勢力は強く、工部美術学校は一八八三年に廃校になった。

西洋化に反対したのは日本人だけではなかった。一八七八年（明治十一年）に東京大学で哲学と経済学を教えるためにやってきたアメリカ人のアーネスト・フェノロサ（1853-1908）も、日本のすばらしい伝統芸術が絶滅することを心配してこの反対運動に力を貸した。彼は、日本の伝統芸術を保護するよう日本政府に意見書を出すとともに、一八七三年のウィーン万博で日本代表団の助言役を務めたヴァグナー博士に倣って日本の伝統芸術の保護と教育に情熱を注いだ。フェノロサは、いかなる日本人も敵わないほど日本の芸術を愛し、自ら創作に取り組むとともに、教育面でも政府に働きかけ、大きな足跡を遺した。

一八七九年には、のちに日本美術協会となる龍池会《りゅうちかい》の設立に加わり、一八八七年（明治二十二年）には弟子の岡倉覚三《おかくらかくぞう》（1863-1913）、橋本雅邦《はしもとがほう》（1835-1908）とともに東京美術学校の設立に参画している。しかし、彼の最も後世に残る仕事は、一八八七年（明治二十年）、重要な芸術品を国宝として保存するために《日本美術協会》を設立したこと、一八八九年には《帝国美術館》を設立したことで、後者については、理事を務めている。

〔訳注・彼は一八九〇年にアメリカに帰り、ボストン美術館の東洋部長となり、一九〇八年に亡くなっている。〕

こうした伝統主義者たちの優勢にもかかわらず、西洋画家たちも急速に増え、小山正太郎（1857-1916）、浅井忠《ちゅう》（1856-1907）らによって《明治美術会》が設立（1889）され、伝統派も無視できない勢いを示した。とはいえ、まだまだ優位を占めたのは伝統派で、一八九〇年、田崎草雲（1815-1898）、森寛斎（1814-1894）、狩野永徳二世（1815-1891）、橋本雅邦らを初期メンバーとして《帝室技芸院》が設立された。

政府は、一九〇七年（明治四十年）、両者を和解させるべく、上野公園で日本画・洋画・彫刻の三部から成る「文部省美術展覧会」（いわゆる文展）を開催した。〔訳注・これは毎年秋に開かれたが、一九一九年にいったん廃止。その後、「帝国美術院展覧会」いわゆる帝展《ていてん》に引き継がれたあと、一九三六年に改組により再び文展となった。〕

ほかでもそうだが、ここでも明治時代の同化のサイクルは完結したわけではなく、伝統派と洋画派で競り合った世代のあとを引き継いだのは、両大戦間時代を彩ることとなる芸術家たちである。彼らはラグーザの生徒で、なかでも傑出していたのが彫刻家の大熊氏広（1856-1934）と藤田文蔵（1861-1934）

であった。それに続いて、ヨーロッパ帰りの彫刻家、たとえば長沼守敬《もりよし》（1857-1942 ヴェネツィア王室美術学校で学ぶ）、新海《しんかい》竹太郎（1868-1927 ベルリン美術学校で学ぶ）、北村四海《しかい》（1871-1927 フランスで学ぶ）などが新しい技法ととりわけ新しい見方を持ち帰って貢献した。

彫刻界にとりわけ強力な新風を吹き込んだのが、荻原守衛《もりえ》（碌山 1879-1910）によるロダン作品の紹介である。ロダンの彫刻が日本美術界に与えた衝撃は強烈で、それは西洋美術を志す人々だけでなく伝統的彫刻に関わる人々にも及んだ。伝統的彫刻家たちは、大御所であった高村光雲《こううん》（1852-1934）の指導のもとに中世のレアリスムを復活させ、木彫りにおいて新しい開花を示していた。光雲は竹内久一《きゅういち》（1857-1916）、石川光明《こうめい》（1852-1913）とともに東京美術学校で教鞭を執るとともに、生徒たちに教える必要性から、幾多の木彫りの傑作を生み出した。

しかし、ロダンのブロンズ作品が人々を惹きつけていたことから、彼らも、自分の作品をブロンズで鋳造しなければならなかった。

高村光雲の息子、光太郎（1883-1956）は、「ロダン主義の日本におけるパイオニア」と呼ばれたほどロダンに傾倒した。この流れは、一九一二年（大正元年）にロダンがその作品三点を『白樺』同人に贈ったことから、さらに刺戟され、日本のあらゆる知的活動に浸透していった。

いずれにせよ、伝統主義と西洋化のいずれにおいても、

高村光雲作「楠正成像」（皇居外苑、出典：@ ART）

近現代の彫刻家たちは、すばらしい作品を生み出した。このような春の訪れは、江戸時代には望むべくもないものであった。

江戸時代の彫像

彫像は、のちに詳しく述べる十三世紀の鎌倉仏教のルネサンスのあとは、精神的中身の欠如のため精彩を失って見るべき作品もなく、日本文明の要素としては注目するものではなくなる。とくに徳川時代は儒教優位のもと、その傾向が顕著である。たしかに、この間も、才能ある彫刻師は出なかったわけではないが、いかなる集団も君主も、往時の諸宗教のように大きな聖域に建物を寄進することも、信仰のために仏像等を立てることもない。

要するに、宗教界の支えがないため、江戸時代の芸術家たちは腕を振るう場がなくなったのであるが、その背景には、日本の建築美は余分なものを削ぎ落としたところにあり、建物自体を彫刻で装飾することをしなかったことが挙げられる。唯一例外的存在が日光の東照宮で、ここには、当時のあらゆる知識と理念が集められたと言われている。事実、力と豪勢さを誇示したこの建築の重厚なたたずまいと複雑な装飾は、この地の並外れた自然美によって、その美しさを増幅されている。ともあれ、儒教的支配者であった家康のこの霊廟を仏教と神道を結合した聖所として完成するために、何百人もの芸術家が動員され、工事は約五年間に及んだ。

したがって、江戸時代には特筆すべき彫刻家は少ないが、注目に値する作品を遺した人として、円空（一六九五年没）、湛海《たんかい》律師（1629-1716）、木食明満《もくじきみょうまん》（1718-1810）がいる。円空と湛海の作品は小品で、未完と思われるほど簡単であるが、仏教や神道の神々の特質と思想を力強く率直に表現している。しかし、最も率直なのは木食が各地を放浪しながら刻んだ作品で、その神々や聖人は感動的な魅力を湛えている。

日光東照宮

芸術作品としてはあまり重視されないが、多くの日本人に愛好されたものに人形がある。江戸時代以降、商業が発展し観光旅行が盛んになったことで、人形は現代においても、各地のお土産として、職人仕事のなかで最も活力を維持しているものの一つである。たしかに、特別に高級なものを求めるのでなければ、人形は、空港の土産物コーナーやデパートで比較的安価で手に入れることができる。しかし、古来、人形は子供のおもちゃでもなければ、旅の思い出を留めるものでもない。なかには、制作者が技倆を尽くし、玄人からもその繊細さと美しさを高く評価され、家代々の宝として伝えられている芸術品がある。

しかし一般的には、人形作りは家内工業によって行われ、その職人の器用さと性向を反映している。しかも、東北地方の《こけし》から

雛壇飾り

九州の《博多人形》にいたるまで、地方や地域により特有のタイプがあり、素材や着せられている着物、表されている人物によって多様である。世界的に知られた例としては、芸者と遊里を題材とし、いかにもそれらしい着物を着せた《浮世人形》がある。また数は少ないが、貴重で珍重されるものに、能楽の有名なシーンの衣装を着せた人形や、大きな頭に丸々した身体の幼児の人形で、京都の公家の間で愛玩された《御所人形》もある。後者は、お守りとして贈呈に使われたので《拝領人形》とも呼ばれた。

毎年三月三日に行われる《雛祭り》では、人形はおもちゃではなく、天皇と皇后、朝廷に仕える人々、楽師、門番たちを表す十五体ほどが五段ないし七段の雛壇に祀られる。これは、おそらく儒教〔訳注・むしろ道教〕発祥の祭りが神道の古い儀礼と混淆したもので、古くは悪霊の働きをこの人形たちに引き受けさせて、祭りが終わると川に流した呪術的な祭事に使われたのであったが、今日では、女の子の成長と幸せを祈る家族的な祭になっている。

「覚束《おぼつか》ない行灯《あんどん》の光の中に、象牙の笏《しゃく》をかまへた男雛《おびな》を、冠の瓔珞を垂れた女雛《めびな》を、右近の橘を、左近の桜を、柄の長い日傘を担いだ仕丁《しちょう》を、眼八分に高坏《たかつき》を捧げた官女を、小さい蒔絵の鏡台や簞笥を、貝殻尽くしの雛屏風を、膳椀を、絵雪洞《えぼんぼり》を、色糸の手鞠《てまり》を……」（芥川龍之介『雛』）

〔訳注・これは、家が貧しくなったため雛人形を手放さなければならなくなった娘の思いを描いた短編の一節である。〕

室町時代の彫像

室町時代は、鎌倉時代の余韻を残しており、彫刻も独自の新しいものはほとんどなく、とくに「滝見《たきみ》観音」には、シナの宋の少々官能的な様式の影響が感じられる。とりわけこの室町期には、日本人の感受性は茶室を中心にするかのように推移したから、彫刻のように、茶室とは関係のない余計なものは排除されていった。

事実、禅仏教は、それまでの仏教と異なり、彫像の効果を信じなかったようである。かろうじて民衆の要望に応えるために、あまり宗教的性格をもたない作品を許容しただけであった。このため、室町時代の彫刻師たちが才能を発揮したのは、神や仏菩薩ではなく、高僧たちの人間くさい像の制作や人間の顔の無限の側面を秘めた能面の制作においてである。

能楽の発祥は、藤原摂関時代の踊りとパントマイムに遡り、完成を見るのは、観阿弥清次（1333-1384）とその仲間によってである。面は、それ自体は無表情であるが、着けて演じる人の所作によって繊細な心の動きを表現する。たとえば上を向くか下を向くかにより、照明の当たり方に応じて、喜びの表情になったり悲しみを示したり、表す情念が異なる。現在でも、能役者は、何代にもわたたって伝えられてきた面を使用している。

平安時代と鎌倉時代の彫像

立体像（volumes-images）に関心を向けず、彫刻を衰微させた室町時代の仏教と違い、その前の鎌倉時代と平安時代の仏教は彫刻を重用し、彫刻芸術を大きく飛躍させた。それに対して、神道はもともと彫刻には無関心であったが、この仏教の勢いと神仏習合理論による仏教への同調のなかで、人間的な写実的作品を幾つか生み出している。神道の彫刻では、神々は神経質でメランコリックで、身に着けた衣装によって男女の区別や身分をはっきり示している。その点で、人間を超越し、性差を超えて光を放っている仏教の守護神たちとは違っている。

神道の彫像で最も古く、おそらく最も美しいのが、九世紀に作られ、奈良の薬師寺に保存されている仲姫《なかつひめ》（応神天皇の后）と仏教僧の姿をしている八幡神（応神天皇と同一視されている）、そして神功皇后（応神天皇の母）の彩色彫像である。

しかし、神道においては、彫刻は幾つかの必要性から生まれた一時的現象に過ぎなかった。それに対し、仏教では、時代による盛衰はあるものの、仏師たちが寺院の保護のもとに特殊な集団を形成し、明治時代にいたるまで活動してきた。

仏教彫刻

仏教では、さまざまな仏や菩薩、神々の特質や力が経典などに明確に示されているため、厳格な図像的伝統があり、そのもとに、さまざまな彫像が作像されてきた。

釈迦仏と大日如来（Vairocana）、阿弥陀如来（Amitâbha）、薬師如来（Bhaisajya-guru）といった仏たちは、それぞれの特徴点をもって表される。釈迦は髪を髷にした若い僧の姿で表現され、装身具はなく、柔かい衣を身につけているだけである。耳たぶは長く垂れているが、これは、王子であった若い頃に重い宝石を付けていたため伸びたのだとされる。釈迦と違って密教の仏は豪奢な宝飾を付けていて、それぞれに、その仏の本願によって異なる特徴を示している。

もっと多様なのが菩薩で、弥勒（Maitreya）、文殊（Manjusri）、普賢（Samantabhadra）、虚空蔵（Akâsagarbha）など、いずれも、頭には宝冠を被り、衣やベルトには豪華な瓔珞が付けられている。守護神も、梵天（Brahmâ）、帝釈天（Indra）、毘沙門天（Vaisravana）、吉祥天（Mahâsri）、金剛力士（Vajrapâni）など、その姿は、王であったり臣下であったり兵士、巨人であったり、それぞれに独特の容貌と様相をしており、日本芸術の最も力強い作品の素材になってきた。とくに密教の場合、ときとして荒々しい憤怒の相を示す。最もよく見られるのが不動明王（Acala）、降三世明王《ごうざんぜみょうおう》（Trailokyavijaya）、愛染明王（Râga）である。

いずれにせよ、これらの人物たちは、それぞれに象徴的な印形を結んでおり、顔の表情とあいまって、その働きの特性を表している。とくに神聖な仏や菩薩は光背を背負っており、それらは時代がくだるほど装飾的になり、手の込んだものになっていった。

宗教的彫刻も、現代では日常生活に素材を求めた新しい形が現れてきているが、仏教の彫刻は、ほとんど変わっていない。一八〇二年に制作され、いまはパリのチェルヌスキ美術館〔訳注・八区のモンソー公園の近く〕にある《目黒の仏 Bouddha de Méguro》像は一二五二年に造られたとされる鎌倉大仏の姿を縮小してそのまま引き継いでいる。〔訳注・この仏像は鎌倉大仏と同じで座像であるが、鎌倉大仏が高さ十一・三メートルであるのに対し、目黒の仏は四・五メートルである。〕

《目黒の仏》像（チェルヌスキ美術館）

日本の彫刻が最も高揚し力強さを示したのが鎌倉時代で、リアリズムの点からも絶頂期を画している。鎌倉大仏は、十三世紀の芸術家の豊かな感性が反映されており、見る人の苦悩を和らげるような阿弥陀らしい慈愛に満ちた表情をしている。宮廷人の審美的喜びに応えようとした平安時代の作品と違って鎌倉時代のそれには、教育などあまり受けていない大衆を図像的表現によって導き、苦悩から救おうとの強い意志が感じられる。そうした時代を反映して、鎌倉時代の彫刻には、写実性を強めるためにクリスタルの目玉（玉眼）を嵌めたものが現れる。また、仏教とは関係ないが、叙事詩的物語が好まれたことから、英雄的人物の像も盛んに作られた。なかでも最も美しいものの一つが、鎌倉中期の武将で、室町時代になっても、その子孫が歴代将軍の助言役を務めた上杉重房《しげふさ》の像である。

しかし、鎌倉時代を代表するだけでなく、日本の彫刻史上最も傑出した彫刻師は運慶である。運慶は、大和の春日神社で仕事をしていた康慶の改革精神を受け継いで、奈良の美術の優美さ、豊かさに、シナの宋の造形美術から影響を受けた力強さを付け加え、一一七五年から一二一八年ごろにかけて、日本彫刻の頂点を示す多くの作品を生み出した。その才能は息子の湛慶から康弁《こうべん》、康勝《こうしょう》へと受け継がれ、諸大寺に安置された彼らの見事な彫刻は、巡礼たちの魂を魅了した。

この鎌倉彫刻へ向かっていく日本の造形芸術の新しい進展の契機となったのが、十二世紀の戦乱で損傷した東大寺の修復という大事業であった。この事業は、俊乗房重源《しゅんじょうぼうちょうげん》（1121-1206）の勧進のもとに推進され、破壊されていた東大寺の建物は、元のそれより小規模ではあるが、「天竺様《てんじくよう》」と呼ばれる南シナの建築様式で再建された。重源は東大寺再建のために三度、シナに渡ったとされ、火災で溶融した大仏の鋳造のためにシナ人の陳和卿《ちんわけい》を招き、また、そのほかの彫刻を造り直すために、康慶・運慶親子とその弟子である快慶を選んだ。その彼らが、全力を傾注して作業に取り組み、その後の日本にとって至宝となる彫刻を生み出したのであった。

平安時代中期の藤原摂関期には、あらゆる面で、浄土往生への憧憬が高まっていた。朝廷や貴族のまわりには、浄土を想起させる庭園や建物の造営と装飾のために様々な職業集団が仕事をしたし、天台仏教も、そうした美学で身の回りを飾った。本来、浄土にも仏・菩薩によって様々あるが、平安末期には阿弥陀信仰が圧倒的優勢を占めるようになったのに伴って、浄土といえば阿弥陀の極楽世界と考えられるようになっていったことが装飾にも現われる。

技術に関しても種々の工夫が凝らされ、木彫《もくちょう》も、多くの木片によって各部分を造り、それを組み合わせる《寄せ木造り》の技法が編み出された。この技法は、彫刻師の作業を単純化するとともに、ある一部分が破損しても、その箇所だけ交換すればよいという利点があった。この技法を完成したのは、宇治の平等院鳳凰堂の阿弥陀如来像を造った定朝《じょうちょう》（1057没）である。定朝は僧であり彫刻師であった康尚《こうしょう》の息子で、藤原道長によって重用され、一族の全盛期をもたらした。その後、仏像彫刻は院派、慶派など多くの流派が生じていくが、その淵源に位置しているのが定朝である。

しかも、定朝は、藤原道長が法成寺《ほうじょうじ》を創建し、そこに隠退したときも、供をして引き続き重く用いられ、仏師たちは僧としての身分を与えられたので、彫刻師全般の社会的地位と威信は高まり、物質的にも保障されるようになった。こうして、平安時代には仏教美術が興隆し、その作風も、シナのそれを模倣するだけの水準を超えて独自の発展を遂げることができたのであった。

日本の朝廷にとって、シナの宮廷は常に手本であり、天平・平安の文化は盛唐の文化と相呼応している。都が奈良から山城《やましろ》に移されて平安京が建設されたとき、神社仏閣は都の中心部を避け周辺の谷や森にではあるが、次々と建設されたから、彫刻師も多すぎるほどの注文を受けた。新しい感性に応えるために、瑞々しい美意識を反映した彫刻が求められた。

奈良時代の仏像は乾漆《かんしつ》によるものが大きい比重を占めたが、平安期には、留学僧たちがシナから持ち帰った白檀の像（檀像《だんぞう》）に刺戟され彫刻技術の進歩とあいまって、木彫が流行した。木像彫刻は、すでに奈良時代から大安寺や唐招提寺の作業場で、漆や粘土製の古い像の複製化が行われていた。しかし、これらの木像は全て《一木造《いちぼく》》で、力強さのなかに《翻波式《ほんぱ》》〔訳注・平安初期の木彫りに特有の衣の襞の表現法〕に見られるような繊細な装飾が施されていたが、これは、平安時代になると、意図的に非写実的様式に変わっていく。

奈良時代の彫像

奈良時代には、さまざまな素材を使って、多様な作品が作られたが、主流を占めたのは唐代のシナから伝来した乾漆法によるものと粘土の技法によるものである。

粘土を使う技法は、インドや中央アジアからシナを経由して伝えられたもので、木で骨組みを作り、それに藁を巻いて粘土を固着させるやり方で、当初は、ごく粗雑なものであったが、のちには良質の粘土に紙の繊維を練り込んだり雲母《うんも》の粉を加えたものを使い、その上から顔料で彩色したり金箔を貼り付けたりするようになった。しかし、やがて、より魅力的な乾漆法に取って代わられる。

乾漆法にも、塑土で原型を作り、その上に麻布を漆の液で貼り固め、漆が乾いたあと内側の塑土を取り除く《脱活乾漆》と、心木《しんぼく》の上に木屎《こくそ》と漆液を捏ねあわせたものを盛り上げる《木心乾漆《もくしん》》とがある。また《脱活》でも、塑土を取り除いたあと木の枠を入れて像を補強することがある。いずれも、表面は色漆《いろうるし》や金銀の粉を混ぜた漆で仕上げる。こうした乾漆の像は、儀式の行列の際、軽くて持ち運びやすいことから、長く好まれた。

また、美術的にも、漆は線をくっきり出すことができたので、人物の顔などを表現するのに適している。今日でも知られている最も古く有名なのが唐招提寺の鑑真像であり、もう一つは興福寺の阿修羅像である。阿修羅は顔を三つ、腕を六本持った八部衆の一人であるが、興福寺のそれは、表情も優しく、

阿修羅像（奈良市・興福寺蔵）

兵士というより天使の趣を湛えている。種々の伎楽の面も造られたが、これらには、制作した芸術家の戯画的な気まぐれが現れている。

しかし、奈良時代の彫像で忘れることのできないのが、青銅の堂々たる大仏の像である。七四五年から始まった東大寺の大仏鋳造によって判断するかぎり、当時の日本人は銅と錫の合金の技法をきわめて迅速に修得したようである。この大仏は、当初、高さが約十七メートルあり（平安末期の戦火によって堂宇が焼失するとともに像も上の部分が溶融し、現在のそれは一六九〇年に修復されたもので、高さは十五メートルほどになっている）、幾つかの部分に分けて鋳造され、繋ぎ合わされたうえで塗金された。

釈迦仏は、経文に身の丈が「丈六」とあり、その頂きは見ることができないとされたことから、インドでも中国でも、このように巨大な像を造ることが行われたのである。しかし、平均的サイズの像も造られ、その場合は飛鳥時代以来用いられた、一挙に蠟型に流し込むやり方で鋳造された。

日本は、彫刻に適した石材がないためか、石像はあまり造られず、シナや朝鮮の石像彫刻の影響は石以外の材質を使うなかに見られる。石が使われるのは、彫刻よりも、庭園の風景的構成においてである。

このように天平時代（729-749）の人々は、当時都で勝利した仏教にふさわしい堂々たる芸術を、さまざまな素材を使って創造したが、その巨大さにもかかわらず、しなやかな身体の線を浮かび上がらせ、それを覆う衣類の襞も、流れるような線で表現されており、彫刻師たちの腕の確かさを示している。

白鳳時代の彫像

奈良時代の彫像が、人物の表情もリアルであるのに対し、白鳳時代は、まだ成熟の前段階で、いかにも未熟なおずおずしたところがある。国家としてははじめて大陸文化に門戸を開いた日本に入ってきたのは、シナを介してグプタ朝インドで確立されていた美的規範であった。このインドの美学、とくに女性美は、グプタ朝がエフタル族 Hephtalites〔訳注・五世紀ごろ中央アジアを席巻した民族〕の圧力で滅亡したあとも長くアジア各地で観察される。顔つきは穏やかで整っており、身体に密着した薄手の衣を通して、盛り上がった胸、くびれた腰、豊かな臀部、細くて長い脚が浮かび上がっている。

光明皇后（701-760）の母、県犬養《あがたいぬかいの》橘《たちばなの》三《み》千《ち》代《よ》（藤原不《ふ》比《ひ》等《と》の妻）の持仏〔訳注・「橘夫人厨子」〕は、高貴で穏やかな美しさを湛え、そのしなやかな立ち姿はいまにも動き出しそうである。この厨子の須弥座に施された《蓮《れん》華《げ》化《け》生《しょう》図《ず》》は、有名な「玉虫厨子」の《捨《しゃ》身《しん》飼《し》虎《こ》図《ず》》《施《せ》身《しん》聞《もん》偈《げ》図《ず》》と同じく、最古の本格的仏教絵画である。幾何学的に画かれた波と水草の池から、茎のよじれた三本の蓮華が伸び、その上に弥陀三尊が乗っている。阿弥陀の頭は光輪で囲まれ、その顔は、アルカイック時代のあらゆる文明に特徴的な微笑を浮かべている。

飛鳥時代の彫像

日本の彫刻は、常に宗教と結びついて発展してきたが、飛鳥時代におけるその誕生自体、聖徳太子の支援のもと、仏教との結合によってもたらされたものであった。そこには、シナと朝鮮からの直接の影響が見られる。

歴史（むしろ伝承といったほうが妥当であるが）に記録されている最古の彫像は、用明天皇（585-587）の追善のために建てられた坂田寺の丈六の薬師三尊像（鞍作《くらつくりの》多《た》須《す》奈《な》造）とされる。しかし、実際に知られている最古の彫刻は、この多須奈の子、鳥《とり》（止利とも書く）の作によるものである。多須奈は、シナの遼から五二二年にやってきたとされる司馬達等《しばのたちと》の子で、鞍作りを生業としたので、このように呼ばれた。鳥（止利）が推古天皇の命で青銅の釈迦像と繍仏《しゅうぶつ》〔訳注・縫い仏ともいい、刺繍で仏の像を表したもの〕を造ったのは六〇五年（推古天皇十三年）で、前年十二年に制定された位階では大徳、小徳に次ぐ大仁に任じられた。〔訳注・徳仁礼信義智をそれぞれ大小十二階に分け、氏集団でなく個人の功労によって秩序づけたもの。〕

今日に伝わる止利の唯一の作品は法隆寺金堂の釈迦三尊である。光背の裏に、この像の造立が六二三年で、その少し前に亡くなった聖徳太子の追善のためであることが記されている。三尊とも真正面を向き、顔は面長、眼はアーモンド形で、神秘的な微笑を浮かべ、長い手の形はシナの六朝《りくちょう》時代の雲崗や龍門の大仏と同じ規範に従っている。この釈迦像はおそらく蠟型によって鋳造され、表面は鏨《たがね》で修正されたのであろう。二人の脇士は別々に鋳造されたと考えられる。

止利自身の作品は僅かしか遺っていないが、その技術と様式は引き継がれ、法隆寺の夢殿の《百済観音》（七三九年）を始め多くの作品が生み出されていった。しかし、この百済観音は、止利の芸術とはある種のコントラストを示していて、シナの隋王朝に現れた新しい精神が感じられる。

百済観音は楠に彫られ、金箔で覆われていた。その表情にはアルカイズムが見られるが、身体はしなやかな曲線を描きながら軽く前方に傾《かし》いでおり、髪と衣服の女性的な美しさは、この像に人間的な色を与えている。このように人間世界に近づき、人々に与える優しさの空気は、同じく飛鳥の中宮寺《ちゅうぐうじ》〔訳注・飛鳥時代末期に建てられ、「斑鳩尼寺《いかるがにじ》」とも呼ばれる〕や京都の広隆寺《こうりゅうじ》に保存されている弥勒菩薩像にも一層顕著に感じられる。この弥勒菩薩像は、一木彫《いちぼくぼり》ながら台に腰かけ、一方の脚を曲げて他方の脚に

弥勒菩薩半跏思惟像（京都市・広隆寺蔵）

のせ、半跏思惟《はんかしゆい》の姿勢をとり、右手で頬を支えて瞑想している。衣服は肌に密着し、身体の線を浮き出させている。髪は二重髻に結われているとも朝鮮風の帽子を被っているとも言われるが、全体として、彫刻よりも絵画の題材になるような繊細な優美さを湛えている。そこには、日本人たちが約百年で技法の全てを修得したことが看取される。

第十一章　二次元芸術――絵画

今日の日本の絵画芸術は、世界じゅうからやってきた様々な流派や傾向、手法が混在しており、坩堝の観を呈している。日本人は、幾つもの異なる批判基準によって判定することに慣れているので、多様なものが同じように評価され尊重される。たとえば現代芸術の重要なパトロンである大手百貨店は、純粋に伝統的な水墨画の展示会を開催したかと思えば、時期をずらして、それとは考え方も手法も全く異なる西洋的な芸術作品の展示会も同じように開催している。

観客も、もちろん好みは個人によって異なるが、全体としては同じ大衆が、こうした異なる芸術作品を同じように鑑賞し判定する能力をもっている。洋画から水墨画へ、きわめて容易に移り変わり、それぞれの魅力を味わうことができるこの日本人の精神と才能は、江戸時代から様々な名人芸に触れることによって培われてきた日本人の特技であるといってもよい。したがって、具象的であるか抽象的であるかを問わない近代芸術の出現は、明治の開国によって突如革命的に現れた現象ではなく、古来、日本芸術自体に宿ってきた一つの原理の必然的帰結という観がある。

日本にとって西洋美術の導入は、《革命》ではなく、古くからの芸術と新来の芸術の並存と競合という、何度も経験してきた展開の一つでしかない。事実、明治以来、「旧」と「新」という呼称が指しているのは、年代的区別ではなくタイプの違いであって、この世界の果ての国では、年代的にはすでに数百年前のルネサンス期の芸術作品であっても、明治以後もたらされた油彩で描かれたものは「新しい」

のであり、昨日生み出された作品でも、岩絵具で伝統的様式で描かれたものは「旧」なのである。

今日では、日本は消化吸収の段階を過ぎて、自ら創造する段階に入っており、こうした混合や区別は、もはや関心を呼ばなくなっている。一九六八年（昭和四十三年）に文化庁が設置された目的も、なによりも新しい文化の振興にあった。文化庁の淵源は一八八八年（明治二十一年）に設置された《臨時全国宝物取調局》にあるが、その主目的は、開国によって外国から入ってきたものを偏重する傾向が強まり、伝統的な価値ある作品が流出し、失われる危険性が高まったため、日本の伝統的芸術の価値を守ることにあり、その仕事は保護すべき作品の目録作成と等級づけから始められた。

だが、こうした現象は、どこの国でも見られたことで、日本だけの特異現象ではない。日本に特異といってよいのは、こうした区別を人間に適用し、消滅が危ぶまれる技能をもった芸術家や職人を《人間国宝》として特別に保護しようと考えたことにある。これは、作品からそれを生み出す人に遡り、芸術の源になっている天分や才能、技法を保護しようというもので、精神や技能もまた先祖からの遺産の一部をなしているのである。

しかしながら、日本でもよその国でも、文化政策がめざすのは、いかに芸術的に深化させるかよりも、いかに《活気 animation》を与えるかである。毎年、《芸術の秋》の掛け声のもと、十月から十一月にかけて、さまざまな催しや、功績のあった人の表彰が行われている。それは、芸術家にとっては、自分の名が有名になり、作品が高値で売れるための契機になるし、大衆に対しては、芸術への関心の裾野を広げる機会となる。とりわけ、こうした全般的無秩序の時代にあっては、劇場的効果だけが人間的存在と国民的可能性への信頼を蘇らせることができるからである。とはいえ、近年は美術界も精彩を欠き、行き過ぎた商業主義が批判に晒されていることも事実である。

戦前において美術展がぶつかった難問は、とくに政治的問題であった。文部省は一九〇七年（明治四十年）から毎年、美術展覧会を開催し（文部省展覧会なので略して「文展」と呼ばれた）、芸術の発展に大きな影響を及ぼした。しかし、芸術家のなかには、権力が音頭を取るやり方に反感を覚える人も少なくなく、自分たちで独自の芸術運動を興した（こうして一九一四年に始まったのが「二科会」である）。他方、「文展」は一九一九年（大正八年）には、さらに厳めしい「帝展」になり、一九三六年（昭和十一年）には「文展」に戻ったが、第二次世界大戦後は占領軍政府から、戦意高揚の作品を奨励するなど軍国主義に協力したとして疑いの眼で見られ、一九四六年（昭和二十一年）に廃止され、民間主導による「日展」となった。

美術は、都道府県レベルでも、その地方の祭典のなかで一つの位置を与えられ、とくに十一月三日が「文化の日」になってからは、各地で催しが行われている。〔訳注・十一月三日は明治天皇の誕生日で、昭和二年に「明治節」として祭日に定められたが、戦後、昭和二十三年に「文化の日」に改められた。〕

書画

日本の場合、《イマージュ》（絵）と《シーニュ》（記号・文字）は重なり合っているので、「絵画」というより「二次元芸術」といったほうが適切である。いずれも筆から生まれ、国民的伝統を引き継いだ技法と基準を踏まえつつ新しい道を開こうとしている。こうして、漢字文化においては、《書》は一つの特権的位置を占めている。同様の抽象絵画は、西洋世界でもアルトゥング〔訳注・一九〇四年ドイツ生まれ。ナチスに反発してフランスに帰化した抽象絵画家〕やスーラージュ（一九一九年生まれ）に見られるように大きい関心を呼んだ。しかし、そこには見失ってはならない根本的相異がある。

極東の書道家にとって《シーニュ》つまり文字は、読めるかどうかの限度ぎりぎり（あるいは超えていた）としても、なおかつ、一つの明確な意味をもっていることである。仮に、書道家は、その天分から純粋に形態美を追求したとしても、そこには書いている文字の意味が関連している。そのことは、書道展の目録を見るだけで明白で、かならず書かれている文字の読み方が添えられている。文字のそれぞれが神話時代からの遺産の重みをもっており、それは、書家自身の精神のなかにも鑑賞する人の心のなかにも厳然と存在しているから、無視するわけにはいかないのである。

行から行へ、あるときは沸き立つような、あるときは気だるいような曲線を描く《仮名文字》の柔軟さ、あるいは、今ではシンボルにすぎなくなったとしても本来の表意文字のなにがしかを保持している《漢字》の堅固さ——いずれにあっても、素材自体がすでに、芸術的探求の対象として紙に生気を与えている。日本の紙（和紙）は、シナから伝来したが、職人たちの創意工夫によってさまざまな特徴を持ち、肉厚の紙や透き通った薄紙、透かし模様の入ったのや表面に金銀の文様が鏤められたのや実に多様である。

紙は、時代の流れのなかで、使途に合わせて、形と大きさもさまざまである。《懐紙《かいし》》と《色紙《しきし》》は、ほぼ正方形で、漢字や三十一文字の和歌を書くのに適している。懐紙は、もともと十世紀ごろからあり、その呼称のとおり、興趣に応じて詩を書く紳士にとっては常に懐に所持しているべきものであった。色紙は文字だけでなく絵を描くのにも使われた。また、《短冊《たんざく》》は、飾り模様が入っていることもあれば白い無地のこともあるが、縦長で、和歌や、もっと短い俳句を記すのに使われる。最後に、《扇面《せんめん》》があり、これも絵や詩を書くのに用いられた。そのまま保存されることもあれば、実際に骨組みに貼りつけて扇子にされることもある。

《書》は、日本では、《平安時代》の十世紀から十二世紀がその黄金期で、恋に憧れる乙女たちにとっても、思索に耽る哲学者たちにとっても、欠かすことのできない生きた芸術であった。シナでは、有名な王羲之（303-361）を筆頭にたくさんの「書聖」が現れたが、日本では、平安時代には、そうした「書聖」たちの書を手本に、書の技が競われた。なかでも書家として名を残しているのが、小野道風《おののみちかぜ》（894-966）、藤原佐理《すけまさ》（944-998）、藤原行成《ゆきなり》（972-1027）といった人々である。しかし、日本で、こうして漢字を筆文字で崩して書くなかで独創的に生み出された最大の成果こそ、《仮名文字》の発明である。

最澄（767-822）、空海（774-835）、嵯峨天皇（786-842）といった能筆で知られる人々も、王羲之を書の師と仰いだ。現代の書道でも、王羲之を規範として整えられた宋・元・明の字体が規範とされる。この時代の字が禅仏教および封建制に形を与えた諸々の文化的要素とともに、「唐様《からよう》」の名のもとに日本に浸透してきたからである。明治の初期には、もっと奇妙なことが起きる。それは、五、六世紀の北シナで開花した書が楊守敬《ようしゅけい》（1839-1915）によってもたらされたことである。北シナの書には、王羲之ら南シナの書にない堅固さと厳めしさがあり、それが明治の気風に好まれて、日下部鳴鶴《くさかべめいかく》（1838-1922）、巌谷一六《いわやいちろく》（1834-1905）のおかげで、現代日本の書の基本となったのである。

筆による書は、印刷が普及し、また、万年筆など近代的筆記具が導入されても、消滅していない。すべてについて没個性的傾向が強まっているなかで、《書》は表面的な才能や知性でごまかすことのできない魂の神秘的な鏡、人間の価値の証しであるとさえ考えられている。

日本においては、《絵》〔訳注・ここでいうのは、油彩などによる西洋画ではなく、墨による絵〕も、《書》とともに特別の芸術的表現法である。極東においては、《絵》は二次元的ではあるが、一つの量感を有しており、一般的には掛け軸のような巻物の形をとる。それを優雅にゆっくりと開くリズム自体が、この道の粋人にとっては深い喜びの源になっている。拡げるにつれて姿を現す巻物の絵がもたらす喜びは、手で触れることによって陶器が与えてくれる喜びと軌を一にしているのである。この点で、絵も陶器も、日本では同じ性質をもち同じ種類の感動を呼び覚ますといってよい。これらの作品が四季のリズムに合わせて展示されることも、時の移り変わりと自然のサイクルの永遠回帰を想起させる。

一つの部屋だけでなく家全体の装飾の要になっている《床の間》に飾られる美術品は、花鳥風月を描いたものが多く、季節ごとに替えられる必要がある。したがって、動かしやすいことが重要で、飾られないときは、箱に納めて厚い土壁で火災から守られた蔵に保存される。

絵は、可動式の部屋仕切りである襖に画かれたいわゆる《襖絵《ふすまえ》》や《屏風絵《びょうぶえ》》のように建築の一要素になっていることもある。屏風は、婚礼など重要な儀礼のとき、主役を務める人の背後に立てられ、人々の心を引き締め、雰囲気を盛り立てる役目を果たす。日本には伝統的芸術と現代芸術の断絶も、具象的芸術と抽象的芸術の間の矛盾も存在していないとしても、多分、この観点からすると、絵画芸術における唯一の断層がある。部屋を壁で仕切らない伝統的な日本家屋には、現代の油絵を飾る場はないし、硬直な油絵と日本家屋の流動的な枠組みを組み合わせることは不可能だからである。堅固な石壁を永続的に飾るために考えられた西洋の油絵を日本の家のインテリアに合わせることはできるだろうか？

現代の日本画は、充分に写実的な作品の場合も、《書》に由来する抽象に対する強い嗜好性がある。現代のほとんどあらゆる日本画の流派は、大なり小なり、一九三七年（昭和十二年）に長谷川三郎（1906-1957）によって設立された「自由美術家協会」〔訳注・抽象絵画を中心とする前衛美術運動を推進した〕の運動を母体にしている。それに劣らず重要なのがシュールレアリスムの影響で、一九三九年（昭和十四年）に設立された「美術文化協会」の福沢一郎などは戦前からこのシュールレアリスムに絶賛を送っていた。

とくに敗戦後、抽象芸術はあらゆる絵画を席巻しており、とりわけシュールレアリスムは、個人的苦悩の厭世的表現法において主流となっている。キュビスム〔訳注・立体派と訳され、ピカソやブラックによって創始された。自然を円筒、円錐、球として扱う〕に関しては、日本では、フォーヴィスムほど成功をおさめなかった。フォーヴィスムは、一九三〇年（昭和五年）に設立された「独立美術協会」の里見勝蔵〔訳注・一九二一年に渡欧し、フォーヴィスムの影響を受けて帰国した〕だけでなく、独立協会に属さない三岸節子《みぎしせつこ》なども推進したことから大きく発展した。〔訳注・「フォーヴ」は野獣の意で、フォーヴィスムは、フランスで、その強い原色と奔放な筆触を見たある批評家が、彼らの作品の展示場を「野獣の檻」と揶揄したことによる。〕しかし、その根底には、フォーヴィスムが、江戸時代の文人画のなかでも土佐派、なかんずく、《大和絵》の線の闊達さに通じるものをもっていることを忘れるわけにはいかない。

日本の官辺筋は、明治の開国以来、写実主義に好意的で、それが官展である「日展」を特徴づけてきた。写実主義は、今日ますます社会的方向に向かっているが、そのために伝統的スタイルが死滅するわけではなく、一九一四年（大正三年）に再編された「日本美術院」を拠り所に活力を示してきている。〔訳注・日本美術院は、岡倉天心、横山大観らによって一八九八年に結成され、一九〇六年、茨城県五浦に移ったが、一九一四年、天心の死後、再編され、日展、創画会とともに日本画三大勢力となってきた。〕

浮世絵

江戸時代後期、大和絵の伝統を引きついで朝廷の《絵所預かり》であった土佐派や、シナ的絵画の伝統を引き継いで幕府の支援を受けた狩野派を押しのける勢いを示し、肉筆だけでなく版画として広く庶民にも人気を誇ったのが浮世絵であった。

浮世絵が登場する以前、十六世紀に勢力を誇ったのは狩野派で、京都の日常的場面や祭りの光景を画いた屛風絵を生んで人気を博した。岩佐勝以《かつもち》（1578-1650）は狩野派で学んだうえに、土佐派・雲谷《うんこく》派などの技法も採り入れて作品をものした。そのようななかで、《浮世絵》のデビューを画したのは、「狩野派四人衆」と呼ばれた西川祐信《すけのぶ》（1671-1751）、宮川長春《ちょうしゅん》（1683-1752）、菱川師宣《もろのぶ》（1618-1694）、奥村政信（1686-1764）である。このうち版画にジャンルを拡げたのが菱川と奥村である。

しかし、日本人は一般的に、十九世紀半ばにいたるまで、版画に本物の芸術的価値を認めていなかった。浮世絵版画の価値が認められるようになったのは、一八五六年、ヨーロッパに流出していた北斎の作品をフェリクス・ブラクモンから見せられたドガが魅了されたことが始まりとされる。一八六八年にはマネがゾラの肖像画を日本画風に画き、一八七六年にはモネが装飾用のポスターに着物姿の娘を画くまでに《ジャポニスム》がもてはやされた。ヴァン・ゴッホも、浮世絵に親近感を覚え、その作品のなかに採り入れたことは周知の事実である。

版画は、一枚の作品を何枚にも増やすことができ、いわばマス・コミュニケーションの先駆をなしているわけであるが、日本でとくに発展を示したのは十七世紀中頃で、文明の新しい形を生み出した都市の拡大発展と軌を一にしている。しかし、版画の起源はシナにあり、奈良時代の日本でもすでに知られていた。たとえば正倉院には、布に印刷するために作られた版木が保存されているし、七六四年、女帝、孝謙天皇（在位749-758。七六四年には重祚《ちょうそ》して称徳天皇となっている）は経文と仏の姿を木版と銅版で刷らせて奈良の十か寺に献納している。このような印刷の方法は、その後も宗教の分野で「御札《おふだ》」などの形で受け継がれ、貴族や権力者たちも、絵師や摺り師を使って印刷させたが、選んだ材質は高価な布などで、安価な紙に摺ったものは馬鹿にされる風潮があった。

それが江戸時代に浮世絵によって大きく変わったのであるが、そのきっかけは、経済的に裕福になり中流階級を形成するようになった商人や職人たちのなかで、高価な作品を買うほどのカネはないが、ある種の贅沢をしたいと考える人々が増え絵の需要が高まっていることを知った菱川師宣が、伝統的な大和絵の技法で描いたクロッキーを版画で多部数再生産することを考えついたことである。彼が歓楽街の吉原で下絵を描いた美人絵や歌舞伎役者を描いた役者絵は市民たちを熱狂させた。こうして、遊びと歓楽の世界を指すのに使われた「浮き世」と仏教用語の「憂き世」とが綯い交ぜになって「浮世絵」という呼称が生まれたのであった。

主題のレパートリーも次第に広がり、花鳥風月はもとより、顧客が喜ぶあらゆるテーマを扱うようになっていった。師宣は直接の弟子は持たなかったが、彼を崇拝した鳥居清信《とりいきよのぶ》（1664-1729）は多くの弟子を養成し、その末裔はいまも栄えている。

初期のころ版画といえば読本《よみほん》の挿し絵がほとんどであったが、師宣以後、絵だけで独自の商品として、二つ折りの形で売られるようになった。版画の制作には、絵師と彫り師、摺り師の三人の手が必要である。最初は白黒の墨摺り絵で、ときに鉛丹《えんたん》を用いた赤い色を筆で入れた絵は「丹絵《たんえ》」と呼ばれた。やが

喜多川歌麿の「寛政三美人」

て鉛丹に代わって紅が用いられ、これに黄、紫、緑などの様々な色が加わっていった。それと同時に、奥村政信（1686-1764）のおかげでシナ産の膠《にかわ》の強い墨を使って光沢を出し、輪郭をくっきり浮かび上がらせる「漆絵」も生み出された。

これらの版画は、当初は直接筆で絵を忠実になぞりながら色を塗るものであったが、一七四三年、シナの木版技法による「紅摺《べにず》り絵」が確立され、これ以後、ずれが生じないよう細心の注意を払いながら、二十種の色を使い、塗りと摺りを繰り返すことによって、錦絵に似た彩色画を生み出すことができるようになる。

有名な鈴木春信《はるのぶ》（1725-1770）の美人画はこの版画芸術の絶頂期を画するもので、江戸見物に来た人々が、旅の記念として競って買い求めたという。勝川春章《しゅんしょう》（1726-1792）と一筆斎文調（1725-1794）は共同作業で「絵本舞台扇」という作品で似顔絵のジャンルを創り出した。さらに、新しい変化をもたらしたのが喜多川歌麿（1753-1806）で、彼は、それまでの全身像をやめて、顔に重点を置いた《美人大首絵《おおくびえ》》を発表して人気を呼んだ。その手法は、男の役者を描いた東洲斎写楽《とうしゅうさいしゃらく》にも引き継がれる。

このような美人や役者のブロマイド的芸術は、頂点に達するや、まもなく凋落したが、浮世絵自体は、物語の挿し絵や風景画などの多くのジャンルで伸展していった。同じころ、ヨーロッパでも、セバスティアン・メルシエが『パリ点描 Tableaux de Paris』のなかで、街には版画が溢れていると書いているが、同じことが日本についてもいえた。あらゆるものが図像化のきっかけになった。

しかしながら、そのなかでも傑出しているのが葛飾北斎《かつしかほくさい》（1760-1849）と安藤広重《あんどうひろしげ》（1797-1858）による風景画である。これらは、都市住民たちにこれまでにない広い地平線を開き、狭い世界から解放した。この点で北斎を触発したのは、あるオランダ人画家の銅版風景画であったといわれているが、彼の『富

「冨嶽三十六景」より「神奈川沖浪裏」(葛飾北斎画)

嶽三十六景』と広重の『東海道五拾三次』は、日本の版画の頂点を示している。自然の風景を大胆かつ逞しい線で切り取り、大波や靄の中で千変万化を見せる富士山の雄大で幾何学的な美しさ、田園の優しさを謳いあげた一枚一枚は、人々の魂を魅了した。しかし、このスタイルも、開花するや、たちまち息切れし、十九世紀も半ばを過ぎるころには、凡庸な着色版画《クロモリトグラフィー》(chromos) になってしまう。こうして日本では見向きもされなくなったころ、偶然ヨーロッパ人たちの手に入ったものが、印象主義と近代美術の酵母となっていくのである。

銅版画も、起源は古く、奈良時代に仏教美術に用いられたものに遡る。その後は消滅していたが、この仏教僧たちのやり方が、十六世紀になって、キリシタン宣教師たちの手で復活する。一五九〇年には、ヨーロッパから一台の印刷機が持ち込まれ、宣教師たちはキリスト教の布教に必要な本を印刷するとともに、銅版の技術を教えた。しかし、これ以後江戸時代初めの銅版技術はキリシタン弾圧の嵐のなかで失われ、これが江戸末期の蘭学の興隆にともなってふたたび蘇り、司馬江漢《しばこうかん》（1747-1818）は、腐蝕銅版画の技法をオランダ人から習得して、それを適用した見事な作品を遺している。

こうして生まれた技法は、外国語から訳された本の挿し絵などに活かされ、とくに表紙を銅版画で飾ることが流行となった。その図柄には、北斎の画法が反映しているものが少なくないが、これによって版画は、日本のそれとは異なる西洋の精神性を代弁する作品のなかで、日本芸術の封建時代最後の花を咲かせたのであった。

版画は表現芸術としては付随的な存在でしかないし、その出来映えは何よりも輪郭線にあり、不手際やミスは許されない。とはいえ、この要請は表意文字を使っている国の芸術すべてに特有のもので、画家も書道家も、めざす目的を明確に脳裏に描き、手を精神の命じるとおりに動かしてほどよく墨汁を含ませた筆を、しなやかに、かつ力強く、リズム正しく運ばなければならない。このような技を習得するためには、幼いときからたゆまざる鍛錬を重ね、たくさんの手本を丹念に写すことによって豊富な経験を積まなければならない。とくに画家は、先達のノートに描かれたものを手本としたり、自然のなかでデッサンに打ち込むことによって身につけることができるのである。

文人画

江戸時代は、日本芸術史の黄金時代とまではいえないにしても、絵画に関しては内容の充実した活動が展開された時期である。その機縁になったのが、一六四四年、シナで満州族が清王朝を樹立したため、多くの知識人が逃れてきたことで、彼らが持ってきた絵画は、《文人画》あるいは《南画》と呼ばれて珍重された。「文人」とは本来、絵を専門としない知識人の意で、彼らが余技として描いたものを「文人画」と言ったのである。すでに元の時代から、《元末四大家》と呼ばれ、厳格な構図規範に縛られないで自由な発想で描く人々がいたが、この傾向は次の明代（1368-1644）を通してますます加速し、江戸時代初めの一六七一年には、文人画のお手本として、日本で《八種画譜》（『唐詩画譜三部』『梅蘭竹菊譜』『古今画譜』『名公扇譜』『草木花鳥譜』『木本花鳥譜』）が出ていたし、一六七九年にはシナから『芥子《かいし》園《えん》画伝』がもたらされている。

江戸時代には、この知的であるとともに感覚的で洗練された絵画を得意とした文人が数え切れないほど出たが、主だった名前として富岡鉄斎（1836-1924）、禅僧の仙厓義梵《せんがいぎぼん》（1750-1837）、浦上玉堂《うらかみぎょくどう》（1745-1820）、与謝蕪村《よさぶそん》（1716-1783）、池大雅《いけのたいが》（1723-1776）らを挙げることができる。彼らは、その影響力が及んだ射程距離は限られていたが、デッサンの価値を高め、西洋の銅版画の影響を受けて、身近なテーマを採り上げ、細部まで疎かにしない画法を創始した。動物の絵を毛の一本一本にいたるまで細かく描いたことで有名な竹内栖鳳《せいほう》（1864-1942）は、十八世紀に円山応挙《まるやまおうきょ》（1733-1795）によって設立された京都の円山四条派のスタイルを引き継いでいる。応挙は遠近法と明暗法の効果を活かすことによって、西洋画を思わせる風景を描いた。そこから一七六〇年ごろに生まれ市民階層に好評を博したのが《眼鏡絵《めがねえ》》〔訳注・迫真感をもたせるため透視図法つまり遠近法を強調した絵〕であるが、広く開けた空間を描く日本的伝統にあっては、遠近法が効果を発揮する機会は少なかった。

貴族や学僧の洗練された世界と新興富裕階層の乱雑な社会とは多くの点で対立したが、極東世界特有のデッサン感覚は共通していた。江戸時代には、さまざまな芸術の流れが影響力を競い合いながら互いに補い合い、こんにちと同様、洋画的手法と伝統的な日本画の手法、シナの水墨画と派手な彩色画が相対峙し混じり合っていた。

日本で一つの決定的影響力を発揮した南宋の絵画は、光と陰ではなく、墨で描いた黒の輪郭線で量感を表現する。そこでは、形よりも動きのリズムが重要で、人物も、細かく丹念に描写するよりも、傘の下で腰を曲げている男というように、意味を雄弁に伝えるデッサンが重んじられる。とくに主要なテーマは自然であり、人間は、それに意味をもたせ、また大きさを推測させるために描かれることが多い。その手本とされたのが、十三世紀の梁楷《りょうかい》と牧谿《もっけい》である。〔訳注・梁楷は南宋中期の人で、『李白吟行図』『出山釈迦図』『雪景山水図』(東京国立博物館)など。牧谿は宋末から元初の人で『観音猿鶴図』(京都・大徳寺)がある。〕

この芸術は禅僧たちによってもたらされ、「禅による心の働きを主題としたもの」(禅機図)として、それより以前の馬遠《ばえん》〔訳注・南宋中期。『清涼法眼禅師図』『雲門大師図』。ともに京都・天龍寺〕や夏珪《かけい》〔訳注・南宋。『風雨舟行図』(ボストン)〕らの様式と結合した。その極限にまで簡略化された絵画は、灰色でありながら光り輝く色彩を想像させ、日本人たちを熱狂させた。そうした南宋画によって研ぎ澄まされた日本的感性の土壌から現れた天才画家が雪舟《せっしゅう》(1420-1506)である。

雪舟は、修行のために渡ったシナでも、その画才で人々を驚かせた。シナでは、ぎざぎざと切り立った岩山が聳える大陸的風景に惹かれたが、日本に帰ってからは、柔らかな稜線の日本らしい風景を描いている。とくに『四季山水図』や『天橋立図』(京都国立博物館)のような円熟期の代表作は、抒情性と抽象性、自然の象徴性と線の明晰さが見事に融合した傑作である。

雪舟「天橋立図」（京都国立博物館蔵）

雪舟の芸術は、その後の日本の絵画芸術に大きな影響を与えた。雪舟流の絵は、狩野元信《かのうもとのぶ》（1476-1559）においては、襖の表面を覆い尽くすほど大きくなり、装飾性を強めることによって、狩野派は徳川幕府お抱えの絵師として、二百数十年間、日本絵画の頂点を占めていく。牧谿を拠り所にし、桃山時代の絵師の頂点に立った長谷川等伯《とうはく》（1539-1610）も、雪舟から多大なインスピレーションを受けた画家である。

派手な色遣いで知られる狩野派を地味な南宋画の流れのなかに位置づけることは奇妙に思われるかもしれないが、色彩的煌めきを超えたその奥にあるものを考えるならば、この区分けは納得されるはずである。狩野派の人々の天分は、《大和絵《やまとえ》》という日本伝統の華やかな詩情を水墨画の抽象性に結合することに成功したところにある。

大和絵

純粋な《大和絵》は、非水溶性で膠《にかわ》でつなぐ鉱物性顔料、いわゆる岩絵具《いわえのぐ》を使って描かれる。青はラピスラズリ（群青《ぐんじょう》）、緑はマラカイト（孔雀石《くじゃくいし》）から抽出した緑青《ろくしょう》、赤は硫化水銀の朱や辰砂《しんしゃ》（赤色硫化水銀）の丹《たん》、黄は鉄の酸化物または水酸化物を含む土、赤褐色は赤鉄鉱の代赭《たいしゃ》などである。得られる色の濃さは、粉の細かさによって異なり、粉が細かいほど色調は明るい。

これらの顔料を絹とか紙のキャンバスに塗って描くのであるが、日本画の基本は写実性よりも、観念のなかで描いたイメージを表現することにある。シナの絵もそうであるが、幾つかの肖像画を別にすると、陰をつけることはあまりない。どうしても陰影をつける必要がある場合は逆に、地を暗色にして、それに明るい色をのせてハイライト効果を出す。これは、「返り暈《ぐま》」「照《て》り暈」などと呼ばれる。

日本では絵は、生命自体と宇宙を再現することであり、すべてがシンボルとなる。このことは、俵屋宗達《そうたつ》（生没年不詳。一五九六年から一六四四年ごろに活躍した）や尾形光琳（1658-1716）の作品にとくに感じられる。金や銀の地の上に風景や建物、人々、樹木が、様式化された渦や雲の抽象的な枠のなかに描かれており、それらの抽象的なものが、対照的に人間や植物の生命の活力をいっそう生き生きさせている。朝廷御用達の土佐派が、狩野秀頼《ひでより》（-1557）や狩野永徳《えいとく》（1543-1590）の活躍と反比例して衰退していったなかで、宗達は、土佐派が伝えた《大和絵》を蘇らせた。

シナの《唐絵》に対抗して発展し、平安時代に黄金時代を現出した《大和絵》であるが、その起源が唐絵にあることは、宇治の平等院鳳凰堂の板絵（風景は日本化されているが）が証明している通りである。日本でとくに好まれたのは、幾つかの逸話的テーマで、それらは「四季絵」と「名所絵」「月次《つきなみ》絵」「物語絵」「山水屏風」「草子」「絵巻」に区分される。

平安時代にこうした絵画がもてはやされたのは、教えを表現するために図像を必要とした密教的ある

源氏物語絵図（五島美術館蔵）

いは感傷的な平安新仏教のおかげである。多く描かれたのは、密教の曼荼羅や宗祖の肖像、また阿弥陀如来がお供をつれて、光をまとい、あるいは西方浄土の赤い太陽を背に、死者を迎えに来る《来迎図《らいごうず》》、また、弟子たちの嘆きにもかかわらず静穏の死を思わせる仏陀の涅槃のシーンなどである。

しかしながら、《大和絵》が本領を発揮したのは《物語絵》で、当初は本文の理解を助けるために添えられたものであったが、やがて、独立した絵巻になっていった。有名な「源氏物語絵巻」に見られるように、こうした絵は宮廷人のために描かれたもので、華やかで鮮やかな色彩を特徴とした。描かれる人物たちは「引目《ひきめ》鉤鼻《かぎばな》」と言われるように、眼は一直線で、鼻はやや鉤鼻である。これが平安貴族の典型的な容貌とされたのである。場面は、「吹き抜け屋台」と言われ、屋根と天井を省いて間仕切りだけの屋内を斜め上から見下ろすように描かれる。

全体は長い巻物になっており、時間を追って場面が連続的に描かれ、植物も花が咲いているのと、散ってしまっているのと、どんな花が咲いているかによって、季節の移り変わりが表現される。また、木の枝や草が風に靡いているのは秋のメランコリーを表現している。多くは女性好みの宮廷を描いたものでこれを「女絵《おんなえ》」

と呼ぶのに対し、十二世紀後半になると、『信貴山縁起《しぎさん》』のように、より写実的なものが現れる。〔訳注・こうしたしっかりした線で写実的に描かれた山水などの絵を「男絵《おとこえ》」という。〕『信貴山』の場合も、物語的関心は『源氏物語絵巻』と共通しているが、宗教的関心の深さと風刺性、また色彩の軽快さで異なりを見せる。とはいえ、『信貴山縁起』も、朝廷の最も秘密の部分を明らかにしたものであり、朝廷お抱えの絵師の手になるものであることは明らかである。そこにあるのは二つの伝統の違いではなく、様式の違いである。『源氏物語絵巻』が繊細で微妙な象徴主義に拘るのに対し、『信貴山縁起』は、シナの水墨画に結びつくその後の日本のデッサンの伝統を予示している。

後者はとくに僧侶たちに好まれ、たとえば有名な『鳥獣人物戯画』は、鳥羽僧正と呼ばれる天台宗の画僧、覚猷《かくゆう》（1053-1140）の手になるものとされていて、仏教絵画制作の中心の一つであった栂尾《とがのお》の高山寺《こうざんじ》に保存されている。〔訳注・覚猷は延暦寺第四十七代座主にもなっている。〕

この絵巻物の諧謔性の伝統は根強く受け継がれ、近代にいたっては西洋との接触によって新しい活力を示していく。事実、明治の初めには、イギリス人チャールズ・ワーグマン（1832-1891）が「THE JAPAN PUNCH」と題する漫画雑誌を発行し、現代的タイプの戯画が《ポンチ》と通称されるほどに成功を収めた。《ポンチ絵》つまり漫画は、さらに北澤楽天《らくてん》（1876-1955）により、ジャーナリズムの世界でも政治や社会風刺の重要な手段になっていった。遥か昔の文人僧侶の諧謔精神が、伝統と現代主義との見事な融合を通じて新聞の発展に寄与しているのである。

しかしながら、このように強力なインスピレーションを日本絵画に付け加えた僧侶たちも、批判精神を野放しに歩き回らせたわけではなかった。鎌倉時代から始まる苦悩の時代、飢えと戦争の地獄絵のような光景を目の辺りにし、人々を救済すべき僧侶としての自覚から、幾つかの教訓的な絵巻が制作され

餓鬼草紙の中の一景（東京国立博物館蔵）

た。とくに権力者や金持ちの横暴を戒めるため、悪事を犯した者をあの世で待ち受ける地獄の苦しみ、恐ろしい獄卒に責め苛まれる有り様を描いた絵巻が作られた。それらには、西欧のカテドラルの壁面や柱頭に彫刻で示されているのと同じドラマが繰り広げられている。

とくに有名で国宝にもなっている『地獄草紙』と『餓鬼草紙』は、いずれも平安末期から鎌倉時代初めに描かれたものである。地獄と餓鬼はともに、仏教では悪業を犯した人が死後に落ちるとされている苦しみの世界であるが、餓鬼道はサンスクリットの「プレータ」の訳で、幽鬼のようにやせ細り、腹が怪物のようにふくれ、絶え間のない飢えと渇きに苦しめられる世界である。地獄は、さらに直接的に悪鬼に責め苛まれる世界で、地獄草紙には、仏教の教えをもとに、赤い焔に照らされた八大地獄と、十六別所の深い闇のなかで、不気味に笑う醜悪で巨大な悪鬼たちによって加えられる責め苦の様子が生々しく描かれている。

もっと奇妙なものに、さまざまな病苦や不具・奇形を扱った『病草紙《やまい》』があり、ここには、世界の別の端であるヨーロッパで、ヒエロニムス・ボス（1450-1516）が描くものの二百年ほど早い先駆けが見られる。いずれも、人間として幸せに生きることを妨げられることによる苦悩の例を示しているのであるが、日本の草紙には、通じて、そうした不幸の原因をみずからつくることになる悪行を戒める意図が込められている。

とはいえ、宗教は嚇しだけに終始したわけではない。美しい物語で慰めを与えようともした。明恵《みょうえ》上人（1173-1232）によって一二〇六年に開基され、仏教絵画の中心となった高山寺には、この種の絵画が多く遺されているし、聖者が起こした奇跡を描いた『信貴山縁起』の伝統は、いろいろな寺に引き継がれた。朝鮮から華厳宗を伝えた義湘《ぎしょう》（625-702）と元暁《げんぎょう》（617-686）について描いた『華厳宗祖師絵伝』には、この高僧たちの超自然的で感動的な冒険が、しなやかな線と優しい色彩で表現されている。その作風にはシナの宋の絵画の影響が見られる。

絵画は、仏教だけでなく神道の理念や精神を示すのにも活かされた。これは、ごく稀な例で、しかも、鎌倉時代以後には見られなくなる。よく知られているところでは、那智の滝の絵がある。これは、この滝に宿る神を抽象的に一幅の絵に表現したのである。より具象的に人間として表した別の流れを代表するのが、菅原道真の生涯を描いて京都の北野神社に奉納された『北野天神縁起絵巻』（十三世紀）である。八巻からなる長い巻物で、武家時代の大和絵のスタイルで描かれており、確かな画才による芸術作品であるとともに、かけがえのない資料にもなっている。

同じようなスタイルの絵であるが、宗教的思想と世俗的生活をダイナミックに結合させた例がある。平安時代に終焉をもたらした情け容赦のない血腥い戦乱を伝える叙事的文学、『保元物語絵巻』と『平治物語絵巻』、それより少し前の『伴大納言絵巻』である。そこには、壮麗な寺院の建物を焼いて燃え上がる不気味な焔、地面に転がり落ちる武士たちの頭部、井戸に放り込まれ、あるいは喉を絞められ絶命する雅な衣装の宮廷の女たちが描かれている。その一方で、これらとは対照的に厳かで静かな『一遍上人絵伝』も、ほぼ同じ時代に描かれたものである。

平安から鎌倉時代にかけての何世紀かに、これら全てが相対峙し相補いながら躍動性を想起させる絵画技法を完成して日本絵画の絶頂期を現出し、日本の文明が中国文明の生徒であるが単なる模倣者ではないことを証明したのである。この躍動性とは、人間の身体の生き生きした動きであり、それは、さらに、技術がより深く修得されるにつれて、残忍な光景をも如実に描くリアリズムへと進展していった。

歴代の天皇たちは、つねに絵画に大きな関心を寄せせた。すでに平安時代前期の八八六年には宮廷に《絵所《えどころ》》が設置され、菅原道真とも親しかった巨勢金岡《こせのかなおか》（九世紀後半に活躍）とその息子たちが傑出した腕を振るった。彼らは、日本最初の絵画学校の俊才とも言うべき人々で、とくに金岡は名人として有名で、彼が仁和寺に画いた一頭の馬は、夜な夜な絵から抜けだして歩き回ったので、動けなくするために両眼を塗りつぶさなければならなかったと、まことしやかに伝えられている。

ほかのあらゆる文化現象と同じく《大和絵》の起源を年代的に確定することは困難であるが、その最初の開花は醍醐天皇（897-930）の治世と合致している。醍醐帝は讒言に惑わされて菅原道真を大宰府へ左遷した天皇である一方で、『古今集』編纂を命じた天皇でもある。大陸では唐王朝が滅亡（九〇七年）し、日本では新しい平安の都を中心に独自の文化をめざして清新の気風がみなぎるなかで、絵画は、より美しく身のまわりを飾りたいという人々のさまざまな要求に応えようとしたものであり、そのためには、大陸から受け取ったものだけでは不足で、それを超える必要があった。

開花期の絵画

朝廷には七〇二年から《絵所司《えどころのつかさ》》が設けられていたが、奈良時代のそれは、「芸術家」というより「腕のよい職人」を集めたものであった。平安時代が日本絵画の黄金時代を画したのに対し、それ以前の時代に重んじられたのは彫刻の造形美で、画家は副次的な位置しか占めていなかった。しかし、その半面、脳裏に画いたものを自在に絵にできる技法と技術の本質的なものを同化していったのが、この時代である。

結局、平安京の場合がそうであるように、奈良の都が創建されたときも、絵師たちは貴族の邸や寺院を飾るために仕事を請け負った。薬師寺に保存されている吉祥天像《きちじょうてんぞう》は、奈良時代の宗教建築の装飾の豊かさと同時に、シナの影響がいかに強かったかを証明している。麻布に描かれたこの天女は、手にした宝珠と光背とが神聖さを際立たせているものの、その顔立ちはふくよかで、唐朝の貴婦人の世俗的魅力を湛えている。

さらにシナ的特徴を表しているのが正倉院御物の一つ、『鳥毛立女図屏風《とりげりゅうじょのずの》』で、六扇のうち三扇は立ち姿、三扇は樹下で石に腰かけた貴婦人を描いている。その衣が彩り豊かな鳥の毛を貼りつけて装飾されていることから、こう呼ばれたのである。研究の結果、この絵は日本で描かれたことは確かであるが、そのテーマはインドかイランからシナを経由してもたらされたもので、髪型や衣装、なにより、その輝くような女性美は唐のものである。

同様のシナの影響は、楽器にも見られる。たとえば琵琶の撥が当たる部分に貼られている革に細密に描かれた『騎象奏楽図《きぞうそうがくず》』がそうである。正倉院に大事に保管され、湿気からも人的損傷からも守られてきたこれらの宝物は、日本での文明の最初の開花が仏教のおかげであったことを証言している。

事実、仏教は、最初の洗練された芸術が出現する機縁となった。法隆寺に保存されている『玉虫厨子』は、その透かし彫りのブロンズの枠のなかが玉虫の翅《はね》で飾られていることからこう呼ばれるのであるが、現在に伝わる最古の洗練された芸術作品である。そこには、釈迦の数多い過去世の振る舞いのなかから、飢えた虎の親子を救うために自分の身体を与えたという『捨身飼虎図《しゃしんしこず》』と、仏教の教えを聴くために鬼に身体を布施したという『施身聞偈図《せしんもんげず》』が選ばれて描かれている。いずれも、中央アジアや、シナの敦煌、龍門といった仏教遺跡には、しばしば見られるシーンであるが、この厨子の絵は、縦長の構成のなかに、着衣を枝に掛ける姿、空中を落下していく場面、下のほうで飢えた虎とその子虎たちが身体にむしゃぶりつく様が見事な配置をもって描かれている。

法隆寺自体、日本の歴史上最初期の宝物の貯蔵庫であり、すばらしい壁画を秘蔵していたが、金堂の壁画は、一九四九年（昭和二十四年）に起きた火災で損傷した。これは、三層に塗り重ねた壁土に白土の地塗りを施した上に下図をあてて筋彫の方法で転写し、淡墨や淡赤色の下描きをして鉱物顔料で彩色したものである。描かれていたのは、唐代初め（七世紀末）の優雅で官能的な女性をモデルにした天女で、その衣装や装飾は中央アジア、さらにインドのそれを想起させる。この絵は、その後、世俗的絵画の伸展とあいまって、さまざまなスタイルを示しながら、あらゆる芸術の変容を促していくこととなる。

彩色絵巻で最初のものは、八世紀に制作された『絵因果経《えいんがきょう》』である。上下二段に分かれ、下段に経文が書かれ、その理解を助ける絵が上段に描かれている。人物たちは様式化されているが、描かれているのは岩山、木々、川の流れ、朱塗りの柱のシナ的な建物などだが、宗教画的な堅苦しさはなく、木々は

玉虫厨子の「捨身飼虎図」

玉虫厨子の「施身聞偈図」

東京芸術大学本「絵因果経」の一部

花を咲かせ、鳥が空を横切っていくなど生き生きした雰囲気を醸していて、シナの絵画作品には見られない特徴がある。おそらく彼らは、六〇三年、朝鮮やシナから渡来し、聖徳太子によって寺々を装飾する責任を託された芸術家たちの末裔であろうが、すでに日本人らしい独創性を示している。

五八八年〔訳注・崇峻天皇の第一年〕、百済から仏舎利とともに、僧侶、学者、種々の芸術家、職人が渡来したとされているが、その一員として白加《びゃくか》という画工が含まれていたことが記録されている。六一〇年には曇徴《どんちょう》という人物が高句麗から渡来し、絵画のために欠かせない顔料の作り方を伝えたとされる。

これは、新しい時代の始まりであり、シナや朝鮮の墓を模倣して先史時代の戦士たちの墳墓の内壁を飾った象徴主義的な絵は過去のものとなる。今日では、アルカイズムと抽象的絵画への偏った好みから、これら鉄器時代に描かれたものがとかくもてはやされているが、おそらく、飛鳥時代の革新をもたらした人々にとっては、それらは何の価値もない過去の遺物でしかなかったであろう。

第四部　言葉

第十二章　演劇芸術

一九一一年《明治四十四年》に帝国劇場〔訳注・東京・丸の内〕が完成して以来、今日の日本では現代世界に適応したさまざまな形の演劇的表現が追求されている。「日本では、西洋に起源をもつ芸術と東洋（とくに日本）の伝統的芸術とが、ただ混在し乱立するばかりで、ほんとうの融合を遂げるにいたっていない」と言われるように、あらゆる形のスペクタクルが競い合っている。演劇人たちは、政府の後援のもと、毎年の芸術祭に最大の努力を捧げ、テレビや映画は、ときに、伝統的芸能の現代的アレンジに挑戦しているが、なかには民衆受けを狙うあまり、昔のものがもっていた重々しさが失われていることも事実である。

巨大都市東京では、俗悪で官能的な見世物から荘重な古典芸能にいたるまで、あらゆるスペクタクルを観ることができるが、多くの場合、今日の演劇が見せてくれるのは、さまざまな装飾と風俗の奇妙な混合物である。そのインスピレーションの源泉を成しているものに、西洋から来たものと日本社会のなかで育ってきたものとがあるわけだが、劇場の演目が替わる春と秋には、どのような新しい工夫が凝らされているかを観るために大勢の観客が押し寄せる。この極東の国では、劇の展開が緩慢で時間がかかっても欠点にならないので、役者たちの会話は多弁であることが多く、装飾もしばしば過剰で、過度にリアリスティックであろうとしているように見える。伝統芸能の歌舞伎役者たちは、見せ場では、ある特定の役に関する個人的名誉を誇示することが許されており、共演者たちのことは構わないで演技す

ることがある。〔訳注・いわゆる「見得を切る」のがそれである。〕

もっと面食らうのが、近代演劇において、ヨーロッパやアメリカの演目作品が演じられるときである。舞台装置だけでなく、登場人物自体、欧米人風にメーキャップし、金髪の鬘を被り、偽の鼻を付けて演じる。これ以上に徹底した外国文化の吸収、エキゾティスムを芸術に仕立てている例は想像しにくい。

現代演劇を改革しようとする動きはさまざまなレベルで見られるが、その淵源になったのが、二十世紀初めに生まれた《新劇》である。新劇は、封建的残滓を一掃するために、伝統的演劇のそれまでの形を容赦なく捨てた。また、一八八八年には、歌舞伎の近代化・庶民化をめざして《新派》が生まれたが、若者たちの関心を惹くにはいたらなかった。むしろ若者たちを惹きつけたのは、坪内逍遙（1859-1935）の新劇運動や、小山内薫（1881-1928）が二代目市川左團次（1880-1940）と組んで興したさらにラディカルな《自由劇場》であった。

近代演劇は、当初、日本的レパートリーが少なかったため、外国作品の翻案に手をつけなければならなかったが、その後、独自の作品も生み出され、各人の好みや気質に応じてあらゆるものが素材に採り入れられるようになり、さまざまな派が形成された。とくに関東大震災で廃墟と化した一九二四年の東京に小山内薫らによって《築地小劇場》が産声を上げたのを筆頭に、志を同じくする人々が集まって多くの劇団が誕生していった。しかし、彼らの多くは、社会的関心を強めるにしたがって反政府的色彩を帯びたことから、当局の取り締まりを受け、終戦にいたるまで苦難の道を歩むことを余儀なくされる。

そうしたなかで最も重要なのが《新協劇団》で、一九三四年（昭和九年）に結成されたものの、村山知義らを中心に社会主義リアリズムの追求を公然と宣言して再出発するのが戦後の一九四六年（昭和二十一年）である。他方、一九三七年（昭和十二年）に久保田万太郎らによって設立された《文学座》

は、上演する劇の文学的質を大事にすることによって戦争の嵐を乗り切ることに成功した。これらの幾つかのサークルのなかで、現在最も活力を示しているのは、演劇アカデミーをめざして一九四四年（昭和十九年）に設立された《俳優座》である。その活動はあらゆるジャンル、あらゆる対象に及び、若者については《青年劇場》、子供向けとしては《こどもの劇場》を開いている。

歌舞伎

いわば、まだ哺乳期を脱していない現代劇とは別に、日本には、すでに成熟した古典的演劇が幾つかある。そのなかで比較的歴史の浅いのが歌舞伎で、歌舞伎座など専用の劇場を持って常時演じ、さらに奈良の正倉院にヒントを得て一九六六年（昭和四十一年）に完成した新国立劇場でも演じられている。歌舞伎は、本来、庶民的娯楽であり、あまり高尚でないとされていたが、一八八七年（明治十九年）に明治天皇が日本の歴史上はじめて天皇として観劇したことから、その地位を公認されたのであった。

もともと歌舞伎は、役者だけが演じるのではなく、観客も参加するもので、活気は舞台上よりも観衆のほうが盛り上がることが珍しくない。上演は六時間に及ぶのが普通で、幕間《まくあい》だけでなく上演中も、劇場御用達の売子たちが絶えず客席の間を動き回って食べ物や飲み物を運んだ。観客たちは、飲み食いし、おしゃべりをしながら、役者の演技を楽しみ、気に入った役者が登場したり、山場にかかると掛け声をかけた。

騒がしさでは舞台の上も負けてはいない。舞台装置は頻繁に変わり、俳優たちは黒衣《くろこ》に手伝ってもらいながらすばやく衣装を替えた。主役のまわりには、小道具方とセリフをつける係（souffleurs）が付い

江戸三座のひとつ、市村座を描いた奥村政信画『芝居浮繪』

ている。主役は、今日のファッション・ショーのモデルたちが歩く舞台のように客席の間を通っている《花道》によって舞台に登場したり引っ込んだりするから、舞台と客席は一体になっている。ここに、歌舞伎が独特の人気を誇っている要因がある。

　歌舞伎の複雑な仕組みが完成されたのは、江戸中期の有名な劇作家、並木《なみき》正三《しょうぞう》（1730-1773）が《せりあげ》や《せりさげ》《回り舞台》を考案したことによってである。《回り舞台》によって、舞台背景が一瞬のうちに変わるとともに、《せりあげ》《せりさげ》によって、幽霊などが魔法のように突然姿を現したり消えたりすることが可能となった。早変わりの際の衣装と小道具の問題も、黒衣に手伝ってもらうことによって解消する。役者の衣装が派手であるだけに、そして、昔は照明もあまり明るくなかったので、黒衣の姿は、観客にはほとんど見えなかった。

　古典歌舞伎は、すべて男の役者によって演じられる。しかし、伝承によると、歌舞伎の創始者は「出雲《いずもの》阿《お》国《くに》」と呼ばれた女性〔訳注・生没年不詳。一五八二年に奈良の春日神社で十一歳で踊ったのが最初で、一六〇七年、江戸城のなかで興行したのが最後とされる」で、彼女はおそらく踊りによって呪力を得た古の霊媒師の末裔であったと想像される。京の都では、鴨川の流れが細くなる時期の河原や北野天満宮の脇に舞台を設けて「念仏踊り」と呼ばれる仏教的な踊りが披露される慣習があった。もともとは、振り付けもシンプルな庶民的な踊りであったが、次第に衣装も歌も本格的になっていったところへ、阿国とその夫で狂言を演じた名古屋山三郎《さんざぶろう》が演じたところ評判を呼んだのが歌舞伎の始まりと言われる。

そのうちに男女の役者たちが加わり、各地の神社などを回って演じるようになり、阿国自身も腰に刀をさして男役を演じたという。やがて、江戸に徳川幕府が開かれ、阿国たちの評判を耳にした二代将軍秀忠の前で演じる機会にも恵まれた。しかし、歌舞伎にとってのこの栄光は長くは続かなかった。阿国自身は、巫女《みこ》として、それなりの威信に包まれていたが、共演する仲間は多くが遊女で、煽情的な演し《だ》物で人々に与える影響が懸念されるにいたる。一六二九年、三代将軍家光は、演劇全般に女の役者を禁じ、女役も男性の役者が演じるように命じた。

以来、この禁忌は演劇全般できびしく守られ、解除されるのは三百年後である。西園寺公望《さいおんじきんもち》（1849-1940、パリ大学に留学し、十年間滞仏してクレマンソーらとも交友。帰国して政界で活躍しただけでなく文化面でも振興に尽くした）の働きかけにより、一九一一年に帝国劇場が設立されたのに伴って、女性が再び舞台に現れるようになった。しかし、歌舞伎においては、今も女性が役者になる道は閉ざされている。

歌舞伎は何よりも形《かた》の世界である。かなり激しい動きもあるが、あくまで中心はポーズである。その演技は、筋肉を張りつめて不動の姿勢をとり、喝采を浴びながら次の場面へと展開されていく絵の連続であると言ってもよい。役者たちは、不可欠ではあるが副次的でしかない音楽と韻を踏んだ台詞《せりふ》に揺られるまま、鮮やかな色彩に包まれた夢幻郷をゆっくりと動く彫像という観がある。

当初、歌舞伎で演じられる役柄の性格は、若者か老人か、金持ちか貧乏人か、善人か悪人か、男（立《たて》役《やく》）か女性（女形）かといった具合に、かなり限定されていた。「立役」は、勇敢で知恵と知識があり、人々の胸をときめかす美男のヒーローであるのが普通であったから、ここから「立役者」という言葉が一般化した。その反対が、謀反人や盗人などの《実悪《じつあく》》であれ陰謀家の《公家悪《くげあく》》であれ、滑稽味を帯びた《半道敵《はんどうがたき》》であれ、いわゆる「敵役《かたきやく》」である。彼のライバルは美形の若侍の「若衆方《わかしゅがた》」であることもある。そのほか、年寄りで経験豊かな「親仁方《おやじがた》」や、悲痛な場面を感情的に盛り上げるための可憐な「子役」、緊張を和らげるために「道化方」あるいは「三枚目」を介入させることもある。

女形が演じる女性は、歌舞伎においては最も興味深い存在である。男が演じるのであるから、本物の女性以上に優雅さと知性と美しさという基本的特質を際立たせることが求められる。その落差を埋めようと、女形を演じる役者は、舞台上だけでなく実生活においても女になりきることがある。歌舞伎で演じられた武士の妻（女武道）や商人階級で理想とされた良妻（世話女房）は、日本女性の一つの典型として定着した。

歌舞伎の演技の質は、起源はそれほど多くないステレオタイプ化された動きにあり、そうした幾つかの役柄は少数の人が独占した。これは、すでにある仲間が演じた人物を別の役者が演じて競合しあわないようにするためであった。それとともに、その所作はますます練り上げられ、レパートリーによって役者の才能の偉大さが評価されるようになるとともに、歌舞伎ではきわめて多様な演し物が演じられるようになった。

いまも最も優れた演し物は文楽や能からヒントを得たもので、人形浄瑠璃の芝居を歌舞伎化したものを《でんでんもの》〔訳注・浄瑠璃の伴奏に使われた太棹の三味線を「でんでん」と俗称したことによる〕とか《丸本物《まるほんもの》》〔訳注・浄瑠璃本の種類の一つを「丸本」といったことによる〕、能や狂言のテーマから採ったものを《能とりもの》という。なかには身分の高い歴史的人物にかかわるエピソードを題材にした《時代もの》があるが、封建的規範や家族的忠誠義務に背いた行為によるドラマチックな争いも好んで採り上げた。後者の場合、当局からのお咎めをかわすために過去の時代に設定することもあった。〔訳注・有名な『仮名手本忠臣蔵』も、その一つである。〕

もっと特定的に大名などのお家騒動を扱った《お家もの》もあれば、中流階級の社会での、義理（devoir）と人情（amour）の悲劇的な確執を描いた《世話物《せわもの》》もある。過去の時代を描いたものを《時代世話》、その反対に今の世相をリアリスティックに描いたものは《生世話《きぜわ》》と呼ばれた。こうして《生世話もの》では江戸時代の日常生活が描かれるが、時代が進むにつれて、幽霊が登場する《怪談もの》や盗賊を扱った《白波もの》が人気を高めた。この種のものは明治以後になると、より写実的な方向へ進み、過去の物語に歴史的正確さを加味した《活歴《かつれき》もの》や、文明開化による武士たちの生活の変化を描いた《散切《ざんぎり》もの》が生まれ、これらは、一つの変革の時代の興味深い証言となっている。

作品のタイプによってさまざまであるが、上演のたびに、幾つかの場面が定型化していった。若い色男を演じる《和事《わごと》》に対し、超人的な人物の力に満ちた動作を演じる《荒事》では《敵役》は、遠目にも分かるよう顔に隈取《くまど》りを施した。《濡れ場》は努めてエロティックに演じられたが、全般的に男より女のほうが積極的である。愛し合う二人の別れである《縁切り》の場面は、男の心変わりへの不安から、女が男を殺してしまうことによって終わるものもあれば、愛する男の名誉を守ることを望んで、女が我が身を犠牲にするものも多い。

歴史ドラマでは、殺しは復讐のためのものが多い。舞台では、リアリスムを追求するために人工的な血糊が使われる。同様にして、美しい少年や少女に、犯してもいない罪を白状させるために拷問が加えられる《責め場》もあり、そこにはサディスムの傾向が見られる。別離の場面である《愁嘆場》には、切々たる心情の吐露、思い出の品の交換、告白など、観客の心を揺さぶるためにさまざまな手法が用いられる。

最後に、時間を逆戻りしたり、説明を差し挟むことが求められることがある。そうした場合、ちょうどギリシア悲劇において、使者が息を切らして登場し、一つの戦いの思いがけない展開を大将に報告し、また戦場へ戻っていくといった場面と同じように、特殊な形で織り込まれる。

このようにさまざまな約束事によって組み立てられた歌舞伎であるが、その内容も、古典的な配役に特殊な役柄が次々と加わって豊かになっていった。とくに元禄年間（1688-1704）、江戸では、市川團十郎（1660-1704）が赤・青・黒で隈取りし、異様な衣装をまとい、度外れに大きい剣を振り回して坂田金時を演じ、いわゆる《荒事》の代表格となった。他方、同じころ、大坂では、坂田藤十郎（1647-1709）が妖艶な女形に扮し、《和事》（濡れ場）を演じて人気を博した。

振り付けにもさまざまな工夫が凝らされ、人形浄瑠璃からヒントを得た動き（人形振り）や山場で静止状態を保ってポーズを取る《見得》を切ったり、武器を振り回しての《殺陣《たて》》、暗中で無言のまま立ち回りをする《だんまり》が緊張感を高めた。舞台装置にも《仕掛物》が採り入れられ、《外連《けれん》》といって、早変わりや宙乗り、水芸など観客の目を驚かせ俗受けする手法が編み出された。

衣装については、もともと役者たちの自前だったので、それぞれの役者が効果をあげるために金に糸目を付けず自由に工夫したことから、奇抜な衣装が生み出され、それが人々の間で模倣され、流行していった。しかし、明治以後、今日では、舞台衣装は、役柄によって固定化されている。重要な衣装の一つとして、役柄によっては奇抜なものが生まれた髪についても、同様である。

メーキャップで特徴的な《隈取り》は、シナの演劇で役者がやっているのを知った市川團十郎が始めたと言われている。赤の隈取りが、激情的だがまっすぐで勇敢であることを表すのに対し、青は悪人か、あるいは少なくとも警戒したほうがよい存在であることを表している。

こうした演劇としての歌舞伎の完成と発展の土台になったのが人形浄瑠璃であった。歌舞伎が、演出技法においても役者の演技においても完成するのは一七四〇年ごろで、それまでは人形浄瑠璃に依存し、その手法を摂取した。歌舞伎が当初からの特色である俗悪ぶりを失うことはなかったが、大坂では桜田治助《じすけ》（1735-1806）が時代物のレパートリーを拡げ、それを並木五瓶《ごへい》（1747-1808）が江戸に伝え、流行らせた。とくに人気を呼んで長く演じられつづけた演目が、釜茹でに処された大泥棒の石川五右衛門（1596-1632）である。ここから、二十世紀前半ごろまで一般家庭で使われた鉄製の風呂釜は、形が似ていることから「五右衛門風呂」と呼ばれた。

歌舞伎には、踊りのためにも劇を盛り上げるためにも《お囃子》と呼ばれる楽奏が欠かせないが、踊りの伴奏のために舞台に姿を見せて謡うのを「出語《でがた》り」、舞台下手《しもて》〔訳注・見物席から見て左のほう〕で語りに随伴するのを「下座《げざ》音楽」という。楽器の主役は三味線であるが、笛や鼓も、役者の動きを際立たせたり、劇中に起きる気候の変化や急流の水音を暗示するのに使われる。

浄瑠璃

歌舞伎の技術的発展の基盤になった人形浄瑠璃であるが、歌舞伎が盛んになったからといって衰えを見せることはなかった。十八世紀末に大坂に創設された文楽座は、移転したりしたが今も健在で、季節ごとに演目を変えて人形芝居を演じている。

日本の操り人形の芝居の淵源は中央アジアと考えられ、平安時代の十世紀ごろに伝来し、《傀儡《くぐつ》》と呼ばれる職業的人形師の集団が、女性たちが歌舞を担当し、男たちが人形を操って全国を回った。当初は狩りを生活の基盤としながらの巡回劇団であったが、次第に大きな寺院や神社のお抱えになって定住していった。歌舞も演劇も、その寺社への信仰心を奨励する内容で、神仏のお使いを表す人間や動物が人形として示された。見世物師たちは、ときには、村から村へ、町から町へ、舞台道具と人形たちを納めた箱を背負って回り、行く先々で上演した。

こうした粗野な見世物が次第に民衆の哀歓をテーマにした劇へと進展したのであって、《人形浄瑠璃》と呼ばれるようになったのは、源義経と浄瑠璃姫の愛を謳った演目が人気を呼んだことによる。〔訳注・浄瑠璃姫とは三河の国司、源中納言兼高の娘で、十四歳のとき、奥州へ下る十五歳の牛若丸と相思相愛になり、契りを交わした。牛若が吹上の浜で重い病に罹り、死に瀕したが、それを正八幡のお告げで知った姫が駆けつけて蘇生させたという物語。〕

浄瑠璃姫の物語が演じられるようになって四十年、この人形劇を上演するための劇場が大坂、京都、江戸など大都市にでき、それぞれからたくさんの劇団が派生していった。

人形浄瑠璃の一シーン

情況が変わったのは、元禄時代、大坂に竹本義太夫（1651-1714）が現れ、道頓堀に芝居小屋を建てて演じるとともに、それまで乱立していた流派を統合して《義太夫節》を完成したことによる。竹本義太夫は演劇作者として才能を発揮していた近松門左衛門の作品を積極的に採用し、人形浄瑠璃を盛り立てていった。こうして浄瑠璃は日本の大芸術としての地位を築くとともに、日本文学の本質的部分と日本人の感性にも深い影響を及ぼしていくこととなる。

近松門左衛門（1653-1724）は、出生地は不明であるが武家の次男に生まれ、十九歳で京都の貴族、一条昭良《あきよし》に仕えたが、演劇に対する情熱にめざめて作家生活に入り、三十歳のころには浄瑠璃と歌舞伎狂言の作者として一家を成すまでになっていた。しかし、歌舞伎は役者の気紛れでセリフを自由に変えられてしまうし、俗悪さから抜け出せないでいたことから見切りをつけて、専ら人形浄瑠璃の竹本義太夫のために脚本を書き、日本の抒情的芸術の最も美しい作品群を次々と生み出していくこととなる。

人形劇である浄瑠璃は、質のよい脚本を必要としていた。ポール・クローデルが「操り人形はしゃべる役者ではない。だが、動く言葉である」と言っているように、浄瑠璃においては、謡《うた》い手の声と魂が一つになって、言葉によってのみ存在する一個の人物を創り出し、それが人形によってイメージ化されるのである。近松は、こうして敷かれた道をひたすら歩み出し、まずは、武家の生まれということもあって、戦いをテーマにした劇を生み出した。

ついで商人の町、大坂に居を移すと、この大都市で、時代遅れの社会的枠組みに縛られて泣き笑いする人間たちの姿に眼を向けた。大名家のお家騒動、愛し合っているのに結婚を許されない男と女の情念、大坂商人たちの日々の生活、――そうしたものが、時代と人間についての彼の深い考察と共感を誘った。いわゆる風俗ドラマの誕生である。彼の作品は、シナで明朝再興のために捨て身で清王朝に戦いを挑んだ鄭芝龍《ていしりゅう》とその息子、鄭成功《ていせいこう》を扱った『国姓爺合戦《こくせんやかっせん》』のような歴史物から『曾根崎心中』のような愛の悲劇まで多岐にわたるが、そこには人間の死への深い凝視がある。


「此の世のなごり。夜もなごり。死に行く身をたとふれば、あだしが原の道の霜。一足づつに消えて行く。夢の夢こそ哀れなれ。あれ数ふれば暁の七つの時が六つ鳴りて、残る一つが今生の鐘の響きの聞きをさめ。寂滅為楽《じゃくめついらく》と響くなり。

鐘ばかりかは草も木も、空もなごりと見上ぐれば、雲心なき水の音。北斗はさえて影映る。星の妹背《いもせ》の天の川。」

(『曾根崎心中』)

近松は、間違いなく日本史上でも最大の劇作家であり、彼の作品は、その後の劇文学の豊かな水源となった。師匠には遥かに及ばないが、直接の弟子たちが生み出した作品も、浄瑠璃で演じられ、ついでは歌舞伎でも採り上げられていった。竹本座の座元、二代目竹田出雲（1691-1756）は、歌舞伎の演目としても余りにも有名になる『仮名手本忠臣蔵』を共同で書き、近松半二（訳注・一七八七年没。父の穂積以貫が近松と親しかったことから近松姓を名乗った）は『本朝廿四孝』『関取千両幟《のぼり》』など市民生活を扱った作品を書いて、江戸で成功を収めた。

しかしながら、大近松の死後、本当の意味での人形浄瑠璃の完成につながる重要な変革が起きる。人形の可動性が増して動きがしなやかになり、眼、口、指まで独立的に動かせるようになる。一七三四年、吉田文三郎は一体の人形を三人で操る新しい技法を考案し、濃密な表現に道を開いた。中心になる一人（主遣《おもづか》い）が頭部と上半身、右手を動かし、一人（左遣い）が左手、もう一人（足遣い）が脚を動かすのである。人形師たちは黒い衣装ですっぽり全身を覆って、自分の存在を隠して、人形を操作する。人形の衣装のなかでも、長い袖は、劇中人物の情感の動きを表現するうえで特に重要である。ドラマの展開の核心を担うのは、舞台の右側の長方形の台に陣取った謡い手であるが、これは、竹本流の西風と豊竹流の東風に分かれていく。

人形浄瑠璃も歌舞伎も、江戸時代の都市文化の産物である。このことが、現代にあっても、それらが高い人気を保っている大きな要因になっている。都市の人々は、いまも、人形たちが表している人物たちに、自らの投影を見るのである。

能楽

室町時代に成立し、戦国時代に開花した能楽は、これとは違う展開を見せた。能楽に題材を提供し、また、その観客となったのは貴族あるいは上流武士である。能楽は、その独自の造形美と、レパートリーの時代的限定性によって、日本文化のなかで独自の位置を占めている。能楽のテーマは人間の情念の最も深い動きを表す詩の頂点に達して閃光を放つや、たちまち不毛化した。

能楽の淵源は平安時代の貴族たちが大きな祭事で演じたパントマイム（貴族猿楽《さるがく》）にあり、厳かで緩慢な動き、衣装の豪奢さ、形式的簡明さを特徴とする。演じるのは主役の《仕手《して》》と、その相手役である《脇《わき》》とであるが、それぞれにお伴が付いている場合もあり、これらを《仕手連れ《してづれ》》《脇連れ《わきづれ》》という。役者たちは韻を踏んだ詩を朗唱したり歌ったりするが、ときには朗唱を中断して、象徴性を帯びたゆっくりした動きで踊ることもあり、このときは、舞台の脇の謡い手と鼓などの演奏者が事件についてコメントする。

「猿楽」という名称が示しているように、能の役柄のなかで特に重要な猿の衣装と仮面は、十六世紀ごろに作られたものを手本に複製されており、それ自体、芸術的価値をもっている。〔訳注・「猿楽」は「散楽」が訛ったものともいわれ、主役も猿に限っていない。〕《仕手》が付ける面の特徴と表情が、その演じる人物と劇の性格を決める。静かに微笑む若い女性の面から、苦悶する幽鬼の顔にいたるまで、種類は百を超える。《仕手》は、その役柄に合った仮面を付け、定型化した動き（型）に自分なりの振りを加味しながら、劇中の瞬間瞬間にふさわしい情念と反応を表現する。こうして生まれた《能舞《のうまい》》は、静

能「高砂」の舞台、宝生九郎重英（松井亀松『能 アルス文化叢書30』より）

止的といってよいほどゆっくりしているが、内面的緊張に満ちている。上体をまっすぐに立て、腕をゆっくり動かし、頭部の傾き、白足袋に包まれた足の滑るような運びによって感情を表現する。後ろへ下がることは失望や悲しみを表し、前進は興奮や喜びを表す。その踊りのリズムは、想像される以上に速い。

能楽は、扱うテーマによって幾つかのグループに分けられる。ある神社の起源となる神話を扱った《神もの》があり、そこでは、神を宣揚する《神舞《かみま》い》が舞われ、鬼や龍は、抽象美を主とする「舞い」とは対照的な、飛び跳ねるなど内容のある動きである「働き」を見せる。優雅な女神が舞う《中の舞い》〔訳注・中程度の速さということから来たもので、狂女など現実の人間に用いるものと天仙などに用いるものとがある〕や恐ろしげな悪魔の面を付けて踊る宮廷の舞いもある。

これに対し、戦いをテーマにした《男もの》《修羅もの》がある。修羅は戦士が死後に赴く世界である修羅道で、戦いに疲れ果てた英雄たちの霊が救いを求めるのであるが、そのなかで、若い貴公子の無念の死や老いた武士の悲劇的な最期が語られる。たとえば世阿弥は平清経《たいらのきよつね》〔訳注・平重盛の子。源氏軍に追われて豊前・柳ヶ浦で入水した〕の霊にこう語らせている。

「げにや世の中のうつる夢こそまことなれ、保元の春の花、寿永の秋の紅葉《もみじ》とて、ちりぢりになり浮かぶ一葉の舟なれや、柳が浦の秋風の追っ手顔なる跡の波、白鷺の群れゐる松見れば、源氏の旗をなびかす多勢かと肝を消す。

ここに清経は心にこめて思ふやう、さるにても八幡の御託宣あらたに心魂《しんこん》に残る理《ことわり》、まことと正直の頭《こうべ》に宿り給ふかと、唯一筋に思ひとり、あぢきなやとても消ゆべき露の身をなほ置き顔に浮草の波に誘はれ舟に漂ひて、いつまでか憂き目を水鳥の沈み果てんと思ひ切り、人には言はで岩代の待つ事ありや暁の月に嘯《うそぶ》く気色《けしき》にて舟の舳板に立ち上がり、腰より横笛《ようじょう》抜き出だし、音《ね》も澄みやかに吹き鳴らし、今様を謡ひ朗詠し、来し方行く末を鑑みて、つひにはいつか徒波《あだなみ》の、帰らぬは古、留まらぬは心づくしよ、この世とても旅ぞかし、あら思ひ残さずやと、よそ目にはひたふる狂人と人やみるらん、よし人は何ともみるらめを仮の夜の空、西にかたぶく月を見れば、いざやわれも連れんと、南無阿弥陀仏阿弥陀如来、迎えさせ給へと一声を最期にて舟よりかっぱと落ち汐の底の水屑《みくず》と沈みゆく、憂き身の果てぞ悲しき。」

（世阿弥『清経』）

《女もの》は、女性の長い鬘《かずら》が欠かせなかったので《鬘もの》とも呼ばれ、主役も、若い娘や女神、天仙、またこの世に戻ってきた霊や若いころは美しかった老女などとさまざまである。とくに狂女を主人公とするのを《狂いもの》といい、復讐をしようとする幽霊のそれを《怨霊《おんりょう》もの》と言った。そのほか、現存する人物を登場させる《現在もの》もある。最後に、荒々しい鬼を「シテ」とする《鬼もの》があるが、これは、その日の最後に演じられるので《切り能（尾能）》とも呼ばれる。

伝統的に、一回の能舞台では、これらのタイプに分かれる五つの作品が次々と演じられた。そのほかに、一年の初めとか新しい能舞台のこけら落とし、ある人の昇進祝いのための催しでは、《翁》あるいは《式三番《しきさんば》》という能舞が演じられた。〔訳注・これは父尉《ちちのじょう》・翁・三番猿楽（またの名を三番叟《さんばそう》）の三老人の祝福舞である。〕

これだけだと緊張が続くので、空気を和らげるために、合間に短い笑劇として《狂言》が入れられた。その内容は、演じられた能をパロディー化したものが多いが、ときには、殿様や武士、僧侶といったお偉方たちを容赦なく茶化し戯画化したものもあり、やりとりされる台詞《せりふ》は民衆の話し言葉によっている。

能を演じるのは、役者も謡い手も、楽器の奏者もすべて男性である。彼らは、幼いころから、分担する役割ごとにグループに分けられて修練を積む。成文化はされていないが、互いの職務権限についてはいかなる干渉や侵犯もしてはならないことが決められている。

嫋々《じょうじょう》たる能楽も、道化劇の狂言も、幅約四メートル五〇センチの白木の舞台の上で演じられる。謡い手が右側の狭い桟敷に座るのに対し、楽器の奏者たちは舞台の上に陣取る。舞台の背景は右側に竹林の絵、左側に老松が描かれていて、向かって左の奥へ幅一メートル八〇センチの廊下で舞台裏に繋がっており、役者は、ここを通って登場したり退場したりする。舞台は四本の白木の柱で仏教寺院のそれに似た屋根を載せており、能の起源が仏教にあることを示している。

しかし、実際には、能楽の淵源は、聖俗にわたって多様であり、神社で大衆を楽しませるために演じられた「賤民猿楽」と呼ばれる野卑なパントマイム、信徒に仏教の教えを理解させるために僧侶たちによって演じられた寸劇、さらには、農民たちが田や畑で鉦太鼓《かねたいこ》を叩きながら踊った「田楽《でんがく》」などに求められる。《歴史もの》が現れるのは鎌倉時代からで、これは、武士たちの要望に応えたのであろう。おそらく、西欧の城主たちと同じく領主でもあった彼らは、領民たちを慰撫するために、旅芸人たちを呼んで演じさせたのではないかと考えられる。そうした旅芸人たちが大きな寺院のお抱え芸人となり、定住して《座》を形成していった。

とくに全国から人々が寺院参詣に集まってきた奈良地方（大和国）では、「大和猿楽四座」と称され、坂戸、円満井《えんまんい》、外山《とび》、結崎《ゆうさき》の四つの座が栄えた。なかでも有名なのが春日大社と結びついていた結崎座で、これがのちの《観世座》となる。当時まで雑芸に過ぎなかった古猿楽に仏教の「声明《しょうみょう》」と奈良諸大寺で行われていた延年舞《えんねんまい》の衣装と白拍子《しらびょうし》の「曲舞」を採り入れて《能舞》として完成した観阿弥清次（1333-1384）が基盤としたのが結崎座である。一三七四年には、清次は息子の元清とともに将軍、足利義満の前で「翁」を演じ、感銘した義満により特別の保護を約束された。これ以後、能楽は都の上流社会のなかで、洗練度と輝きを深めていった。

だが、なんといっても、能楽がその深みと洗練において頂点に達することができたのは、息子の世阿弥元清（1363-1443）の天分による。元清は、百を超える作品を書くとともに、『風姿花伝《ふうしかでん》』『至花道《しかどう》書《しょ》』『花鏡』など重要な能の理論書を著し《幽玄》の原理を説いて、鎌倉時代以後の日本のあらゆる文化にインスピレーションを与えた。こうして、作者と役者、観客の情念的・知的共鳴によって始めて成り立つ難解な所作言語が仕上げられたのである。

能楽が、その後も隆盛を維持することができたのは、観世座の名声のおかげであることは確かであるが大和の他の座の努力も無視できない。金春流《こんぱる》〔訳注・前出の円満井座。世阿弥の娘婿が率いた〕、金剛流〔訳注・前出の坂戸座のことで、法隆寺に仕えた〕、宝生流《ほうしょう》〔訳注・前出の外山座《とびざ》のこと〕、それぞれが細部では違いがあるが、世阿弥が完成した基本を踏まえて、数々の才能ある人々を輩出し、そのおかげで能楽は社会のさまざまな階層に広まっていった。

しかし、このような状況は長くは続かなかった。江戸時代に入ると、人形浄瑠璃と歌舞伎が庶民の芸能として活発になっていったのに対し、能は武士階級専用の芸術になっていった。元禄年間には、今日のような厳めしい形になり、そのころ、第五の流派である喜多流が生まれている。〔訳注・秀忠に仕えた喜多七太夫長能を祖とし、観世・宝生・金春・金剛と合わせて「四座一流」と称された。〕

能楽を支えた武士階級は明治時代には消滅し、伝統的芸術全般に対する軽視の風潮から、能は忘れられ、能楽堂も聴衆もなくなる。その復興の機縁をつくったのは、アメリカ南北戦争の英雄、グラント将軍が一八七九年に日本に立ち寄ったとき、能のすばらしさに触れる談話を行ったことであった。さらにくだって、三島由紀夫が西欧でのコクトーに倣って、伝統的作品の主要テーマを現代的にアレンジしたことが、能に対する人々の意識を高めた。〔訳注・コクトーの作品の多くはギリシア悲劇や中世ロマンを現代に移し代えた要素を含んでいる。〕

能楽、浄瑠璃、歌舞伎の三つは性質も表現形態も異なっており、互いに反し合いさえするが、静止的で放射的エネルギーをもっている点で共通しており、いずれも、現世における過去・現在と同様に、あの世での生の連続に結びつけたテーマを扱った。

ともあれ、こうした日本の演劇全体の淵源をなしているのが、十四世紀にいたるまで唯一スペクタクルの代用を務めていた聖なる踊り〔すなわち舞楽〕である。

舞楽

約千二百年前にアジア各地から日本に伝えられた音楽と踊りが《舞楽《ぶがく》》で、すでに律令時代の朝廷にも、これを保持するための《雅楽寮《ががくりょう》》が設けられていた。〔訳注・明治以後も、雅楽寮に代わって雅楽局、式部寮雅楽課、戦後は宮内庁式部職楽部など名称は変わったが、皇居において維持され、式典などでの演奏、次世代の人材の育成が行われている。〕

また、皇居でのそれとは別に、同様の舞楽が、もっと多くの観衆のために広島の厳島神社や大阪の四天王寺、東京の明治神宮、さらに日光東照宮などでも演じられている。

いずれも、野外に設けられた四角い舞台の上で演じられ、演台の左右一人ずつの舞人が鉾を執って舞う《厭舞《えんぶ》》〔訳注・悪鬼を調伏する意味がある〕から始まり、舞を伴わない音楽だけの《長慶子《ちょうげいし》》をもって終わる。このときは横笛、篳篥《ひちりき》、笙《しょう》、太鼓、鉦鼓《しょうこ》といった楽器による合奏に琵琶と箏が加わる。

舞人たちは舞台の両側に並び、その衣装は、赤や緑など、朝鮮から来た《三韓楽《さんかんがく》》、渤海から来た《渤海楽《ぼっかいがく》》、シナやインドから来たものというように、演じる舞の起源によって別々である。朝鮮と渤海由来の舞を舞う人は右側に位置し、唐楽と林邑楽《りんゆうがく》〔訳注・インドシナに当たるが、天竺楽ともいった〕を舞う人たちは左側を占めた。この区分けは、いまでは大陸アジアでは忘れられてしまったものの古代の日本にもたらされた文化の波と対応している。

伊勢神宮の舞楽

まず、新羅から来たのが五世紀中頃であり、百済からは六世紀、高句麗からは七世紀にもたらされた。日本書紀には、推古天皇の時代の六一二年に、百済の味摩之《みまし》が伎楽の舞を伝えたことが記されており、そこで着用されたであろう一風変わった仮面が正倉院に保存されている。また、おそらく中央アジアとチベット、インドからもたらされた伎楽で、今も日本の庶民のなかに生き残っているのが《獅子舞》である。木製の大きな獅子面をかぶった踊り手が、頭を揺らし飛び跳ねながら舞い、子供たちの頭部をその大きな口で噛む仕草をする。これがその子供から悪魔を祓う効果があるとされる。

本格的な宮廷舞楽が唐からもたらされたのは、奈良に都があった八世紀のことである。それと時を同じくして東南アジア起源の《吐羅楽《とらがく》》〔訳注・奈良時代に唐楽、三韓楽と並んで盛んに行われた。吐羅とはタイ西部の古名。ただし、エリセーエフは「虎」の意に解している〕が、ついで七三六年にはインドのブラフマンが現在のヴェトナムの《林邑楽《りんゆう》》をもたらした。〔訳注・東大寺の大仏開眼供養の際に演奏されたことが知られている。〕

このようにばらばらであった諸要素が、日本の国が成熟期に入った平安時代に、嵯峨帝（809-823）、仁明帝《にんみょう》（833-850）らによって一つに総合されて、今日に伝わる《舞楽》となり、大戸清上《おおとのきよかみ》、尾張浜主《はまぬし》といった楽人たちの才能のおかげで内容も充実し、黄金期を迎えたのであった。

たしかに、その後、鎌倉時代、室町時代と朝廷が貧窮状態に置かれた時代は、舞楽も不遇の時期を経験するが、十六世紀からは活気を取り戻し、以来、今日では、昔ながらの舞楽が再現・保持されている。

そのゆっくりした動きは、極限状態の緊張感を湛え、その動きのリズムは、一つのポーズというより、この世界の空気と構成要素の転移を表している。

神楽

〔訳注・神座に神々を勧請し鎮魂する神事芸能で、宮中や伊勢神宮の《御神楽《みかぐら》》と、それ以外の諸社や民間で行われる《里神楽《さとかぐら》》に分かれる。宮中内侍所《ないしどころ》御神楽は十一世紀に始まった十二月の恒例行事で、九十種以上の神楽歌が現存している。里神楽は巫女神楽、出雲流神楽、伊勢流神楽、獅子神楽に分けられ、浄めや息災延命などを祈って仮面をかぶり楽器に合わせて無言で舞われる。〕

シナ、朝鮮、東南アジアなど諸外国からもたらされた歌舞を総合した《舞楽》に対し、《神楽《かぐら》》は、それよりさらに遡った昔からの日本固有の芸能である。神楽とは「神の座《くら》」の意で、今日も、神社の巫

神楽

女や神主によって舞われる。これには、神々にこの物質的世界に姿を現すよう誘い、リズムをとって足を踏みならし踊ることによって神々を喜ばせ、我々を守ってくれるよう促す意味がある。

天皇家の祖先神である天照大神に捧げる儀式のために宮中内侍所御神楽が確立されたのは一条天皇の一〇〇二年とされ、その後の歴史のなかで、この儀式はますます複雑になるが、その全体が今日に伝えられている。宮廷の建物の一つである温明殿の前で「庭火」が焚かれ、天皇が祈りを捧げて神に敬意を表する。夕暮れどき、御神楽の長である《人長《にんちょう》》が楽人たちを率いて現れ、楽器ごとによる演奏から始まり、やがて、合奏になる。歌い手たちも加わって「庭火歌《にわびうた》」が歌われ、ついで、海神を勧請する「阿知女《あちめ》の作法」があり、以後、海神の臨席のもとでの儀式となる。

まず《人長》による舞いがあり、ついで、榊《さかき》、幣《みてぐら》、杖《じょう》、篠《ささ》、弓、剣《けん》、鉾、杓《ひさご》、葛《かつら》などの《採《とり》物《もの》》を手にしての歌舞、そして、《小前張》と呼ばれる神人がともに楽しむ歌舞の儀が明け方まで延々と続く。「赤星」（明けの明星）が姿を現すと、帰って行く海神に送る挨拶であるとともに式の終わりを告げる歌が歌われる。このように、この御神楽は、「人長の部」と「採物の部」「小前張の部」、そして「星の部」の四段で構成されている。

あらゆる原初的文明でも見られることであるが、日本でも、踊りは人間が神々に働きかけるための重要な手段であった。ただ、日本の独自性は、それが、現代にいたるまで忘れられることなく受け継がれてきていることにある。

第十三章　文学的感性

情緒的、音楽的で、漢字のハンマーによって固定されるか、仮名文字の糸によってつなぎ留められる日本語は、それ自体のなかに一つの文明の天分を秘めている。日本語による文学が多岐にわたるジャンルをもっているのは、この複雑性のゆえである。

日本語の発音システムは比較的単純で、その音素〔訳注・言語の音声を分析・考察して得られた音韻論上の最小単位〕は百五十ほどに過ぎない。語彙は多音節で、構文的には、語尾変化や語形変化によるのでなく、接頭語や接尾語を語幹に結合することによって文法的関係を表現する膠着語である。

この意味で、朝鮮語とともに、東アジア一帯に広がっている「アルタイ語」と呼ばれる一つの言語群を形成している。それに対し、シナ語は音韻論的観点でいうと、音素は約四百から成っており、その古典語で使われている語彙は単音節で、変化しない語根を並置することによって文節を形成する孤立言語〔訳注・文法的関係を表す語形変化のない言語〕である。このように、日本語とシナ語は言語論的には全く異なっているが、この二つの国の文学的遺産は文字によってしっかり互いに結びついている。

周知のように、大陸から離れて三日月形に伸びた日本列島が、歴史時代に入ってシナから文字の秘密を教えられたときには、すでに日本は固有の神話と感性をもっていた。このシナの文字〔漢字〕には、絵文字を起源とするものから、語彙が増えるにしたがって同義語を避けるために意味論的要素と音声的要素を結合して複合的に作られた表意文字まであり、むしろ、後者が大部分を占めている。すでに古典語においてさえ、厳密な表象性は失われ、包括的に一つの概念を示す記号として認識されるようになっていた。

シナ語の場合は、話し言葉と文章語は乖離していないから、どんな方言も漢字で容易に表記できる。しかし、日本語のようにシナ語と異なる言葉の場合は、膠着語の音声を孤立語の文字に移すのであるから、どうしても無理が伴う。ところが、日本人たちは、この困難な結合を歴史の黎明期にきわめて迅速にやってのけた。

今日では、古墳時代の墓で見つかっている剣に刻まれた文字から始まって、漢訳の仏教経典の普及にいたるまで、日本における漢字の浸透と知識の普及の跡を辿ることができる。先史時代から口承されてきた古い物語を漢字を使って記述したり、仏教の概念を伝えるために意味論的価値が転写され、あるいは固有名詞の音声を漢字で記すために、さまざまな努力・工夫が行われた。しかも、固有名詞の記述にあたっては、ただ音声を示すだけにとどまらず、原語に含まれていた意味を表す漢字の選定にまで努力が注がれている。一例を挙げると、フジの山のもともとの意味は分からなくなっているが、一般的には「不二山」と表記される。しかし、それとともに、「肩を並べるものがない」という意味から、「富士山」とも書かれる。

ところで、余談であるが、外国人は富士山を「フジヤマ」と呼ぶが、正しくは純日本語でなら「ふじのやま」、シナ風になら「ふじさん」というべきである。

いずれにせよ、初期のころの日本語を漢字で記した文書は、その後、日本語の発音自体が変化してきているため、今では読み方も正しくは分からなくなっているが、シナで書かれた宗教・哲学・法律・詩などの書は偉大な文明の所産であり記録として変わることなく読まれてきた。こうして当時の日本では、教養人と、そうでない人々の間に断絶が生まれ、前者に入ることができたのは学問に専心するか、または学問を修得することを義務づけられた一部の男性たちであり、日常生活の物質的労働に縛られた一般の人々、とくに女性たちは、ごく稀な例外を除いて、漢字を修得することは不可能であった。

こうして日本では、漢字を表音文字として使うことが習慣化するうちに、ある音声を表記するのに最も頻繁に使われる漢字を崩して簡略化したものが《平仮名》として定着するにいたる。さらに、同じく、ある音声を表すのに使われる漢字の一部分を抜き出して《片仮名》がつくられた。平仮名が流れるような曲線を主とするのに対し、片仮名は漢字と同じく角張った硬い線で書かれる。こうして、日本語の音素の基本である五十一文字が考案されたことによって、純粋な日本語の話し言葉の記述が容易になり、なによりも、それを使っての女性文学への道が開かれ、そのなかから、平安中期の西暦一〇〇〇年ごろには、紫式部や清少納言のように、偉大な小説や随筆の開拓者まで現れる。

漢字によって表現されるシナの伝統と仮名文字による日本の伝統が融合し、漢字仮名交じりの言葉が生み出されるのに、それほど時間はかからなかった。この混合は、シナ文明からますます多くの語彙が導入されるにつれて、さらに加速した。このシナからの言語借用のなかで、同じ漢字でも、意味を主としての借用と発音を主としての借用という違いによって、いわゆる《訓読み》と《音読み》の区別が生じる。日本語をそのままの読み方にしたのを《訓読み》といい、シナでの読み方を残しているのを《音読み》という。さらに、同じ《音読み》のなかにも、北シナでの発音に倣った《漢音》と、現在の上海など、昔の呉（Wou）の国の発音を受け継いだ《呉音》とがある。こうして、同じ漢字でも読み方が異なるので、正しい読み方を示すために、漢字の脇に読み方を指示する仮名が振られる。これを「ふりがな」という。

日本語はいまも激しい進化の途上にあるが、とくに第二次世界大戦の敗北によって、書き方においても、横書きの場合、戦前は右から左へ書くのが普通であったが、現在では、欧米での書き方と同じく左から右へ書くようになっている。欧米語では主語は文法上の基本として不可欠であるが、日本語では、前後関係から明らかである場合は、省略されることが多い。また、質問に対する答えにおいては、欧米語では必ず添えられる「はい」か「いいえ」が、ほとんどの場合、無視され、肯定も否定もしない形で、補足説明に移ってしまう。

「よい天気ですか? ——雨降りです。」

「暑いですか? ——木々に霜が降りています。」

日本語の会話では、こうした返事で充分、答えになっているのである。

このような特性は、長々と展開される科学的論理よりも、瞬間瞬間にイメージとして捉えるやり方に適している。このため、日本語は概念的説明のための言葉というより、情念を表すための言葉であり、加えて、話し方やその場合の言葉の選び方にも、男女差がある。もっとも男女差は、今日では、公立学校は男女共学になっており、若い世代についてみると、言葉の男女差は少なくなっている。他方、欧米から流入した語彙は、その発音をカタカナで表記して使われることが多く、とくに戦後は欧米語が大量に流入し、カタカナ語が溢れるようになっているだけでなく、欧米語の影響は構文にまで及んできている。精神状態の変革は表現法の変化を伴わずには済まないからである。

自然界の変化や人間の情感の世界を表現するのに優れている本来の日本語(いわゆる大和言葉)の世界に、いまや、膨大な技術用語が侵入してきている。本来の《大和言葉》がいかに自然の変化に敏感であるかは、たとえば、同じ雨でも、春雨、夏の五月雨、夕立、秋の時雨というように多様な呼称があることに表れている。自然のある分野についての語彙が豊かであることは、人々がそれに寄せる関心の強さを反映している。日本では、同一種の魚でも、稚魚の段階と成魚では呼び名が違う。同じことが人の名前についても見られる。「牛若丸」と呼ばれた少年が、成人してからは「源義経」となったのは、その一例に過ぎない。

日本語は、身体の部位と動作に関する語彙は比較的少ないが、心の状態やその繊細な変化に関しては、そのニュアンスと状況に応じて無数の語彙がある。人間同士の上下関係についても細かい規範があり、会話の際も、互いの社会的ヒエラルキーの上下や君主からの寵愛の度合いによって敬語や謙譲語など微妙な言葉の使い分けを必要とする。

日本語は、今日も、その複雑さを何ら失っておらず、文字もあまり簡略化されていないが、新聞や出版物で使われる漢字についてはかなり制限され、学校教育で学習する範囲を定めるために、一九四六年には、当用漢字一八五〇が定められた。マス・メディアで使用する漢字もこれによって制約される。実際には、戦前まで頻繁に使われた四千字から五千字のうち二千から三千字は相変わらず使われているし、シナ人たちは日本語の出版物を見て、概括的に理解できるし、逆もまた真で、ある程度学識のある日本人はシナの本を理解することができる。

日本の歴史時代の初めから発展し尊重されてきた漢字の読み書きの伝統は、今も失われていないものの、その修得が骨の折れる作業であることに違いはない。明治以前の日本の知識人が漢文を読みこなし、漢文で著述してきたのは、日本人は、いつの時代も翻訳という問題に立ち向かってきたわけで、明治維新以後、ヨーロッパの言語を速やかに消化吸収できたのは、そうした積み重ねがあったからであるともいえる。

しかし、明治の開国後は、西洋起源の文学の吸収と日本的伝統の文学が宣揚され、シナ文学は軽視された。もちろん、シナ語が学者に重要であり、また重要な読み書きの言葉であることに変わりはないが、シナの学問や文学は、小説の創作にあたっても、哲学的思考においても、知識と英知の源ではなくなってきている。

遡って、徳川幕府成立の当初から政治と文化の顧問役を委嘱された林羅山《はやしらざん》（1583-1657）は、権力機構の骨格・基盤として、シナの哲学者、朱熹《しゅき》（1130-1200）の教えを重視した。江戸時代を通じて、その林家が、代々、日本の政治的・知的・文学的活動の全般を監視し、検閲までする任務を引き継いだから、一貫してシナの哲学と文学が重視された。

しかしながら、幕府の意図は、検閲によって自由を抑圧することではなく、デリケートな社会問題を解決するためにシナ哲学の知恵を借りることにあった。というのは、徳川氏によって日本は平和になったものの、武士のなかには、仕えるべき主君を失って浪人となった者が少なくなかった。未来を失った武士たちのなかでも、禅仏教と漢字文化を身につけた知識人たちは、私塾や寺子屋の教師になったり、戯作者に生計の道を求めたり、医者や職人になって生きることができたし、とくに発展を続ける大きな都市では、彼らは生きていくためのさまざまな職業を得ることができたが、その半面、体制に不満を抱く人々も増えていたからである。幕府にとって、そうした強力な知的エネルギーを有効活用する道を見つける必要があった。

林羅山もまた、そうした状況に活路を開くための道として、京都出身である利点を活かして、京都五山に蓄えられていたシナの古典を江戸に運ばせ、幕府直轄の蔵書を充実、また古典的著作の再刊を企てた。《五山文学》とは、足利将軍、義満（1367-1395）が学問振興のために京都と鎌倉それぞれに五つの禅寺を指定し、「五山」と呼んだことから始まる。ジャンルは哲学、歴史、詩文などにわたったが、日本人の気風にとくに適って、偏重されたのが詩文であった。

詩、すなわち漢詩は平安時代の初めから特に好まれ、八九四年に遣唐使の廃止が決定される以前から、シナ本国で梁の太子、蕭統《しょうとう》（501-531）が編んだ『文選 Wen-siuan』を手本に、日本人が詠んだ漢詩の集大成が企画されていた。とくに男子にあっては漢詩の素養が重んじられ、七五一年には日本人の作った漢詩集『懐風藻』が編纂されているし、真言宗の開祖、弘法大師は、漢詩の主要なものを採りあげて作詩について論じた『文鏡秘府論《ぶんきょうひふろん》』（819-820）を著述しているほどである。このような外国の規範に合わせるやり方は、いかにも漢字文化圏に入った新参者の少々無邪気な熱心さを表しているが、国を代表して朝鮮やシナを訪れた日本人たちにとって優れた作詩は、国の名誉を賭けた勝負でもあった。

このようにして極東世界において千年以上維持されてきた漢字文化の一体性も、今日では、それぞれの国で行われた漢字の簡略化によって崩れつつある。日本でも、大戦後は全般的に簡略化した漢字が用いられているし、一九四九年の北京政府樹立後の大陸中国では、漢字それぞれの本来の美しさや意味深さをすら切り捨てた簡体字化が行われている。

また、日本でも一時期、漢字文化を脅かした動きとして「ローマ字化」がある。この運動は第一次世界大戦後に、一部の人々によって興されたものの、国粋主義の盛り上がりのなかで消え失せたが、第二次世界大戦の敗北で、占領軍政府に働きかけて、勢いを取り戻すかと思われたが、これもまもなく放棄された。このときローマ字化推進論者たちが、自分たちの主張の論拠として挙げたのが、一六五一年にローマで『アンナン語・ポルトガル語・ラテン語辞典 Dictionarium Annamiticum Lusitanum et Latiunum』が刊行されるなど、キリスト教宣教師たちによってヴェトナム語のローマ字表記が行われていたこと、日本でもキリシタンによる宣教活動のなかで、同じ一六三二年にヴァティカンの布教局認可のもと、コリャド神父による『ラテン日本語辞典』が編まれ、ローマ字で書かれた日本語の説教が刊行されていたことである。

だが、ヴェトナムと違って日本でローマ字化運動が成功しなかったのは当然でもあった。というのは、ローマ字化は確かに幾つかの利点をもたらしはするであろうが、日本の場合はヴェトナムとは比較にならないほど膨大な過去からの文学的・知的・感性的遺産があり、もしローマ字化が行われ、これまでの漢字と仮名の使用が断絶してしまうなら、未来の日本人たちをそれらから遠ざけてしまうことになるからである。

日本人は古くはシナ、朝鮮、中央アジア、東南アジア、近年では欧米諸国から来た文化遺産を受け入れながらも、その漢字交じりの文字によって、つねに、自分たちの心に染みこんだ日本語という一つの言葉を駆使してさまざまな文学を創作してきた。そのなかには、厳めしさや優雅さを備えたものだけではなく、方言で書かれた作品、市井の人々が繰り広げるメロドラマ、軍記ものや戦争体験を語った歴史文学、現代人の苦悩を描いた小説もあり、遡れば、徳川三百年間の庶民の哀歓や折々の情感を謳った詩文学、鎌倉幕府や室町幕府のもとで開花した教養的著述や戯画的作品、さらには奈良・平安の王朝に花開いた文学や日記などがあり、何世紀にもわたる日本人の精神的遺産、社会の変遷を映す鏡になっている。

近代文学の動向

川端康成（1899-1972）、谷崎潤一郎（1886-1965）、三島由紀夫（1925-1970）といった人々の作品が欧米で翻訳出版され、世界的にその才能が知られるようになって、日本文学も文化の世界的家族の一員となるにいたった。

一九四五年の大激変以来、かつては禁じられていたあらゆる文学の花が野放図なまでに咲き乱れていることは本当である。検閲の廃止によって、これまで排除されてきた思想や感情を自由に表現できるようになっただけでなく、古い言語コードや道徳規範までも消滅し、さまざまなエネルギーが噴出するのをそのままにしているといった印象さえ受ける。政治活動の次元で表現されていることが必ずしも常に風俗の伸展を反映しているわけではないが、この現象は、とりわけ文学に影響を及ぼしている。

たとえばフロイトの影響で、感情の自然の発露にとどまらず、倒錯した快楽まで扱った文学が現れ、かつては儒教的謹厳主義によって抑制されていたエロティシズムが白昼堂々、ところ嫌わずのさばっている。社会が落ち着くのに伴って、終戦直後のいわゆる「肉体文学」の横行に較べれば温和しくなった観があるが、高尚な文学の次元にまで、その影響が現れたことを示したのが太宰治（1909-1948）の『斜陽』（1947）と石原慎太郎の『太陽の季節』（1956）の衝撃であった。

以後、巷には《逢い引きの館》（これがラブ・ホテルの簇生の始めとなる）と小さな飲み屋が並ぶ風変わりな一画が急増し、それが日本じゅうの都市を活気づけている。三島は、自分の男色趣味を隠そうともせず、異常でサディスティックな愛を鋭く描く一方、愛と死の相克を描いた美しくも残虐な映画『憂国』を自ら製作した。川端は、洗練され抑制された象徴主義を駆使して叶わぬ愛の苦悩と喜びを描いた。いずれにおいても強調されているのは、エロティシズムの病的逸脱である。

この「肉体」の魅力は根本的に厭世的な感情を伴う。谷崎の『細雪』のヒロイン、蒔岡《まきおか》家の姉妹たちは、その感情に任せた人生のつけを払わされ、行きずりの愛で子供を宿す。その結果生まれた子供は死んでしまうが、これは、風俗をめぐる見事な描写の果ての道徳家的結論なのだろうか？ それとも、現代の混迷に対するモラリストの警告なのだろうか？ 近代的で独立主義的な末娘は、騒ぎを起こしたことで人格性を開花させることができたのだろうか？ 賢明にも伝統にしたがって、言われるままに結婚した姉たちに較べて、彼女は幸せを勝ち取っただろうか？ いずれにせよ、このようなことは、発展期の日本社会では、どこででも見られたドラマである。

日本文学の社会的参画という面に注目すると、その度合いはさまざまであるが、幾つかの大きな動きがある。戦後すぐに一躍もてはやされたのがプロレタリア文学である。死ぬまで反権力的姿勢を貫いた平林たい子（1905-1972）は、幾つかの小説のなかで自らの獄中体験を書いている。元炭坑夫の橋本英吉（1898-1978）や、貧しい行商人の娘であった林芙美子（1903-1951）も、下層社会の人々の苦しい生活を描いた。

戦後まもない一九四五年（昭和二十年）十二月には共産党を支持する作家たちによって《新日本文学会》が誕生したが、これは《人民文学》に取って代わられ、一九六四年（昭和三十九年）には共産党員は排除されている。日本文明にはヒューマニズムはなじまないとされがちであるが、彼らは、共産主義に賛同しつつも、ヒューマニズムの名のもと、社会的集団よりも個人を優位に置いたのである。これらの運動がその時々の状況や哲学によって変質したとしても、現代作品のジャンルが一新されるわけではない。

それらは、根本的には、日清戦争（1895）後の日本の経済的・政治的飛躍に遡る。勝利に酔う政治家たちから目の敵にされたのが、ヨーロッパの自由思想にめざめて西欧風のリアリズムや自然主義を日本に導入しようとした知識人たちであった。彼らは、そのためのテーマをゾラ、フロベール、モーパッサンといったフランスの作家に見出し、ズーデルマン、ハウプトマンなどドイツ人作家、ゴーリキー、アンドレーエフなどロシア人、そしてノルウェーの作家、イプセンにヒントを求めた。

日本近代文学は、このような外国文学の翻訳が投げかける影のもとで成長したのであるが、そこで起きたのは、一つの文化領域から別のそれへの浸透ではなく、人々はただ、日欧文明間の媒介役を務めた最初の「欧化主義者 occidentaliste」たちの仕事を嘆賞することしかできなかった。

そのような媒介役として重要な役割を演じた人は多いが、とりわけ文化の恩恵の奇妙な証明役として特筆されるのは二葉亭四迷（本名は長谷川辰之助。1864-1909）である。彼は、若いころ、熱烈な愛国主義者で、何百年も続いた孤立のため立ち遅れた日本を一等国にすべく、軍人になることを夢見た。しかし、健康上の理由からこの夢は叶わず、銃の代わりに精神で戦うことを決意し、当時、アジアとりわけシベリアに勢力を拡大してきて、日本の飛躍を妨げる当面の敵であったロシアを相手にすることにした。そのためにはロシア語を修得しなければならないと考えたのであったが、知識と理解を深めるにつれて、ロシアを評価し直し、やがては愛するようになった。こうして、ロシア文学を翻訳して同胞たちに知らしめるとともに、トゥルゲーネフ、ゴーゴリ、トルストイ、ドストエフスキーの文学手法を応用することによって、日本国民文学の創造に自分の生涯を懸けようと決意したのであった。

彼がロシアと日本を結びつけようとしたのは、不自然なことではなかった。なぜなら、ロシアも日本と同様、短期間に入ってきた外国からの影響の荒々しい衝撃に、どのように向き合うべきかで苦悶していたからである。この問題に対して二葉亭四迷が出した答えは、先進的な西欧文明の源泉をできるだけ迅速に汲み出し吸収することであった。

新しい文化を吸収した知識人であり最も偉大な作家といえるのは、おそらくドイツに留学して医学を修め、陸軍軍医総監にまでなった森鷗外（1862-1922）とイギリスに留学し東京帝国大学で英文学講師も務めた夏目漱石（1867-1916）である。鷗外のことはしばらく擱《お》いて、漱石は綿密な叙述スタイルで過去にそうであったものと現在そうであるもの、未来に変わらなければならないものの間で引き裂かれていく日本人の魂を描き、感性美を追求する谷崎潤一郎や白樺派の武者小路実篤、芥川龍之介など多くの作家に大きな影響を遺した。とくに芥川は、日本やシナの伝説に題材を求め、エドガー・アラン・ポー流に、ときに耐えられないほどの綿密さをもって創作した。このとき、新文学がほんとうの意味で芸術となった。

この新文学の誕生は、上記の人々のほか、坪内逍遙（1859-1935）にも負っている。彼は『小説神髄』（1885）を著し、近年翻訳されている英仏文学の単なる模倣を厳しく批判し、文学は進展しつつある現実をよりよく説明する一つの芸術であるべきであると主張した。これは、作家たちの創作姿勢を高め、詩的精神を蘇らせて、文学の位置を高める重要な規範となった。

日本の詩文学と俳句

日本においては、詩文は、多くの作家が作品を発表し続けているからという理由だけにとどまらず、あらゆる機会に、即興で短詩を作ることが教養人の条件にさえなっていることから言っても、まさに一つの生きた芸術である。日本語はイタリア語と同じく音声学的には簡素であるが、そのため、言葉とそれが表しうる意味についての軽妙で暗示的な遊び〔訳注・いわゆるダジャレ〕が盛んに行われる。この結果、長編詩では、意味の不確定を避けるために表意文字に大きく依存することとなり、耳で聞くだけで理解できる短詩とそうでない長詩との本質的対立が生じる。

　短詩のなかでも最も人口に膾炙しているのが《俳諧》（「俳句」「発句」とも言われる）である。「俳」は右と左に並んでかけあいの芸をしてみせること、「諧」はたわむれることで、俳諧という呼称は、本来ユーモアが盛り込まれたことから来ているが、基本的には、「五－七－五」の十七音節で作られていることと季節が表されていることが条件である。一時期は西洋の詩を模倣した《新体詩》に押されたが、正岡子規（1867-1902）と彼が創刊した《ほとゝぎす》のおかげで息を吹き返し、今日も健在ぶりを示している。しかしながら、三百年来開拓されてきたこの短詩が、その風味を次第に失い、危機に直面していることは否定できない。

　俳句は、平安時代に発案され鎌倉時代に広まった「連歌」が進展し、最後に行き着いたものである。連歌は、もともと「五－七－五－七－七」の音節から成る和歌の「五－七－五」の上句と「七－七」の下句を交代で詠み継いでいく遊びから発展したもので、南北朝時代の摂政、二条良基《よしもと》（1320-1388）が編纂した『菟玖波《つくば》集』（1356）において完成の域に達した。第一句で全般的な調子を確定し、そのあとは、自分の前の人の詠んだ内容を承けて、参加者の胸に浮かんだ印象を即興的に詠み継いでいくのである。

　この「連歌」の伝統から派生して、連続性を考慮しないで作られるのが「俳句」であるが、複数の人々が集まって作る場合には、一つの「お題」が決められる。その場合、お題にしたがって、瞬間的に自分の心に浮かんだ思いを眼に映った自然の光景や出来事に託して詠むものであるから、幾つかの傑作を別にすると、持続的普遍的な価値をもつことは少ない。心のなかからふと湧き起こった瞬間的情念や心の奥にわだかまっている思いを短い言葉で的確に捉え表現するので、魂が発する喜怒哀楽の情を映すことができるが、おどけて擬音語を弄ぶ言葉遊びになってしまう傾向もある。

しかしながら、日本人の心のメランコリーを見事に表現した多くの名作も生み出されてきた。孤児として悲しい幼少期を過ごした小林一茶（1763-1827）は、雀や蛙など身近に見られる小動物に限りない愛情を注ぎ、共感の心を詠った。〔訳注・以下、原著にあるフランス語訳を併記した。〕

吾ときて遊べや親のない雀

Soyez avec moi
Venez vous amuser
Moineaux sans plus de parents.

画才にも秀でていた与謝蕪村（1716-1783）は、目の前に風景が浮かぶようなロマンティシズム溢れる一句を詠んでいる。

春の海ひねもすのたりのたりかな

Sur la mer printanière

Rythmant la journée
La houle frémissante.

しかし、なんといっても俳句の歴史上、最高峰というべき巨匠は松尾芭蕉（1644-1694）である。もともと伊賀上野の武士であったが、二十二歳のとき主君が早世したことから隠遁し、京都に出て俳諧師となり、ついで江戸に居を移して芭蕉庵と名づけた粗末な住居で経典やシナの古典を読んで思索を深めながら、俳諧の道を探求した。四十歳のころから旅に出て、各地を歩きながら俳諧を詠み、それらを『野ざらし紀行』『鹿島紀行』『更級紀行』『奥の細道』などの俳句集として遺した。〔訳注・奥の細道の旅のあと、彼は、京都・嵯峨野の落柿舎に滞在し、いったん、江戸に戻ったが、ふたたび大坂に移り、ここで病を得て死去した。〕

彼は、俳句の条件として、一句のなかに海のような広大さと深い静けさをもつ不動性があり、そのなかで、鳥の鳴き声や蛙が水に飛び込むなどのありふれた突然の出来事が描写されていなくてはならないと教えた。〔訳注・芭蕉は、これを「不易流行《ふえきりゅうこう》」と表現した。「不易」とは詩的生命の基本となる永遠性であり、「流行」とは流転の相で、その時々の新風。この二つは、ともに風雅の誠から出るもので、根源においては一つであるという。〕

古池や　かわずとびこむ水の音
Sur le vieil étang
Une grenouille s'élance

Ploc dans l'eau!

あるいは、さらに、

道ばたの木槿《むくげ》は　馬に喰はれけり
Sur le bord du chemin,
Une mauve avait fleuri
Avalée par un cheval!

彼にいわせると、俳句は派手すぎてはならず、あくまで自然で慎ましくなくてはならない。茶道で特に大事にされた《さび》をその本質とし、思考とその表現は《ほそみ》をもって隈取られるべきで、そこには憐れみの心、《しおり》がなくてはならない。

〔訳注・《さび》とは閑寂味が洗練され純芸術化されたもので、閑寂な情調をいう。《ほそみ》とは作者の心が幽玄の境地に入ってはじめて捉えられる内容的深さ。《しおり》とは人間や自然を眺めるときに自然に溢れる哀憐の情をいう。〕

芭蕉より以前の俳諧の主流をなしていたのは、漢語を駆使して洒落や滑稽味を追求した松永貞徳《ていとく》（1571-1653）の貞門派と、さらに俗語を採り入れることによって奇抜さを狙った西山宗因《そういん》（1605-1682）の談林派であった。それらに対し、芭蕉によって俳句は思想的深みを得て空前絶後の高みに達したといえる。

とはいえ、貞門派や談林派であっても、こうした新しい文学創造運動は、徳川時代に入って武家を頂点にした身分社会が固定化していくなかで、経済力を増しながら農民よりも下位に置かれ満たされない思いを強くしていた商人階層の文化的欲求に応えるものをもっていた。彼らにとって、宮廷人や権力者たちの古典的な和歌は、なんら魅力はなかった。とくに商人階級から出た文化人たちは、想像力に箍《たが》をはめる規則に反発を覚え、インスピレーションの源泉を、自然と、彼らにとってもう一つの自然であった都市生活のなかに求めたのであった。

江戸時代の小説

江戸時代の文学は、非常に特異な要素の影響のもとに置かれた。その最たるものが、お上による検閲であった。このうるさい干渉を免れる方法は、当時の権力にとって存在していないもの、つまり都市の新興階級の生活と余暇について語ることであった。町人たちは、自分たちを主役とし、威張っている侍たちや同じ町人でも最も力を持っている輩を、機会があれば茶化して嘲笑う文学に喝采を送った。それには、明快で読みやすいよう仮名で書かれており、何よりも挿し絵がたくさん入っていなければならなかった。そこで生まれたのが《仮名草子《かなぞうし》》である。

木版印刷の技術が発展し、寺子屋が増えて庶民の多くも文字を読めるようになったおかげで、出版事業は、一つの産業とまではいかないまでも、少なくとも有利な商売にはなった。とくに、町人や芸者、遊女の世界を大胆に描いた文学は、幅広い読者を獲得し、発展した。十八世紀の《洒落本》、十九世紀の《人情本》は、お上の監視を受けながらも、享楽に明け暮れる遊里の出来事をロマネスクに語っている。

全般的にいって、為永春水（1790-1843）の『春色梅児誉美《うめごよみ》』のような《人情本》が人間の情念により大きい位置を与えているのに対し、同じく遊里を扱っても《洒落本》は、通と滑稽さをテーマにしている。その代表的なものが、釈迦と老子と孔子が女郎屋（maison de tolérance）を訪れる物語（『聖《ひじり》遊郭』1757）である。こうした《洒落本》が卑猥すぎるとして禁じられたあと現れたのが、町人たちが珍妙な旅に出て悪ふざけしたり滑稽な冒険を繰り広げる《滑稽本》である。その代表が有名な十返舎一九（1765-1831）の『東海道中膝栗毛』である。また、式亭三馬（1776-1822）は、薬屋や古本屋を営みながら、『浮世床』『浮世風呂』を執筆し、町人世界を描き出した。彼は、江戸の火消したちの乱闘の物語を書いて、火消したちから殴られるという災厄に遭ったが、その穴埋めとして生涯つづく名声を獲得した。

これらも、軽妙さのなかに暗示的にお上への批判を含んでいたが、それより早く十七世紀末には、よりオーソドックスに仏教の因果思想や儒教の道徳思想を反映し、和漢混淆・雅俗折衷の美文で書かれた上田秋成《あきなり》や曲亭馬琴、山東京伝らによる《読本《よみほん》》があった。彼らは、かんたんにお上から禁止されることがないよう慎重に注意を払い、シナの小説を模倣あるいはアレンジしている。

当時の日本で最も多くの人々に愛読されたのが、大陸の長編ロマンのなかでも『水滸伝』である。描かれているのはシナ文学には珍しく勇敢で義に厚い盗賊団の血湧き肉躍る物語で、日本でも、検閲の手をまぬかれるために時代を遡ったフィクションの形をとった模倣的作品を生んだ。そのなかでも最も評判を呼んだのが滝沢馬琴（1767-1848）の『南総里見八犬伝』であるが、芥川龍之介の短編小説のなかに、この馬琴を採り上げた一編がある。そこには、執筆中のこの自作の小説のすでに刊行された部分を読んだ見知らぬ男から風呂屋で「水滸伝の焼き直しに過ぎない」と酷評されるのを耳にしながらも、帰宅して、熱烈な創作欲に駆られて続編の執筆に熱中する作家が描かれている。

「……その夜の事である。馬琴は薄暗い円行燈《まるあんどん》の光の下で、八犬伝の稿をつぎ始めた。執筆中は家内のものも、この書斎へははいって来ない。ひっそりした部屋の中では、燈心の油を吸ふ音が、蟋蟀《こおろぎ》の声と共に、空しく夜長の寂しさを語ってゐる。

始め筆を下ろした時、彼の頭の中には、かすかな光のやうなものが動いてゐた。が、十行二十行と筆が進むのに従って、その光のやうなものは、次第に大きさを増して来る。経験上、その何であるかを知ってゐた馬琴は、注意に注意をして、筆を運んで行った。神来の興は火と少しも変りがない。起こす事を知らなければ、一度燃えても、すぐに又消えてしまふ。……

『あせるな。さうして出来る丈《だけ》深く考へろ。』

馬琴はややもすれば走りさうな筆を警《いまし》めながら、何度も、かう自分に囁いた。が、頭の中には、もうさっきの星を砕いたやうなものが、川よりも早く流れてゐる。さうして、それが刻々と力を加へて来て、否応なしに彼を押しやってしまふ。

彼の耳には何時か、蟋蟀の声が聞えなくなった。彼の眼にも、円行燈のかすかな光が、今は少しも苦にならない。筆は自ら勢を生じて、一気に紙の上を辷りはじめる。彼は神人と相搏つやうな態度で、殆ど必死に書きつづけた。

頭の中の流れは、丁度空を走る銀河のやうに、滾々として何処からか溢れて来る。彼はその凄まじい勢を恐れながら、自分の肉体の力が万一それに耐へられなくなる場合を気づかった。さうして、緊《きつ》く筆を握りながら、何度もかう自分に呼びかけた。

『根かぎり書きつづけろ。今己が書いてゐる事は、今でなければ書けない事かも知れないぞ。』

しかし、光の靄に似た流は、少しもその速力を緩めない。反って目まぐるしい飛躍の中に、あらゆるものを溺らせながら、澎湃として彼を襲って来る。彼は逆に全くその虜になった。さうして一切を忘れながら、その流の方向に嵐のやうな勢で筆を駆った。

この時彼の王者のやうな眼に映ってゐたものは、利害でもなければ、愛憎でもない。まして毀誉に煩はされる心などは、とうに眼底を払って消えてしまった。あるのは、唯不可思議な悦びである。或いは恍惚たる悲壮の感激である。この感激を知らないものに、どうして戯作三昧の心境が味到されよう。どうして戯作者の厳かな魂が理解されよう。ここにこそ『人生』は、あらゆるその残滓を洗って、まるで新しい鉱石のやうに、美しく作者の前に輝いてゐるではないか。……」（芥川龍之介『戯作三昧』）

同じ精神は上田秋成（1734-1809）の作品にも見られる。彼の作品には、艶やかな女性たちがしばしば登場するが、それらが紋切り型に堕していないのは、その著述が和漢にわたる深い教養に裏打ちされているおかげである。とはいえ、彼の名声を高めた傑作、『雨月物語』では、古い伝説や能やシナの怪談からヒントを得た怪奇譚や人間の深い情念の物語が繰り広げられている。

「吾主《わぬし》遠くゆき給いて後は、夏の比より干戈を揮い出て里人は所々に遁れ、弱《わか》き者どもは軍民《いくさびと》に召さるるほどに、桑田にわかに狐兎の叢となる。ただ烈婦《さかしめ》のみ、主が秋を約し給うを守りて、家を出で給わず。翁もまた足蹇《なえ》ぎて百歩を難しとすれば、深く閉てこもりて出でず。一旦樹神《ひとたびこだま》などというおそろしき鬼の栖所となりたりしを、稚き女子の矢武《やたけ》におわするぞ老が物見たる中のあわれなりし。――秋去り春来たりて、其の年の八月十日というに死《まか》り給う。惆《いとお》しさのあまりに、老が手づから土を運びて柩を蔵め、其の終焉《おわり》に残し給いし筆の跡を塚のしるしとして蘋蘩《みずむけ》行潦の祭も心ばかりにものしけるが、翁もとより筆とる事しも知らねば、其の年月を紀す事もえせず、寺院《てら》遠ければ贈号《おくりな》を求める方もなくて、五年を過ごし侍るなり。今の物語を聞くに、必ず烈婦の魂の来り給いて、旧《ひさ》しき恨みを聞え給うなるべし。復《ふたた》びかしこに行きて念比《ねんごろ》にとぶらい給え。」

（『雨月物語』――浅茅が宿）

十八世紀初め、その表紙の色から《赤本》《黒本》《青本》と呼ばれる子供向け小咄《こばなし》を含む挿し絵入り分冊本が現れ、人気を博する。しかし、一七七五年に現れた《黄表紙》は風刺を売り物にした大人向けのジャンルになっている。その代表が恋川春町《こいかわはるまち》〔訳注・本名は倉橋格。1744-1789〕の『金々先生栄華《きんきんせんせいえいがの》夢《ゆめ》』で、これは、唐代の小咄『枕中記《ちんちゅうき》 Tchen tchong ki』をもとに明代に戯曲化された『邯鄲《かんたん》の夢』の日本版である。

――一人の男が富と名誉を得ようと江戸に向かったが、旅の最初の夜、自分をあらゆる欺瞞と幻滅が待ち受けているのを夢に見て、江戸へ向かうのを止めて、長閑《のどか》な村へ引き返した――という話である。

恋川は、自身、侍であったが、商人たちと結託した役人たちの乱脈な実態に対してだけでなく、体制批判を躍起となって取り締まった幕府の責任者、松平定信《まつだいらさだのぶ》（1758-1829）についても容赦しなかった。このような政治風刺は、明治維新後の膨大な権力批判文学の先駆をなすものであり、事実、江戸時代の幻想的な小咄や歴史物、戯作《げさく》の類のほとんどすべてが、身を守るために偽装をしながら、その奥に社会批判の棘を秘めている。

江戸時代の小説の発展に弾みをつけた井原西鶴（1642-1693）は、一人の作家が一つの文学ジャンルの出現に決定的役割を演じた数少ない例である。西鶴は、良きにつけ悪しきにつけ当時の芸術・文学の中核を占めていた大坂の豊かな商人のいわば「道楽息子」であったが、まず談林派俳諧で頭角を現し、その後、小説の創作に打ち込んでいった。こうして生み出された彼の作品は、元禄時代の空前の経済的繁栄という時代状況と才能とが幸運に合致した賜物である。

彼の実人生については不明な点が多いが、早くに妻と娘を亡くし、親から継いだ家業は手代に任せて、放浪しながら文学に専念したらしい。馬琴はそうした西鶴の生活を羨んでいる。西鶴は人生の大半を過ごした大坂の町に題材を求めて、『好色一代男』『好色一代女』など遊里を舞台にした《浮世草子》を書いた。『好色五人女』は、遊里ではなく、各地で話題になった不倫事件を扱ったもので、いずれも悲劇で終わっている。〔訳注・ただ最後の事例だけは、円満な結婚というハッピーな結末を迎える。〕これらは、検閲の眼を逃れるためだったのだろうか？　彼は、ほかにも、検閲官の不信を解くために、わざとらしい武道物も書いた。

また、大坂商人たちの商売の世界を描いた『日本永代蔵』に関して言えば、この作品は彼が商人の世界について持っていた知識と認識が並々ならないものであったことを証明しており、その意味で貴重な資料的価値をもっている。

鎌倉時代以後の物語文学

日本の文学が、江戸時代に「地上に降りる」ことができたのは、鎌倉時代以来の文学の進展と、とくに民衆のなかへの普及のたまものである。この間、十五世紀には、人生の辛い経験を如実に語る《懺悔もの》が流行し、愛や信仰心、はてしなく繰り返される仇討ちの悲劇を分かりやすい言葉で語った《お伽草子》が普及している。これらは、本文を分かりやすくするために挿し絵が入っていて、一人で読む場合であれ、何人か集まった人たちに読み聞かせた場合であれ、庶民の間にいかに読書熱が高まっていたかを示している。

お伽草子の原作は、十三世紀から十四世紀にかけての鎌倉時代に仕上げられたもので、鎌倉政権が、平安時代の貴族政権と異なって、庶民の現実に合致した文学に好意的であったことを示している。武士たちの生活自体、民衆の日々の生活と密着していたし、彼らは民衆を正しく方向づけることが自分たちにとっても重要な課題であることを自覚していた。そこから、これらの作品は、歴史物にせよ、架空の物語にせよ、道徳的内容を含みながらも、好奇心を刺戟し飽きさせない工夫が凝らされているのが特徴である。

しかしながら、ヨーロッパ中世の文学もそうであったが、これらの多くはすでにあった物語や小咄の翻案で、それに社会的・道徳的色づけを施したものであった。『十訓抄《じっきんしょう》』（1252）が十項目に分けて日本・中国・インドの教訓的な例話を集めたものであるのに対し、『沙石集《しゃせきしゅう》』（1279-1283）は、仏教の教理を砂のなかの金粒や宝石になぞらえて、拾い出したものであることをこの題に込めている。全般的に鎌倉時代の物語には、無秩序な有形の世界の奥にある幽玄の真実へ眼を向けさせようとする意図が秘められている。同じ色調は、十三世紀初めの『宇治拾遺物語』や、平安末期に源隆国（1004-1077）によって編纂されたとされる『今昔《こんじゃく》物語集』にも見られる。今昔物語は「天竺篇」と「震旦篇」「本朝篇」から成っていて、仏教説話を分かりやすくするとともに中世日本の多様な社会の様相を伝えている。

鎌倉時代から室町時代にかけては、こうした不思議な物語、宗教的物語、逸話を集めたものとは別に、歴史的事件を叙事詩的に物語った文学が開花する。二人の天皇が対立した南北朝（1336-1392）の歴史を扱った『太平記』は、人々が盛んに往来する道の辻などでプロの講釈師によって朗誦されたものである。さまざまな人物や勢力が権力を争って権謀術数を繰り広げ、激しい戦いにまで発展した事件は、それを記録に残そうとする動きを呼び、平安中期の『大鏡』（十一世紀初め）から後醍醐天皇の事跡を辿った『吉野拾遺』（十六世紀ごろ）にいたる歴史記述を生んだ。

鎌倉時代には、武家政権の成立にいたった歴史の物語、とりわけ栄華を誇った平氏の滅亡の経緯を詩的に構成し、楽器を演奏しながら謡って聞かせる盲目の琵琶法師が各地で見られた。『平家物語』（十三世紀ごろ成立）、『源平盛衰記』（鎌倉時代後期）がそれであり、また敵討ちの物語である『曽我物語』（十四世紀ごろ）も、この系列に入る。とくに、『平家物語』は、栄華の頂点を極めながら儚くも散っていった平氏の運命が、「栄えるものもやがて滅びる」という仏教的無常論の手本とされた。

「去る程に、源氏の兵共《つわものども》、平家の船に乗り移りければ、水主檝取《すいしゅかんど》りども、或いは射殺され、或いは被斬殺《きりころされ》て、船を直すに及ばず、船底に皆倒れ伏しにけり。……二位殿は日来《ひごろ》より思いもうけ給へる事なれば、鈍《にび》色の二衣打被《ふたつぎぬうちかづ》き、練袴《ねりばかま》の傍高く取り、神璽を脇に挟み、宝剣を腰にさし、主上を抱き参らせて、我は女なり共、敵の手には掛るまじ。主上の御供に参るなり。御志思い給はん人々は急ぎ続き給へやとて、静々と舷《ふなばた》へ歩被出《あゆみられいで》ける。

「主上、今年は八歳にぞ成せ御座す。御身の程よりねびさせ給て、御形厳《いつく》しう、傍《あたり》も照輝く許《ばかり》なり。御髪黒うゆらゆらと、御背中過させ給けり。主上あきれたる御有様にて抑尼前《あまぜ》、我をば何地へ具《ぐ》して行んとはするぞと仰せければ、二位殿、幼《いとけな》き君に向い参らせ、涙をはらはらと流して、君は未知召《いまだしろしめさ》れ侍《さぶら》はずや。先世の十善戒行の御力に依って今万乗の主とは生させ給へ共、悪縁に被引《ひかれ》て御運既に尽きさせ給ひ侍ぬ。先《まず》東に向はせ給て伊勢大神宮に御暇《いとま》申させ御座《おわしま》し、其の後、西方浄土の来迎に預らんと誓はせ御座《おわしま》して、御念仏侍ふべし。此の国は粟散辺土《ぞくさんへんど》と申て、物憂き境にて侍ふ。あの波の下にこそ、極楽浄土とて目出度き都の侍ふ。其へ具し参せ侍ふぞと様々に慰め参せしかば、山鳩色の御衣に鬟《びんずら》結せ給て、御涙に溺れ。小う美しき御手を合わせ、先《まず》東に向はせ給て伊勢大神宮、正八幡宮に御暇申させ御座し、其後西に向はせ給て御念仏有しかば、二位殿やがて抱き参せて、波の底にも都の侍ふぞと慰め参せて千尋《ちひろ》の底にぞ沈《しずみ》給ふ。」

（『平家物語』――壇ノ浦の戦い）

しかし、それより少し時代を遡ると、こうした戦いに明け暮れる現実からは想像もできないほど洗練された平安時代の繊細なロマンが繰り広げられていた。

平安王朝以前の文学

日本の文明、とくに文学の歴史は、民衆文化が貴族文化を押しのけて興隆していったプロセスとして特徴づけられるが、そのために貴族的文化が失われることはなかった。そのなかで貴族文化が絢爛と咲き誇り、数々の文学作品を生み出す源であり母胎となったのが平安時代である。朝廷は、平安時代のほぼ最初から政治的実効力を失い、隠棲所の寺院といった空気に支配されていて、そこでは観念も実体も他とは同じ価値を持っておらず、その後通俗化するもの全てが超克されているのが看取される。

〔和歌〕

日本独自の詩文学である《和歌》が生まれ発展するのが、この平安時代の朝廷においてである。そこでは、和歌は単なる暇つぶしではなく、国家を司る朝廷人の固有かつ通常の言葉であり、新しい季節の訪れを喜んだり失われた愛の苦しみを詠うためだけでなく、官僚としての昇進や君主から受けた恩寵への感謝や失意の悲しみ、憤り、悔しさ、絶望の気持ちを表明するためにも詠まれた。歴代天皇も和歌に関心を寄せ、八世紀から十五世紀にいたるまで勅撰和歌集が相次いで編纂される（その最後の和歌集は一四三九年に完成している）が、そのそれぞれが編纂を命じた天皇の名を不滅のものにしている。

こうした和歌集のなかで作品の質の高さだけでなく詩論研究の観点からも特別の位置を占めているのが『万葉集』と『古今集』『新古今集』である。

『新古今集』が完成したのは一二〇五年で、その構成は先輩の『古今集』によって確立された方式にしたがって全部で二十巻であるが、テーマとしては、四季（六巻）、賀、哀傷、離別、羇旅《きりょ》（各一巻）、恋（五巻）、雑（三巻）、神祇、釈教（各一巻）で、この最後の神祇と釈教が加わっている点が九〇五年に編纂された『古今集』と異なっている。つまり、『古今集』では宗教は世俗的世界に浸透しつつも直接の題材ではなかったのが、『新古今集』では独立的位置を得ているのである。それだけ、平安時代には時代の経過とともに、人々は人生の悲劇に痛めつけられて無常観や死後の浄土往生に心を向け、感傷性を強めていったと見ることができる。

ここでよく対比されるのが『新古今集』の編者の一人である藤原定家《ふじわらのさだいえ》（1162-1241）の少々冷淡な美学と、その『新古今集』の代表的歌人であるが定家より五十年前の西行《さいぎょう》（1118-1190）の自然への繊細な愛情の違いである。西行は日本の多くの芸術家と同じく絶えまない旅に生きた人で、自然の美しさに感動した歌を多く詠んだ。

覚束《おぼつか》な秋はいかなる故のあれば
すずろにもののかなしかるらむ

この西行の歌に深い調子を与えているのが、時あたかも源平の決戦が行われた時代の厳しさであったことは充分に察せられる。

他方、醍醐天皇（897-930）の命で編纂された『古今集』を特に意義づけているのは、それが古い漢詩に対抗して発展した純粋な日本語による最初の歌集であったこと、すなわち、「五－七－五－七－七」の三十一音節から成る軽快なハーモニーと暗示に富む簡潔さを特徴とし、その後の日本の詩文の出発点となり、いまも途絶えることなく作られている和歌が最初に完成したものであることである。

しかし、それは、十九世紀、言語学者であり歌人である落合直文《なおぶみ》（1861-1903）が一八九一年に『新撰歌典』を出して新風に当てるまでは、もっぱら朝廷に閉じ込められ、その伝統はただ引き継がれてきただけであった。落合の革新運動は弟子の与謝野鉄幹（1873-1935）の深い抒情性を湛えた和歌によって発展する一方で、十九世紀末には、ジュディス・ゴーティエと西園寺公望（1849-1940）によって和歌の国際化をめざして「国際短歌協会」が設立されている。

フランス語で和歌を詠もうというゴーティエの挑戦は、互いにきわめて異なる詩的精神と表現形態を結婚させようという難題であったが、それにもかかわらず、幾人かの継承者と支持者を生み、引き継がれている。こうした国際的な動きは、近年、日本自体において、優雅な洗練ぶりを追うあまり内容的空疎化に陥り、愛好家が減少傾向を辿っているだけに、いっそう注目を浴びている。

日本本国における和歌の衰退傾向に拍車をかけている要因として、《掛詞《かけことば》》や《枕詞《まくらことば》》、ホメロス式の定型句的形容辞の濫用と音声的制約が課している窮屈さがある。たとえば「久方《ひさかた》の」「笑み栄ゆ」といった決まり文句的形容辞が、今日では時代の推移のなかで意味を失ってきていることが挙げられる。《枕詞》も、いかにも安直でナンセンスなものになってきている。

本来の和歌は、自然の微妙な変化に心を向けたり、繊細で情熱的な恋心を生き生きと詠ったもので、男女も僧俗も問わない万人の人間的創造力を掻き立てた希有の文学であった。九〇五年の『古今集』編纂のあと、九五一年には朝廷に「和歌所《どころ》」が設置されたが、そこには、純粋な日本語による最初の歌集が完成されたのを承けて、日本語をますます洗練されたものに磨き上げようとする朝廷の意欲がうかがわれる。

『古今集』には、紀淑望《きのよしもち》による漢文の序と紀貫之《きのつらゆき》（883-945）による日本語の序文が付けられている。そこで強調されている《もののあわれ》の観念は、その後の日本文学全体の基本的精神となる。《もののあわれ》とは、仏教を道徳的宗教的よりも感傷的に受け留める日本的観念から生まれた一つの審美的原理であり、和歌はそれに合致していなければならず、その究極の美は、繊細さと少々ヴェールで隠した輝きにこそ求められる。

今年より春知りそむる桜花
　散るといふ事は習はざらなむ

（紀貫之『古今集』巻一）

この優雅なメランコリーは、その弱点として、何度も繰り返されるうちに、皮相的なアカデミズムに陥り、魅力を失っていったが、在原業平（825-880）の天分は、これをきわめて魅惑的に詠っている。

業平朝臣の伊勢国に罷りたりける時、斎宮《さいぐう》なりける人にいとみそかに逢ひて、またのあしたに人やるすべなくて思ひをりける間に、女のもとよりおこせたりける

読人しらず

君やこしわれやゆきけむ思ほえず
　夢かうつつかねてかさめてか

かへし

かきくらすこころの闇にまどひにき
　夢うつつとは世人さだめよ

（『古今集』巻十三）

『古今集』にもまして豊かさを湛えているのが、日本最初の歌集として八世紀後半、大伴家持《おおとものやかもち》（七八五年没）によって編纂された『万葉集』である。そこには、四百八十一人の男性、七十人の女性の作品、そして作者不明の歌が二百首収められている。これらは、表意文字としての漢字と表音のために転用された漢字〔訳注・「万葉仮名」と呼ばれる〕を使って記述されているが、詠まれている歌のそれぞれには、純粋に日本的感性が表れている。形式も、五音―七音を繰り返していく《長歌》もあれば、「五―七」で構成される《短歌》、「五―七―七―五―七―七」という例外的リズムから成る《旋頭歌《せどうか》》もある。

《長歌》には、どのような状況で詠んだかを記した短い漢文が頭に、内容を要約した短歌が後ろに付けられている。最も多いのが愛の喜びや苦しみを歌ったものであるが、当時、頻繁に地方へ赴任していった役人たちの旅にまつわる歌、昔の神話や伝説に関わるものもある。

とくに優れた作者としては、自然の魅力を歌った山部赤人《やまべのあかひと》（八世紀前半）と人間的心情を率直に歌った柿本人麻呂《かきのもとのひとまろ》（七世紀末）であろう。ここでは、人麻呂が、おそらく仕えてくれた女性吉備津采女《きびつのうぬめ》の死去を悼んだ長歌を掲げておこう。

吉備津采女が死せる時

秋山のしたべる妹、萎竹《なよたけ》の撓依《とをよ》る児等は何方《いかさま》に思ひ座《ま》せか、栲縄《たくなは》の長き命を露こそは朝に置きて夕は消《け》ぬといへ、霧こそは夕に立ちて朝は失《う》すといへ、梓弓音聞く我も髣髴《おほ》に見し事悔しきを敷妙の手枕纏きて、劔刀身に副へ寝けむ、若草の其夫の子は、寂《さぶ》しみか思ひて寝《ぬ》らむ、悔しみか思ひ恋ふらむ、時ならず過ぎにし子等が、朝露のごと、夕霧のごと

（『万葉集』）

柿本人麻呂の歌は、神道の祝詞《のりと》を思わせるリズムを帯びており、漢語と仏教的表現が融合したその高貴なスタイルは天皇が下す《宣命《せんみょう》》のそれである。

『万葉集』は、十九世紀以来今日では日本文学の頂点に位置づけられているが、完成後は、平仮名の成立と普及もあって、《万葉仮名》の読み方とともに、その価値自体、ともすれば忘れられがちであった。そうしたなかで十世紀、村上天皇（946-967）は万葉仮名の読み方を蘇らせることを決意し、源《みなもとの》順《したごう》（911-983）はじめ四人の学者に命じて、その読み方を明確にしたのであった。〔訳注・源順は九五一年に設けられた和歌所の一員として『後撰集』を編纂、また万葉集に訓点を入れている。〕

それから二百年後の一一八五年、最初の万葉集の注釈書が現れ、さらに五百年下った一六八三年には徳川光圀（1628-1701）が僧契沖《けいちゅう》（1640-1701）に当時生まれたばかりの言語論の立場から万葉集を研究させている。このように、『万葉集』が忘却の淵から本当の意味で救い出されるには千年近い歳月を要したわけであるが、シナ文学と日本語による文学という二つの異なる表現形態の間の仲介という厄介な立場に置かれたこの歌集のおかげで、日本語による文学は急速に数々の傑作を生み出すこととなる。

〔散文体文学〕

とはいえ、この一千年間は、古典的散文体文学の黄金時代でもあった。貴族たちは、宮廷の優雅な生活のなかで、日常生活の野卑さや俗悪ぶりから守られるとともに、才能ある人々とさまざまな資料に接することにより、その気になれば芸術に専心することが可能であった。有名な紫式部の『源氏物語』には、儀礼的な風紀の厳しさとともに、それを補って余りある彼らの贅沢な美学、とりわけ恋の駈け引きの喜びが描かれている。同じ流れのなかで現れたのが『夜半《よわ》の寝覚』や『浜松中納言物語』『とりかへばや物語』などで、いずれも、女性が文学的才能を発揮したことで注目される。こうした《物語もの》で最古とされるのが平安時代初期に遡る『竹取物語』である。

繊細な情感と叙景の美しさを追求するなかで磨かれ発展した日本語は、瞬間瞬間の感動を記し、心の内面を吐露する《随筆文学》と、大なり小なり小説化された《日記文学》を生んだ。鎌倉時代から室町時代には、鴨長明（1155-1216）の『方丈記』、吉田兼好（1282-1350）の『徒然草』といった男性による優れた随筆文学が現れる。前者は、戦乱・地震・飢饉など深刻な災厄が相次ぐなかで迫ってくる無常観を記しており、後者は政治的策謀や抗争の醜さを切実に描いている。

同じく随筆であるが、世紀末的様相を呈する現実世界に関わったこれらの男性たちの陰鬱な作品と異なり、華やかな平安王朝時代の宮廷生活のなかで女性によって書かれたのが清少納言の『枕草子』である。そこでは、季節の変化や宮中の儀礼と風俗のほか、嘆賞すべきもの、快いもの、悲しむべきこと、煩わしいことなど彼女自身の心中に浮かんだことが、音楽的で簡潔な文章で書き連ねられている。

「春は曙。やうやう白くなりゆく山ぎは、少し明りて、紫だちたる雲の細く棚引《たなび》きたる。
夏は夜。月の頃は更なり。闇も猶、螢の多く飛び違ひたる。又唯一つ二つなど、仄かに打ち光りて行くもをかし。雨など降るもをかし。
秋は夕ぐれ。夕日のさして、山の端いと近うなりたるに、烏の寝所へ行くとて、三つ四つ二つ三つなど、飛び急ぐさへ哀れなり。まいて雁などの連ねたるが、いと小さく見ゆるは、いとをかし。日入り果てて、風の音、虫のねなど、はたいふべきにあらず。
冬はつとめて。雪の降りたるは言ふべきにもあらず。霜のいと白きも、又更でもいと寒きに、火など急ぎおこして、炭もてわたるも、いとつきづきし。昼になりて、ぬるくゆるびもて行けば、火桶の火も、白き灰がちになりてわろし。」

（清少納言『枕草子』）

日本文学は、飽きることなく自然について語る。日本人は古い森の民であり、釣り人であり農民であり、遅れて都会人になり、最近、産業社会に仲間入りしたが、依然として花や動物の世界の動きを観察するのをやめない。四季は、それぞれに特徴がはっきりしており、そのリズムの繰り返しは、一年の流れを示しているだけでなく、精神的意味合いも濃厚に帯びている。

春は誕生の喜びから来る感情の高揚を告げる。夏は収穫の時期であり、創造的な力の横溢を謳う。秋は霧によって静けさを示す。冬は、その澄み渡った空と大地を覆う白い雪によって厳しい静謐の雰囲気を現す。このように、自然が季節ごとに示す容貌は明確なので、抒情的文学にとって季節の背景は不可欠であり、作品の冒頭には必ず、いつの季節であるかが明示される。それによって、全体の色調が全く異なってしまうからである。前述したように、とくに俳句にあっては季節を示すことが鉄則となっており、たくさんの「季語」が定められている。

地理的枠組みも重要である。外国をモデルにした都会的文学作品は、広大な関東平野に広がりつづける政治的首都・東京の状況を背景にしている。その反対に、鎌倉時代や室町時代の旅文学は、険しく切り立った断崖の足下に打ちつけ砕ける荒波の音を抜きにしては考えられない。平安時代の文学の背景として忘れられないのは、京都を取り巻く優しい山々であり、静かな琵琶湖の水面、留まることを知らない鴨川の清流である。

日本文学のなかに最も普遍的に感じられる自然は、もっと大きな空間の広がりに馴染んだ西洋的感性にとっては小さすぎる、夢のような自然である。そこから、狭い枠組みのなかでの考えられないような濃密性と集中性が生まれる。日本文学は、壮大な社会的広がりを描いたり、長々と心理分析をすることもない。そのほとんどを構成しているのは、一シーンの物語、短い覚え書、幽かな暗示の連なりであり、それらが湛えている魅力は、宮廷の儀式の静かさと穏やかさ、仏教が説いた末法の世の到来を信じてこの世の栄華への執着を捨て、あの世に希望を託そうとする人々の潔さであろう。このため、日本の文学はほかのどの国の文学よりも翻訳困難であるが、大事なのは、その思考を論理的に辿ることではなく、瞬間瞬間の心の秘密の鼓動を聞き取ることである。

そのためには、日本のあらゆる文化的要素を解明し、社会的・道徳的・美学的約束事の固有の形を超えて、その先へ進み、あるときは熱情的にあるときは抑制的にリズムを刻む日本人の心の真実を捉える必要がある。そのとき、はじめて、〝日本文明を理解すること〟ができるのである。

訳者あとがき

《大文明シリーズ》の拙訳も、これで六冊になった。当初は、自分にとって関心のある古代から中世にいたるヨーロッパ文明にとどめるつもりでいたが、何人かの友人から『日本文明』も出ているのなら、日本の文明がどのように捉えられているか知りたいという声があり、わたし自身も、これは訳出しておきたいと考えていたので、昨年末から着手し、このほど訳し終えることができた。

原著者のヴァディム・エリセーエフとダニエル・エリセーエフは御夫婦で、ヴァディムさんは二〇〇二年に他界されたがダニエルさんはお元気で極東の美術、考古学、日本庭園についてなど数多くの著書を出されている。ヴァディム・エリセーエフ氏のお父上はセルジュ（ロシア式ではセルゲイ）と言い、ロシア革命以前はロシアでも有数の食料品業者の子息で、ベルリン大学に留学中、のちに『広辞苑』を編纂する新村出氏と知り合い、一九〇八年に東京帝国大学に留学、夏目漱石や谷崎潤一郎などと親交を結ばれた。帰国後、ペトログラード大学で日本語の講師を務めていたとき、ロシア革命が起きてフランスに亡命し、パリ大学で教鞭を執り、一九三一年、フランス国籍を取得。一九三二年にはアメリカに渡って、ハーヴァード大学で日本語、日本史、日本文学を教えた。このとき、氏が教えた青年たちのなかにライシャワー氏やドナルド・キーン氏がいたという。

本書の著者であるヴァディム・エリセーエフは一九一八年にペトログラード〔注・サンクト・ペテルブルクの一九一四年から一九二四年までの呼称。その後、一九九一年までレニングラードと呼ばれた〕で生まれ、ロシア革命勃発とともに父に連れられてフランス、アメリカを転々とし、長じて、第二次世界大戦中は、一九四四年にシナ、一九四九年からは日本で生活し、シナと日本の言語、文化を学んだ。一九五六年から一九八二年まで、パリにある極東文化専門のチェルヌスキ美術館、一九八二年から一九八六年にはギメ美術館の館長を務めた。その間、中国文明と日本文明に関する著作を次々執筆し、ルネ・グルッセとともに、極東文明の概括的研究者の最後の世代と呼ばれた。この《大文明シリーズ》でも、本書のあと、唐宋時代までの中国文明を扱った『La Civilisation de la Chine classique』(1979)も執筆されている。亡くなられたのは二〇〇二年である。

ところで、本書は、お読みになって分かるように、第一部の「歴史」は、年代順に記述されているが、いわゆる各論的な第二部以下は、近現代の状況をまず述べて、年代を逆に遡るようにして記述されている。これは、考古学で発掘していくのと同じで、まず近い時代のことを明らかにし、そこから、順に古い時代へと進んでいくやり方だと考えれば、一つの手法であることは確かであるが、流れを遡っていくようなしんどさを感じられる向きもあるのではないだろうか? とくに、フランス語では、文章の構造上から、語順的に、ある時代のことの後に一つ前の時代のことが来ても不自然でなく、そこから、小節を改めて、その前の時代のことについて述べたとしても、それほど違和感がない。本訳書では、その繋がり感覚をどう訳文に反映していくかで苦労した。

それとともに、本書は、この手法のために損をしているのではないかと思うことがある。それは、近い時代から記述を始めるので、どうしても、本書が執筆された一九六〇年代あるいは一九七〇年代初めの状況が日本の現状になってしまっていることである。たとえば、住居の基本的構造として、縁側があって、ガラス戸、雨戸で外の世界(しかも、たいがい庭がある)と区切られ、他方、屋内は、障子を開けると部屋になっていて、床の間があり、そこには掛け軸がかかっているという家が描かれているが、そのような家が、いまどれくらいあるだろうかと疑問が湧く。

ここに描かれている「現状の日本文明」は、ありていにいえば、わたしたち日本人にとっても、すでに懐古の情を禁じ得なくなっている「昭和の日本」である。まして、近年、ヨーロッパでも若者の間に人気を呼んでいる「アニメ」や「マンガ」の文化については、当然のことながら、まったく触れられていない。そうしたことに物足りなさを感じられる向きもあろうが、本書が、時代の変遷によっても〝基本的には変わらない日本文明の基礎部分〟を丹念に掘り起こし組み上げた、欧米では初めての、そして恐らく今も唯一の労作であることは確かである。

最後に、本書の刊行について、論創社社長森下紀夫氏、実務にあたって種々ご苦労いただいた松永裕衣子氏に感謝の意を表したい。

二〇一三年二月

桐村泰次

學報 t. 13、no 1、1942
平井聖『城と書院』「日本の美術」第13巻、平凡社、1965
堀口捨巳『桂離宮』毎日新聞社、1952
伊藤ていじ『民家』「日本の美術」第21巻、平凡社、1965
岸田日出刀『日本の建築』日本交通公社、1935
京都市編『京都』淡交新社、1961
水野清一『法隆寺』「日本の美術」第4巻、平凡社、1965
渡辺保忠『伊勢と出雲』「日本の美術」第5巻、平凡社、1964

10　絵画

土居次義『桃山の障壁画』「日本の美術」第14巻、平凡社、1964
家永三郎『やまと絵』「日本の美術」第10巻、平凡社、1964
水尾比呂志『宗達と光琳』「日本の美術」第18巻、平凡社、1965
『日本の文人画展目録』東京国立博物館、1965
野口米次郎 Hirosige and Japanese landscapes（広重と日本風景画）Tourist library vol.5、鐵道省、1939
岡本良知『南蛮美術』「日本の美術」第19巻、平凡社、1965
山根有三 Ogata Kōrin and the art of the Genroku era（『尾形光琳と元禄時代の美術』）東方学会 'ACTA ASIATICA' 15号、1968
米沢嘉圃『文人画』「日本の美術」第23巻、平凡社、1966

11　工芸

『法隆寺献納宝物目録』東京国立博物館、1964
加藤義一郎『茶垸辞典』浪速社、1971
Kawakatsu (Kenichi), *Kimono -Japanese Dress*（着 物）Tourist Library Vol. 3、国 際 観光局、1936
六角紫水『東洋漆工史』雄山閣、1960
『正倉院展目録』奈良国立博物館、1964
陶器全集刊行会編『陶器大事典』巻1-6、宝雲舍、1941

化研究センター、1962

7　文学、演劇
岡崎義恵 *Japanese literature in the Meiji Era*（『明治時代の日本文学』）Centenary cultural council series、旺文社、1955
藤村作『日本文學大辭典』第七巻、新潮社、1936-1937
市古貞次『日本文学史概説』秀英出版、1965
国際文化振興会 Introduction to classic Japanese literature（『日本古典文学入門』）、1948
木村毅 *Japanese literature; manners and customs in the Meiji-Taisho Era*（『日本文学——明治大正時代の習慣』）Centenary cultural council series、旺文社、1957
山岸徳平・中田祝夫『國文學史要覽』刀書房、1952
古川久『能の世界』社会思想社、1965
郡司正勝『歌舞伎の美』社会思想研究会、1962

8　美術、美学
江上波夫『日本美術の誕生』「日本の美術」第２巻、平凡社、1966
『日本の彫刻』美術出版社、1960
野間清六・谷信一 共編『日本美術辞典』東京堂、1964
勅使河原霞 *Space and color in Japanese Flower Arrangement*（『生け花における空間と色彩』）講談社インターナショナル、1965
上野直昭 Japanese arts & crafts in the Meiji Era（『明治時代の日本工芸』）Centenary cultural council series, Pan-Pacific, 1958

9　建築・庭園
浅野清 La maison japonaise du 8e siècle à nos jours（『十八世紀から現代までの日本の家』）、大阪市立大学、1964
日本建築協会創立45年記念出版委員会編『ふるさとの住まい——日本民家集』日本建築協会、1962
フローラン・ギラン Châteaux-forts japonais（日本古城砦建築の研究）日佛會館

森克己『遣唐使』(日本歴史新書) 至文堂、1955
森克己『日宋貿易の研究』国立書院、1948
村田治郎『中国文化と平城京』(「大和文化研究」第七巻九号) 1962
永井威三郎『米の歴史』(日本歴史新書) 至文堂、1964
奈良本辰也『京都の謎』祥伝社、1972
日本考古学協会編『日本農耕文化の生成』第一冊、東京堂、1961
『日本の考古学』七巻、河出書房、1965-1967
西田長寿『明治時代の新聞と雑誌』(日本歴史新書) 至文堂、1963
岡政雄『日本民族の起源』平凡社、1968
斉藤忠『日本古墳の研究』吉川弘文館、1962
上田正昭『帰化人』中央公論社、1965

5　宗教と哲学

阿部吉雄 "Development of Neo-Confucianism in Japan, Korea and China: A comparative study" (「日本・朝鮮・中国における新儒教の発展」)、東方学会 'ACTA ASIATICA' 19号、1970
Avelock Coates (Harper), *HONEN the buddhist saint, his life and teaching* (『英譯法然上人行状繪圖』) 石塚龍學訳、弘道閣、1930
岸本英夫編『明治時代の日本宗教』旺文社、1956
丸山真男『日本の思想』(岩波新書) 1961
中村元『東洋人の思惟方法』文部省日本国内ユネスコ委員会、1960
大住舜 *Histoire des idées religieuses et philosophiques du Japon* (『日本の宗教哲学思想史』) 似玉堂、1929
Philosophical studies of Japan (『日本の哲学研究』) 文部省ユネスコ国内委員会、1959
夜久正雄 *The "Kojiki" in the life of Japan* (『日本の生活における古事記』) 'east asian cultural studies' 13号、ユネスコ東アジア文化研究センター、1968

6　言語・慣習・社会制度

中村吉三郎 *The formation of modern Japan as viewed from legal history* (『法制史から見た近代日本の形成』) 'east asian cultural studies' 1-2号、ユネスコ東アジア文

4　歴史
笠原一男編『日本史』山川出版社、1971
笠原一男編『日本史地図帳』山川出版社、1966
『基本日本歴史』武蔵書房
児玉幸多『日本史地図』吉川弘文館、1971
児玉幸多『標準日本史年表』吉川弘文館、1971
『日本経済史辞典』日本評論新社、1954
『日本の歴史』十巻、中央公論社、1965
『日本科学技術史大系』二十五巻、第一法規出版、1964
『日本歴史地図』西岡虎之助、1956
『読史備要』東京大学史料編纂所編、講談社、1966
Kidder (J.Edward), “Japan before buddhism”, London, Thames and Hudson, 1959
Lequiller (Jean), “Le Japon”, Paris, Sirey, 1966
Murdoch (James), “A history of Japan”, London, Trubner, 1925
Reischauer (Edwin), “Histoire du Japon et des Japonais”, Paris, Seuil, 1973
Sansom (George Bailey), “Japan, a short cultural history”, New York, 1944
Smith (Robert), Beadsley (Richard), “Japanese culture, its development and characteristics”, London, Methuen, 1962
Tousaint (François), “Histoire du Japon”, Paris, Fayard, 1969
Vié (Michel), “Histoire du Japon des origines à Meiji”, Paris, P.U.F., 1969 (Que sais-je?)

個別研究
林良一『シルクロードと正倉院』(『日本の美術』第六巻) 平凡社、1966
柊源一『切支丹文学の研究』東方学会、1963
鏡山猛『古代日本の土地制度』九州大学文学部、1960
木宮泰彦『日支交通史』上下、1926-1927
松平斉光『日本における初穂儀礼』一誠堂書店、1957
水野祐『日本民族』(日本歴史新書) 至文堂、1963

参考文献

1　書誌学

Bonneau (Georges), “Bibliographie de la littérature japonaise contemporaine” Tôkyô, Maison franco-japonaise, 1938

Borton (Hugh), Elisseeff (Serge), Lockwood (William), Pelzel (John), “A selected list of books and articles on Japan in English, French and German”, Cambridge, Harvard Yenching Institute, 1954

Hall (John Whitney), “Japanese history”, University of Michigan Press, 1954

2　全般的著述

『日本――その国土・民衆・文化』文部省・日本ユネスコ国内委員会、1958

『今日の日本』外務省・文化情報局、1963

『変わりゆく日本』外務省、1968

『図説日本文化史大系』小学館、1956-1958

『世界美術全集』第一巻、角川書店、1960-1961

『世界文化史大系』第二十巻、角川書店、1960

Hall (J-W) Beadsley(Richard), “Twelve doors to Japan”, New York, McGraw-Hill, 1965

Reischauer (Edwin), “Japan, past and present”, New York, A.A.Knopf, 1951

3　地理

隅谷三喜夫『日本工業化の社会的衝撃』日本ユネスコ委員会、1963

Elisseef (Vadime), Akamatsu (Paul), “Le Japon”, dans Géographie universelle, Paris, Larousse, 1960

Landy (Pierre), “Le Japon”, Paris, P.U.F., 1970

Ushiome (Toshitaka), “La Communauté rurale au Japon”, Paris, P.U.F., 1962

横山大観　296
与謝野鉄幹　368
与謝蕪村　303, 355
吉田兼好　373
吉田松陰　160
吉田文三郎　330

【ラ】

ライト（フランク＝ロイド）Wright, Frank Lloyd　219
ラグーザ Ragusa, Vincenzo　271, 272
ラ・モット・ル・ヴァイエ La Mothe le Vayer 164
ランチロット Lancilotto　162
陸九淵 Lou Kieou-yuan　158
リットン Litton　93
梁楷 Leang K'ai　304
龍樹 Nâgârjuna　182
龍造寺　73
ルイ・ド・ラ・ヴァレ・プッサン Louis de La Valée Poussin　171
良忍　179
ルーナー Luhner　192
冷泉家　210
老子 Lao-Tseu　184, 359
六條天皇　135
ロダン Rodin　269, 273
ロヨラ（イグナティウス）Loyola　162

【ワ】

ワーグマン Wirgman　308
和田義盛　55
渡辺崋山　206
王仁《わに》 Wang-in　213

【ヤ】

【マ】

【ナ】

【ハ】

【タ】

【サ】

【カ】

人名索引

【ア】

ヴァディム・エリセーエフ（Vadime Elisseeff）
1918年ロシアのペトログラードで生まれ、1920年、ロシア革命が勃発して一家はパリに移る。第二次大戦中は外交官として中国に滞在し、戦後1949年から日本に滞在。1956年からパリのチェルヌスキ美術館、1982年から1986年までギメ美術館の館長を務めるとともに、中国・日本など極東の美術・文化の紹介に数々の業績を残した。本書と同じ《大文明》シリーズでは『シナ文明』も執筆している。2002年没。

ダニエル・エリセーエフ（Danielle Elisseeff）
1938年生まれ。国立古文書学校で学び、社会科学高等研究院（EHESS）、ルーヴル学院・スペインのバルセロナ大学でシナおよび日本の考古学・美術を教える。『近代日本建設者としての豊臣秀吉』（1986）など著書多数。『シナ帝国時代の女性』ではジュール・ミシュレ賞を受賞。

桐村泰次（きりむら・やすじ）
1938年、京都府福知山市生まれ。1960年、東京大学文学部卒（社会学科）。欧米知識人らとの対話をまとめた『西欧との対話』のほか、『仏法と人間の生き方』等の著書、訳書にジャック・ル・ゴフ『中世西欧文明』、ピエール・グリマル『ローマ文明』、フランソワ・シャムー『ギリシア文明』『ヘレニズム文明』等（論創社）がある。

日本文明
LA CIVILISATION JAPONAISE

2013年4月20日　初版第1刷印刷
2013年4月30日　初版第1刷発行

著　者　ヴァディム・エリセーエフ
　　　　ダニエル・エリセーエフ
訳　者　桐村泰次
発行者　森下紀夫
発行所　論 創 社
東京都千代田区神田神保町 2-23　北井ビル
tel. 03 (3264) 5254　fax. 03 (3264) 5232
振替口座 00160-1-155266
http://www.ronso.co.jp/
装　幀　野村　浩
印刷・製本　中央精版印刷
ISBN978-4-8460-1219-9